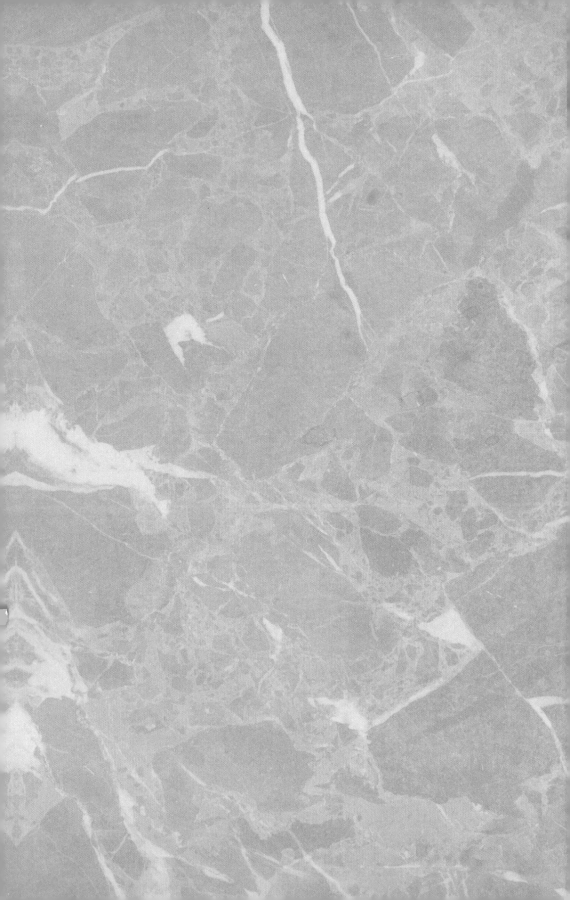

A STUDY ON *KARL KAUTSKY'S* EARLY SOCIALIST THOUGHT

卡尔·考茨基早期社会主义思想研究

谢问波 著

社会科学文献出版社
SOCIAL SCIENCES ACADEMIC PRESS (CHINA)

目　录

绪　论

一　问题的提出与选题的意义

卡尔·考茨基（1854—1938 年）是 19 世纪末 20 世纪初第二国际的著名理论家，在德国社会民主党内享有极高的声誉，在历史上扮演过重要的角色。他的政治思想在德国乃至欧洲其他国家的工人运动中都产生过重大的影响。考茨基曾经是著名的马克思主义者，恩格斯曾将他与早期的爱德华·伯恩施坦（又译爱德华·伯恩斯坦）称作两颗"真珠子"，列宁也肯定过考茨基早期的马克思主义立场。但是，20 世纪初在工人运动中革命倾向与机会主义倾向之间的斗争加剧的形势下，考茨基既反对机会主义，又反对革命左派，形成了他的中派主义思想。第一次世界大战爆发后，考茨基彻底转化成公开的机会主义者，提出"超帝国主义理论"，并且对俄国的十月革命展开攻击，变成社会主义革命事业的敌人，被列宁称作"无产阶级革命的叛徒"，也因此受到广泛的批判。关于考茨基本人及其思想的研究由来已久，并且涌现不少成果。一方面，就这些研究成果来看，其中存在很多争议，一些人认为考茨基从始至终都是一名马克思主义者，也有一些人认为考茨基从来都不是真正的马克思主义者，还有一些人认为，考茨基曾经是马克思主义者，只是后来又背叛了马克思主义的事业。另一方面，人们往往注重对考茨基后期思想进行研究，并且以批判性居多，而对其早期思想研究较少。过去苏联与民主德国以及我们国家相关著作中对他的早期思想研究很少甚至避而不谈。还有一些成果直接用肯定或者否定的态度来概括考茨基一生的政治立场，这自然是不恰当的。事实上考茨基早期为维护马克思主义并为马克思主义的纯洁性进行过斗争。因此，对于在国际共运史上政治立场存在重大转变的人物进行客观公正的研究，对于考察历史人物的思想发展具有非常重要的示范意义，对我们研究马克思主义发展史具有非常重要的启示意义。

考茨基早期在继承与捍卫、宣传与发展马克思主义方面做出了突出的理论贡献，如对社会主义思想的前史、社会主义代替资本主义的历史必然性、实现社会主义的道路及策略、未来社会等做出过深刻的分析与探索，被欧洲各个国家的社会主义者视为马克思主义的理论权威。考茨基早期的社会主义思想，是他作为曾经的马克思主义者对国际工人运动所做出的理论分析以及观点的汇总。它既包含许多科学的阐释，也存在某些主观的见解。早期为捍卫以及发展马克思主义做出的巨大的贡献，以及所具有的重大的影响力，使考茨基成为研究马克思主义发展史不能回避的历史人物。同时，研究考茨基的早期社会主义思想对于今天我们在建设中国特色社会主义过程中，有效促进马克思主义理论与实践相结合具有重要的启示意义。

在马克思主义发展史上，考茨基早期批判过伯恩施坦对马克思主义哲学和政治经济学以及科学社会主义理论的全面修正，在德国社会民主党内赢得了高度的评价。伯恩施坦甚至也认为，考茨基已经站在反对他的见解的最前列。所以考察考茨基早期的思想对于研究第二国际理论家如何反对伯恩施坦主义具有重要启示意义。此外，考茨基后期和列宁曾经围绕帝国主义问题、战争问题、社会主义建设问题以及无产阶级民主与专政提出过不同的看法，进行过论战，这在马克思主义发展史上都是重大事件。而且随着社会主义建设中一些问题的出现，一些人对考茨基后期的观点予以肯定，认为考茨基的理论价值在后期而不是早期，诋毁列宁主义。所以有必要全面准确地研究考茨基早期的思想，科学地评价考茨基思想早期与晚期的关系。这对于理解列宁的相关思想也具有重大参考意义。

第二国际时期是马克思主义发展史中不容忽视的一个重要的阶段，它既在国际社会主义工人运动史中占有非常重要的地位，又是马克思主义理论在新的时期面临理论挑战和现实考验的特殊阶段：一方面，在资本主义社会的和平"景象"下，马克思主义理论遭遇来自各种非马克思主义甚至马克思主义阵营内部的严重歪曲，另一方面，继马克思恩格斯之后在创始人不在场的情况下马克思主义理论被首次解读。许多代表性人物解读马克思主义的理论著作及思想观点直接影响之后的马克思主义者。考茨基作为第二国际具有代表性的理论家对马克思主义理论的阐释更显得意义重大，深入研究考茨基的思想对于完整地研究第二国际具有重要借鉴意义。

基于以上缘由，本书选择考茨基早期社会主义思想作为研究对象，系统分析考茨基早期对社会主义相关理论的阐释和理解，揭示考茨基早期社会主义思想的理论贡献和局限性及对我们的启示。关于考茨基早期社会主义思想的时间界定问题，列宁在谈到考茨基 1909 年写的《取得政权的道路》时，称它是"最后的也是最好的一部反对机会主义者的著作"，[①] 而且涉及这本著作的时候还明确指出"当考茨基还是马克思主义者的时候，……他坚持的正是战争必然引起革命这一思想"，[②] 从这一点看，列宁是承认考茨基在 1910 年之前是一位马克思主义者的，只是后来他背叛了自己的事业与信仰。事实上，当分析考茨基在 1910 年以前的理论著作以及实践活动时，也会发现考茨基在接受马克思主义以后，便逐渐形成了他早期的社会主义思想，在重大问题上是坚持马克思主义原则的。而考茨基在 1910 年写的文章《在巴登与卢森堡之间》，既反对机会主义，又反对革命左派，公开表明了他转向中派主义立场，在第一次世界大战以后又进一步变为彻底的机会主义者。所以本书在分析考茨基早期社会主义思想时，主要以考茨基接受马克思主义以后至 1910 年之前的理论著作和实践活动为研究依据。

二　理论界的研究述评

（一）国内研究现状

我国学者对考茨基的思想在不同的时期研究的重点和领域不同，所持观

---

① 《列宁选集》第 3 卷，人民出版社，2012，第 211 页。
② 《列宁选集》第 3 卷，人民出版社，2012，第 641 页。

点也不同。新中国成立之前，国内学者以翻译出版考茨基的著作为主要形式介绍考茨基思想，涉及著作近 20 部，对考茨基政治思想进行专门研究的很少。

新中国成立至改革开放前，学界又重新翻译出版考茨基相关著作近 20 部，其中绝大多数是 20 世纪 60 年代由三联书店出版的一批"供内部参考"的政治著作，即供批判使用的"灰皮书"。以"灰皮书"的形式出版的一整套批判机会主义、修正主义的资料，是根据当时收集到的在国际共产主义运动史方面主要的修正主义者、机会主义者的著作编译的，全套书是按人物分册出版，考茨基的著作就是其中一部分，《伯恩施坦、考茨基修正主义著作选录》① 是第一本"灰皮书"。除了这些译著以外，1966 年中共中央马克思恩格斯列宁斯大林著作编译局资料室编译出版了《考茨基言论》，但是这本书仍然是作为批判机会主义和修正主义的资料向读者介绍考茨基的有关思想，书中指出："考茨基是第二国际和德国社会民主党的机会主义首领之一，'中派'的代表人物"。② 此外，自 1964 年列宁的《无产阶级革命和叛徒考茨基》③ 出版了单行本第三版以后，关于学习这本书的参考资料也陆续呈现给读者。《〈无产阶级革命和叛徒考茨基〉简介和注解》对列宁这一单行本写作的历史背景、全书的结构以及各章的要点进行了介绍。④ 还有一些是关

---

① 当时以"灰皮书"形式出版的第一本研究考茨基的著作。除此之外，还有：〔德〕卡尔·考茨基：《恐怖主义和共产主义》，马清槐译，生活·读书·新知三联书店，1963；〔德〕卡尔·考茨基：《民族国家、帝国主义国家和国家联盟》，何疆、王禹译，生活·读书·新知三联书店，1963；〔德〕卡尔·考茨基：《帝国主义》，史集译，生活·读书·新知三联书店，1964；〔德〕卡尔·考茨基：《国际主义和战争》，许长卿译，生活·读书·新知三联书店，1963；〔德〕卡尔·考茨基：《国防问题和社会民主党》，何疆、王禹译，生活·读书·新知三联书店，1964；〔德〕卡尔·考茨基：《陷于绝境的布尔什维主义》，卜君、杨德译，生活·读书·新知三联书店，1965；〔德〕卡尔·考茨基：《无产阶级专政》，叶至译，生活·读书·新知三联书店，1963；〔德〕卡尔·考茨基：《社会民主主义对抗共产主义》，李石秦译，生活·读书·新知三联书店，1963；〔德〕卡尔·考茨基：《一个马克思主义者的成长》，叶至译，生活·读书·新知三联书店，1973；等等。
② 中共中央马克思恩格斯列宁斯大林著作编译局资料室编译《考茨基言论》，生活·读书·新知三联书店，1966，第 1 页。
③ 列宁：《无产阶级革命和叛徒考茨基》，中共中央马克思恩格斯列宁斯大林著作编译局译，人民出版社，1964。
④ 《无产阶级革命和叛徒考茨基》简介和注解编写组编《〈无产阶级革命和叛徒考茨基〉简介和注解》，四川人民出版社，1975。

于学习列宁单行本之后的心得体会，但是基本上都是批判考茨基机会主义的。这一阶段，有关第二国际和世界工会运动的论著中也涉及考茨基的政治思想，1963 年中国人民大学马克思列宁主义基本系资料室编的《第二国际修正主义主要人物简介》① 将考茨基作为修正主义理论家给予介绍。1974 年彭树智编的《叛徒考茨基》出版，学界有了专门研究考茨基的专著，而这本书也是将考茨基作为反面教材加以批判，书中认为考茨基早期就存在机会主义倾向，直到晚期机会主义彻底暴露，并且书中还对考茨基机会主义产生的社会历史根源与思想根源进行了分析和阐释。② 除此之外，从论文发表方面看，这一阶段在中国期刊全文数据库中关于考茨基的论文不足 20 篇，其中一篇是卫兴华 1959 年在《读书》上发表的《评介考茨基的〈马克思的经济学说〉》，在该文中，作者认为不能因为考茨基后来成为无产阶级的叛徒而否定考茨基的这本书，考茨基的这本书介绍了马克思《资本论》第 1 卷的基本内容，是比较有价值的参考书，此外作者也指出了个别地方存在的缺点。③ 这一时期多数文章是关于列宁《无产阶级革命和叛徒考茨基》的读后感，例如，孙国华《怎样阅读列宁的"无产阶级革命与叛徒考茨基"》；④ 另外 3 篇是 1963 年发表在《教学与研究》上的关于列宁读考茨基著作的笔记译文：宋希仁《列宁：〈考茨基《取得政权的道路》〉》；⑤ 杨瑞森《列宁：考茨基与潘涅库克的论战》、⑥ 宋希仁《列宁：〈考茨基的《社会革命》〉》，⑦ 这些基本上坚持列宁对考茨基的评价，对修正主义进行批判。

　　1978 年改革开放至 20 世纪 90 年代初期，学界冲破桎梏，力图对考茨基做进一步的学术研究。1986 年李兴汉等人翻译的苏联学者布赖奥维奇的

① 中国人民大学马克思列宁主义基本系资料室编《第二国际修正主义主要人物简介》，1963 当时作为内部读本使用。
② 彭树智：《叛徒考茨基》，陕西人民出版社，1974。
③ 卫兴华：《评介考茨基的〈马克思的经济学说〉》，《读书》1959 年第 16 期。
④ 孙国华：《怎样阅读列宁的"无产阶级革命与叛徒考茨基"》，《读书月报》1957 年第 11 期。
⑤ 宋希仁：《列宁：〈考茨基《取得政权的道路》〉》，《教学与研究》1963 年第 1 期。
⑥ 杨瑞森：《列宁：考茨基与潘涅库克的论战》，《教学与研究》1963 年第 2 期。
⑦ 宋希仁：《列宁：〈考茨基的《社会革命》〉》，《教学与研究》1963 年第 3 期。

《卡尔·考茨基及其观点的演变》中文版正式出版，对国内学者进一步认识考茨基本人及其思想，具有很大的参考价值。汝信在为这本书写的序言中指出考茨基在国际工人运动中发挥着重要作用，马克思主义者要采用一分为二的态度评价考茨基。① 这一时期，随着人们对第二国际的研究逐渐增多，对考茨基思想的介绍也散见于关于第二国际和马克思主义发展史的研究成果中。1994 年，刘佩弦、马健行在《第二国际若干人物的思想研究》这一著作中用一个章节介绍了考茨基如何从马克思主义者"演变"为机会主义者，并且肯定了考茨基在批判伯恩施坦方面的理论贡献。② 这一时期还出版了翻译过来的考茨基著作三部：1980 年人民出版社出版何江、孙小青翻译的《社会革命》；1984 年上海人民出版社出版《唯物主义历史观》（第三分册）（第三分册在 1965 年由《哲学研究》编辑部翻译，当时由于时代因素未能出版）；1989 年商务印书馆出版韦建桦翻译的《近代社会主义的先驱》（第一卷）③。这些翻译著作为理论工作者提供重要参考价值。这一时期，标题中带有"考茨基"一词的文章，80 年代有 47 篇，90 年代初有 14 篇，总共 61篇。就议题来看，第一类是对考茨基部分著作的评价，试图对考茨基的一些著作做出肯定性的评价。姚鹏认为考茨基早期的《基督教之基础》运用了阶级分析的方法，说明了关于基督教的历史问题，它基本上是历史唯物主义的论著。④ 金隆德认为考茨基后期的《唯物主义历史观》对马克思主义哲学理论做了很多的阐发，进一步阐释了唯物史观的一系列基本原理，深化了对一些重要观点与范畴的科学理解。⑤ 第二类是关于考茨基中派立场的讨论，涉及中派主义形成的时间、在政治事件中的表现以及它的实质。李兴耕依据考茨基在第一次世界大战前的思想以及实践活动，认为 1910 年考茨基中派主义正式形成，第一次世界大战爆发后，考茨基中派主义中的机会主义彻底暴

---

① 〔苏〕布赖奥维奇：《卡尔·考茨基及其观点的演变》，李兴汉等译，东方出版社，1986。
② 刘佩弦、马健行主编《第二国际若干人物的思想研究》，中国人民大学出版社，1994。
③ 〔德〕卡尔·考茨基：《近代社会主义的先驱》（第一卷），韦建桦译，商务印书馆，1989。
④ 姚鹏：《原始基督教是被压迫阶级的革命运动——浅评卡尔·考茨基的〈基督教之基础〉》，《复旦学报》（社会科学版）1981 年第 4 期。
⑤ 金隆德：《考茨基〈唯物主义历史观〉的理论贡献》，《中国社会科学》1989 年第 6 期。

露。中派主义的实质是口头上忠于马克思主义，行动上奉行的是改良主义政策。① 第三类是重新评价考茨基部分理论思想，进一步拓展了考茨基研究的问题域，涉及考茨基在发表马克思的《哥达纲领批判》时的立场问题、关于"考茨基决议"究竟是不是马克思主义的争论、考茨基在批判伯恩施坦修正主义时的立场问题等。徐耀新认为 1891 年《哥达纲领批判》在《新时代》上发表，考茨基是起了积极的作用的，尽管后来考茨基堕落成一个机会主义者、无产阶级的叛徒，但是不能用考茨基后期的立场来否定他前面的贡献。② 沈德良对涉及米勒兰事件的"考茨基决议"进行重新评价，认为"考茨基决议"尽管存在不可掩饰的缺陷，例如在无产阶级的表述方面存在缺点，但是在国际共运史上应给予恰如其分的肯定。③ 张忠军认为考茨基在米勒兰事件中，态度是旗帜鲜明的，决议是遵守国际准则的，考茨基所起草的决议内容本身以及所涉及相关问题的观点方面都是无可非议的。④ 余汉熙认为不能因为考茨基后期成为无产阶级革命的叛徒而否定考茨基在同伯恩施坦修正主义斗争中的积极作用，考茨基当时虽然存在不少错误，但是基本上还是一个马克思主义者。⑤ 关于考茨基社会主义观只有一篇文章，即郑邦兴 1988 年发表在《社会主义研究》第 2 期上题为《考茨基的社会主义观评述》的文章，作者以《爱尔福特纲领解说》和《社会革命》两部著作为背景，对考茨基还未成为机会主义者时关于社会主义社会的一些论述做出评价，认为考茨基在堕落为机会主义者之前曾是马克思主义者并在阐释和宣传马克思主义方面做了突出贡献。第四类是列宁对考茨基批判的相关研究。赵延民认为列宁与考茨基在民主问题上的争论主要集中在有没有"纯粹民主"、民主和专政的关系、无产阶级民主与资产阶级民主是否存在区别这三个方面，列宁对考茨

① 李兴耕：《关于考茨基中派主义形成的时间问题》，《世界历史》1982 年第 2 期。
② 徐耀新：《考茨基与〈哥批〉的发表》，《南京师大学报》（社会科学版）1981 年第 3 期。
③ 沈德良：《对考茨基决议案的重新评价》，《世界历史》1989 年第 1 期。
④ 张忠军：《重评考茨基在米勒兰事件中的立场》，《山东大学学报》（哲学社会科学版）1989 年第 1 期。
⑤ 余汉熙：《论考茨基对伯恩施坦修正主义的批判》，《思想战线》1983 年第 3 期。

基的批判，对于解决民主政治建设中的一些问题，提供了锐利的思想武器。①
第五类是以殷叙彝、李兴耕等为代表翻译的外国学者研究考茨基的成果。内
容涉及考茨基的妻子路易莎·考茨基对他的回忆，革命左派和苏联学者对考
茨基的评介、关于考茨基研究现状等。总体来看，这一阶段学界力图摆脱改
革前对考茨基以批判为主的"桎梏"，逐步给予客观的评价。

　　进入 21 世纪，国内学术界进一步拓展了关于考茨基的研究领域，涉及
考茨基的唯物主义历史观、帝国主义理论、民主与社会主义理论等，更加理
性地对其思想进行新的探索。2008 年人民出版社出版了王学东编的《考茨
基文选》，为国内学者探索马列真理、繁荣学术、研究考茨基思想提供了许
多便利；2013 年山东大学出版社出版了苏颖的专著《卡尔·考茨基的生平
与思想研究》，对考茨基的思想及其马克思主义观进行了新的考察与审视；
2013 年人民出版社出版贾淑品的专著《列宁、卢森堡、考茨基与伯恩施坦
主义》，在客观解读有关历史文献的基础之上重点评价了列宁、卢森堡以及
考茨基对伯恩施坦主义的批判和认识；2014 年中国社会科学出版社出版的张
玉宝的专著《卡尔·考茨基及其中派主义》，对考茨基和中派主义的若干问
题进行了深入研究，为我们研究考茨基的思想进一步提供帮助。关于考茨基
的政治思想的研究散见于关于社会民主主义以及国外社会主义思潮研究的著
作中。例如 2007 年安徽大学出版社出版方章东的《第二国际理论家马克思
主义观研究》，作者选取了 8 位具有较强代表性的第二国际理论家进行研究，
其中分析了作为中派代表人物的考茨基的马克思主义观，认为考茨基最大的
失误就是以"经验科学"解释马克思主义的科学性，以至于丢掉了马克思的
辩证法要素。2011 年中央编译出版社出版殷叙彝的《社会民主主义概论》，
作者对考茨基的国家和革命观进行了专门论述，对其政治思想给予客观公正
评价。这一阶段，就论文发表情况看，学界对考茨基的研究气氛较之前更
浓，出现了一系列的成果，对其理论成就和历史地位评价也更趋理性客观。
就研究的议题来看，第一类是研究考茨基唯物主义历史观的基本原理与观点

---

① 赵延民：《列宁对考茨基的批判及其现实意义》，《社会主义研究》1992 年第 2 期。

及对其作总体评价。其中包括学界基于文本研读对其作出的理解，如 2014
年复旦大学张颖的博士学位论文《考茨基的唯物主义历史观研究》，通过对
考茨基唯物史观有关内容的梳理，肯定了考茨基对唯物史观的贡献，也指出
其局限性，并对学界的有关争议进行了回应。陈爱萍以考茨基的《唯物主义
历史观》五卷本为主要依据，对考茨基唯物史观的内涵、本质进行分析，阐
释了考茨基对唯物史观体系化的尝试，肯定了考茨基在这方面的贡献。① 还
有学者通过对考茨基《唯物主义历史观》的考察，认为考茨基的理论贡献体
现在对唯物主义历史观理论体系做了初步的构建，并对其基本内容进行了创
造性的阐释和发展，但其思想也不可避免地存在较为明显的历史局限性。②
第二类是关于考茨基后期帝国主义理论的再研究。姚顺良等认为第二次世界
大战以后，特别是随着所谓"后工业""后殖民""后冷战"时代的到来，
考茨基对资本主义现代形态的理解中所包含的某些合理之处逐步显现出来。③
李士珍从评析国外学者对考茨基"超帝国主义"及其现代演变的认识入手，
揭示了西方跨国集团联合的本质，进一步加深了人们对帝国主义理论的理
解。④ 林颐认为伴随世界经济全球化的发展，分析考茨基从"垄断"与"民
主"双重维度理解"帝国主义"的方法，有利于进一步把握考茨基帝国主
义理论中的不足之处与合理因素，进而为当代中国社会的发展提供启示。⑤
第三类是关于考茨基后期民主理论的再认识。孙关宏等人以考茨基的《无产
阶级专政》为背景，对考茨基提出的民主理论进行再考察，认为考茨基对民
主的理解具有一定的理论根据及现实意义，只是理论的逻辑在特定历史阶段

---

① 陈爱萍：《论考茨基对唯物主义历史观的阐释及其体系化尝试》，《南京政治学院学报》
　 2015 年第 2 期。
② 侯文文、徐方平：《论考茨基唯物主义历史观的理论贡献和历史局限》，《理论探讨》2019
　 年第 2 期。
③ 姚顺良、夏凡：《重新审视考茨基理解资本主义现代形态的"另类"模式》，《南京社会科
　 学》2008 年第 10 期。
④ 李士珍：《考茨基的"超帝国主义"论析评》，《理论与改革》2011 年第 3 期。
⑤ 林颐：《资本垄断与社会民主：考茨基帝国主义理论再审视》，《江西社会科学》2014 年第
　 5 期。

没有适应政治的需要。① 2014 年南开大学林颐在博士学位论文《考茨基垄断资本主义时期的民主及其变革方式理论研究》中指出，考茨基对民主做出了很多合理性的阐释，但是低估了民主以外的革命方式，这最终使考茨基走向背叛革命的道路。第四类是关于列宁与考茨基就十月革命和无产阶级专政争论的评析和思考。苏联的演变和最终解体，并没有验证考茨基的"早产论"，而是以惨痛的教训证明了十月革命道路的正确性。从理论及实践看，考茨基的"早产论"都是谬论而绝非妙论。② 俞良早通过比较考茨基和列宁关于十月革命和无产阶级专政的观点或看法，提出考茨基对十月革命和无产阶级专政的认识是错误的，考茨基所谓的十月革命是"早产儿"、无产阶级专政是无产阶级中一部分人对另一部分人的专政，都是他的臆断，而列宁对俄国人民以及东西方人民的看法是符合历史事实的，从而是正确的。③ 总体看，进入 21 世纪以后，国内学界对考茨基思想的研究领域进一步扩大了，更注重从学术角度考察考茨基的有关理论思想，学者对考茨基部分文本进行深层解读，将考茨基的思想放置于马克思主义发展史中进行解读，彰显了科学的研究方法。

（二）国外研究状况

针对考茨基在马克思主义发展史中的定位，国外学者研究观点存在很大的差异。大体上有三种观点。

一部分学者几乎完全否定考茨基思想中的马克思主义性质。曾被视为"极左派"的德国共产党重要理论家卡尔·科尔施 1929 年针对考茨基在 1927 年的著作《唯物主义历史观》写了一篇强烈抨击考茨基观点的文章《唯物主义历史观——同卡尔·考茨基的争论》。科尔施认为，考茨基的历史观在

---

① 孙关宏、王向民、梁莉：《民主与社会主义：历史与逻辑的考察——对考茨基民主理论的再认识》，《当代世界与社会主义》2008 年第 1 期。
② 孙来斌、李玉姣：《妙论抑或谬论？——从苏联演变看考茨基的"早产论"》，《高校理论战线》2008 年第 7 期。
③ 俞良早：《评列宁、考茨基关于十月革命问题的思想分歧》（下），《南京政治学院学报》2017 年第 4 期。

所有的发展阶段和马克思的历史观从来就不是一致的。《唯物主义历史观》的完成仅仅说明考茨基的政治思想已经由最初的带隐蔽性的修正主义过渡到公开的修正主义阶段。①

　　1957 年埃里希·马蒂亚斯在新教派学术委员会创办的《马克思主义研究》丛刊第 2 辑上发表了一篇题为《考茨基和考茨基主义（摘录）》的文章。在这篇文章中，考茨基在成为机会主义者以前的观点都被视为完全背离了马克思的学说，被称作达尔文主义及庸俗唯物主义，考茨基表面上和恩格斯的观点一致，实际上他从来都不是一个马克思主义者。不仅如此，依据马蒂亚斯的观点，考茨基与伯恩施坦两人之间不存在实质性的差别，在他看来这两个人都是在自由民主的政治信条以及进化论的基础上接触马克思的相关学说，并且二人都是借助恩格斯的威望，成为修正主义者。1967 年西德的学者汉斯·约瑟夫·施坦因伯格在他的《社会主义和德国社会民主党》一书中，也持有与马蒂亚斯类似的观点，他认为，考茨基就是一个教条主义者，而德国社会民主党因为接受了被考茨基歪曲后的马克思主义，而最终走向改良主义。②

　　也有一部分学者对考茨基的思想几乎持完全肯定的态度，认为考茨基的思想完全继承了马克思主义。1954 年西德学者海尔曼·布里尔在《政治杂志》第 1 卷上发表了一篇题为《卡尔·考茨基》的文章纪念考茨基诞辰一百周年。他认为，当马克思在世的时候马克思主义并未形成。考茨基和恩格斯的密切合作才使得马克思主义广泛传播。考茨基不但解释了马克思主义，而且超越了马克思主义进入一个新领域。考茨基在晚年用"自然科学的唯物主义"思想进一步丰富与发展了马克思主义。③

　　卡尔·考茨基的儿子贝奈狄克特曾在《争取社会主义的一生——回忆卡

---

① 转引自李兴耕《近三十年来西德和民主德国的考茨基研究》，《国际共运史研究资料》1983年第 1 期。
② 〔德〕埃里希·马蒂亚斯：《考茨基和考茨基主义（摘录）——第一次世界大战前思想体系在德国社会民主党内的作用》，李兴耕译，《国际共运史研究资料》1983 年第 1 期。
③ 转引自李兴耕《近三十年来西德和民主德国的考茨基研究》，《国际共运史研究资料》1983年第 1 期。

尔·考茨基》中称是考茨基把马克思的一些不完整的理论部分构建成一个完整的马克思主义理论体系。1976 年，意大利的学者马西莫·萨瓦多里在《考茨基与社会主义革命（1880—1938 年）》一书中认为，考茨基的思想是马克思主义和达尔文主义以及自由主义的混合。1978 年，美国历史学家斯蒂恩逊在《卡尔·考茨基（1854—1938 年）——正统时期的马克思主义》一书中，认为考茨基一生都在区别马克思主义和达尔文主义。1981 年荷兰学者巴特尔·特洛姆普针对斯蒂恩逊的书发表文章认为考茨基不仅发明了马克思主义，而且继承了马克思主义。1993 年，考茨基的孙子约翰·H. 考茨基在《卡尔·考茨基：马克思主义、革命与民主》一书中指出，列宁主义无法等同于马克思主义，考茨基的所有著作均涉及马克思主义。以上这些尽管评价角度不同，但是支持考茨基是马克思主义者的立场是相同的。

　　还有一种观点是从总体考虑的角度来评价考茨基的。即在成为机会主义者之前考茨基是一名马克思主义者。1918 年列宁在《无产阶级革命和叛徒考茨基》中专门对考茨基的观点给予了严厉的批判。在其他一些著作中列宁也指出了考茨基观点的历史演变，从理论上分析其如何从曾经的马克思主义者转变成机会主义者直到最后成为无产阶级的叛徒。苏联多数学者认同列宁对考茨基的评价。苏联学者布赖奥维奇在《卡尔·考茨基及其观点的演变》中指出考茨基由开始的向左转，过渡到中派思想家最后成为革命的叛徒。其根据考茨基对待马克思主义的态度将考茨基的理论活动分为三个时期：19 世纪 70 年代中期到 80 年代初；从 80 年代初至 1910 年以前；从 1910 年直到考茨基逝世。① 20 世纪 80 年代，苏联学者切尔涅佐夫斯基的著作《革命马克思主义者反对中派主义的斗争》出版，这是一部以考茨基为代表探讨中派主义的产生、发展以及其破产的历史著作，书中沿用列宁的提法，中派主义即考茨基主义。此研究成果为我国研究考茨基主义提供了资料参考。切尔涅佐夫斯基认为在 19 世纪末 20 世纪初，考茨基表现为富有才干的马克思主义宣

① 〔苏〕布赖奥维奇：《卡尔·考茨基及其观点的演变》，李兴汉等译，东方出版社，1986，第 25 页。

传者、普及者和理论家。1910 年在德国社会民主党和考茨基的命运发生转折的前夕，考茨基尽管有动摇和错误，但还没有转向中派立场。从 1910 年罗莎·卢森堡同考茨基的论战开始，考茨基的观点发生明显转变。考茨基在论战中提出的"疲劳战略"是为中派主义做出的理论论证，中派主义是特殊的、非常危险的机会主义的变种。①

民主德国一些学者对考茨基的评价和苏联学者有相近之处。民主德国的安奈里斯·拉希察在《工人运动史论丛》1988 年第 5 期上发表《卡尔·考茨基》一文，介绍了考茨基由一名马克思主义者到背叛革命事业的系列活动。② 此外，女历史学家英格里德·吉尔什-霍尔蒂 1986 年在她的《知识分子的委任代表——考茨基和社会民主党》中摆脱了以往学者从思想史角度考察考茨基的思路，从社会史的观点出发探讨考茨基作为一个知识分子如何在重大的群众运动之中发挥作用，由此评判其历史地位及影响。③

从已有的研究成果和研究领域看，研究考茨基早期思想的著作还很少，现有成果对考茨基早期思想的若干问题或多或少有所涉及，但还没有见到全面系统研究考茨基早期社会主义思想的相关著作。在研读学界已有成果的基础上，本书试图在以下几个方面有所创新。

1. 研究角度的创新

如前所述，学界着重研究考茨基中期和晚期的思想，涉及考察考茨基中派主义的形成时间、考茨基提出的超帝国主义理论，以及对考茨基的著作《唯物主义历史观》作文本解读，等等。而涉及考茨基早期思想的研究不多，其早期社会主义思想尚未得到系统的研究，还处于开发期。本书专门对考茨基早期社会主义思想进行梳理和研究，进一步揭示考茨基早期思想在马克思主义发展史上的地位，丰富考茨基思想研究的内容。

① 〔苏〕切尔涅佐夫斯基：《革命马克思主义者反对中派主义的斗争》，李宗禹、李兴耕译，中国人民大学出版社，1988。
② 转引自李兴耕《近三十年来西德和民主德国的考茨基研究》，《国际共运史研究资料》1983 年第 1 期。
③ 转引自〔德〕U. 拉茨《近年来关于考茨基的研究和著作评介》，殷叙彝译，《国外社会科学》1989 年第 11 期。

2. 研究观点上的创新

一是力争全面准确地评价考茨基早期社会主义思想。就目前已有的研究成果来看，对考茨基的评价存在很多争议，马克思主义、中派主义、非马克思主义这些词在不同的学者那里往往被有选择地使用，来评价考茨基一生的政治立场，这样未免过于简单化。本书力图从学理角度出发，实事求是地还原考茨基早期社会主义思想的面貌，肯定考茨基早期社会主义思想的贡献，当然也不回避其思想中的局限性，努力对学界围绕考茨基早期思想产生的争议做出自己的回应。

二是科学对待考茨基早期与晚期的思想关系。考茨基晚期和列宁曾经围绕社会主义相关问题进行过论战，随着社会主义建设中一些问题的出现，有些人开始对考茨基后期的观点加以肯定，错误认为考茨基的理论价值在后期，而不是早期，在一些问题上甚至诋毁列宁主义。本书秉持客观公正的原则，肯定考茨基早期的理论贡献，挖掘考茨基思想转变的原因，进一步揭示考茨基后期机会主义的实质，客观地评价考茨基早期与晚期的思想关系，进而深刻理解列宁对第二国际有关人物的评价以及对相关问题的阐释，以期为进一步坚持和发展马克思主义提供理论参照和研究基础。

3. 研究方法的创新

研究过程中，除了运用辩证分析法、历史唯物主义方法之外，还注重对现有研究成果的"再研究"。梳理理论界关于考茨基相关思想的研究成果，可以发现学界在很多问题上存在分歧和争论，所以重新思考、评析已有研究成果，有助于更加全面准确地理解和评价考茨基早期的思想。

三　本书的基本框架

从19世纪80年代到1910年，作为第二国际代表性人物的考茨基站在马克思主义立场上，为宣传、捍卫以及丰富科学社会主义的理论，为马克思主义在全世界各个国家广泛传播做出了极为重大的贡献。对科学社会主义本身所作出的突出理论贡献，是他早期的功绩，同时也是主要的方面。但是考茨基在他早期的理论实践方面也暴露出很多的局限性，这些潜在因素使他后来逐渐陷入机会主义的泥沼。到第一次世界大战爆发，他背叛无产阶级革命的事业，提出超帝国主义理论，反对十月革命，反对无产阶级专政，列宁斥责他为无产阶级的叛徒。本书以《卡尔·考茨基早期社会主义思想研究》为题，对考茨基早期社会主义思想形成的历史背景以及理论基础、形成过程进行考证，梳理出了考茨基早期社会主义思想的主要观点，在此基础上评判他早期思想的理论贡献以及局限性，力求对其早期思想做出客观公正的评价。

从以上研究思路出发，本书结构框架如下。

第一章，也即全书的第一部分，重点对考茨基早期社会主义思想形成的历史背景以及理论背景进行考证，结合考茨基所处的时代，梳理了考茨基早期思想的具体形成过程。第二部分包括第二、三、四、五章，这部分是全书的主要内容。在梳理考茨基早期有关文本著作的基础上，本书从以下几个方面展开研究：第一，考茨基早期对社会主义前史的探讨；第二，考茨基早期对社会主义代替资本主义历史必然性的阐释；第三，考茨基早期关于实现社会主义道路与策略的探讨；第四，考茨基早期对未来社会的探索。第三部分是本书的第六章，此部分旨在总结考茨基早期社会主义思想的理论贡献以及局限性，努力对学界围绕考茨基早期思想所产生的争议做出自己的回应，这是本书论证的落脚点。一方面客观公正地阐明考茨基在马克思主义发展史上的地位，对其前期符合马克思主义立场的思想进行肯定；另一方面，不回避他思想中所存在的局限性，客观地评价考茨基早期在批判伯恩施坦修正主义中的立场，实事求是地分析考茨基早期与晚期的思想关系，从而深入挖掘考茨基早期社会主义思想的理论内涵及启示，这也是撰写本书的价值所在。

四 本书的研究方法

（一）辩证分析方法

考茨基由一位马克思主义者逐步转向机会主义，直到背叛马克思主义，成为无产阶级的叛徒，早期的社会主义思想中的潜在因素对其发生这种转变影响重大。考茨基早期的社会主义思想很大一部分具备科学社会主义理论意义，但是也有一些错误的观点掺杂其中。所以，本书拟采用辩证分析方法研究考茨基早期的社会主义思想，既要分析考茨基早期社会主义思想与马克思恩格斯观点的联系以及差异，也要分析考茨基的政治思想同第二国际的其他一些理论家的区别及联系；对考茨基早期的社会主义思想进行评价时，既准确把握其思想的精神实质，对其中正确的观点给予肯定，又结合当时的历史条件，通过现象抓住本质，分析其思想中潜在的局限性及错误的观点，力求做到全面辩证的分析。

（二）历史唯物主义方法

考茨基主要活动于第二国际时期，而第二国际时期在工人运动史上是极为重要的时期，第二国际内部一度出现马克思主义与修正主义的斗争。考茨基早期的思想和这一特定历史背景是密不可分的，考茨基自己也经历了由达尔文主义向马克思主义的转变，并与修正主义进行过斗争，但是最后却转向机会主义。考茨基复杂的思想经历，必然影响他的有关理论，并且其理论势必带有历史的烙印。所以，如何运用历史唯物主义全面、历史、科学地研究考茨基，是一个重要的问题。本书力图将考茨基早期的思想置于马克思主义发展史特定的政治、经济背景下来研究，充分运用历史唯物主义方法，去挖掘思想史背后深层次的问题。

第一章　考茨基早期社会主义思想的
形成和发展

本书对考茨基的研究着眼于"早期"，考茨基早期基本上站在马克思主义的立场上，为传播及发展科学社会主义做出了重要的贡献。为了透视考茨基早期社会主义思想，有必要对其早期社会主义思想产生的历史背景、理论基础以及形成过程作出认真考察与简要梳理。

第一节　考茨基早期社会主义思想产生的
历史背景和理论基础

考茨基早期所处的时期是欧洲资本主义经济迅速发展的历史时期，工人阶级力量日益壮大，无产阶级在斗争中逐步成熟。马克思主义在工人运动中得到进一步的传播，欧美各国建立了第一批社会主义工人政党。这些都为考茨基早期社会主义思想的形成提供了有利的时代条件，同时从考茨基的理论实践活动看，科学社会主义思想是考茨基早期社会主义思想产生的理论基础。

一　考茨基早期社会主义思想产生的历史背景

19世纪中后期，欧美的资本主义经济处于相对稳定的发展时期，而主要的资本主义国家为了发展生产力、提高生产效率不断研制更先进的机器以及寻求动力，从而努力将科学原理转化成技术与发明，并应用到生产中去。19世纪60年代末70年代初，伴随科学技术的快速发展，主要的资本主义国家继第一次工业革命之后迎来了新的春天即第二次工业革命，以电力的广泛应用为主要特点的第二次工业革命使人类从蒸汽时代迈入电气时代。电能作为一种新的能源不但给工业的发展带来廉价的动力，而且助推了与之相联系的一系列重工业部门飞速发展。由于内燃机的发明与应用，以内燃机为主要动力的轮船、汽车、飞机等新型交通工具随之出现，交通运输业发生了革命性的进步，助推汽车工业、冶炼工业等新型的工业部门涌现。这些变化促使重工业在主要的资本主义国家的比重远远超过轻纺工业，主要的资本主义国家相继发展为以重工业为主的工业化国家。在资本主义国家之间，原有的力量格局被进一步打破，曾经的"世界工厂"老牌资本主义国家英国生产力发展相对缓慢，实力下滑。相反，德国与美国等后发资本主义国家捷足先登，完全改变在第一次工业革命中于英国之后亦步亦趋的被动局面，运用新的技术，发动新型工业革命，使其工业迅速增长。德国的工业实力尤为引人注目，从1870年至第一次世界大战前夕，德国由一个农业主导型的国家转变成工业主导型的国家，煤炭工业与铁工业发展，德国在工业国集团中成为领导者之一。

德国在工业化过程中，人口的分布发生了巨大的变化。随着资本主义的发展，大量的人口由农村涌向城市。1871年德国城镇人口只占整个居民的36%，到1910年城镇人口的百分比已经达到61%。资本主义快速工业化带来的一个必然的结果就是工人阶级队伍迅速壮大。19世纪80年代，世界上产业工人达到2000万，90年代初则已经超过2500万。[1] 周期性的资本主义经济危机对无产阶级的生活造成了严重影响。工人阶级的组织性也进一步增强，工会运动迅速发展。在德国，随着印刷工人工会和烟草工人工会等全国性工会组织的出现，面对19世纪50年代和60年代工业急剧发展的形势，工会在劳资斗争中通过谈判等手段维护工人的权益，甚至组织大规模罢工，

---

[1] 殷叙彝等：《第二国际研究》，中央编译出版社，1998，第3页。

产生极大影响。尤其是在德国 1848 年革命失败后，尽管工会面临着德意志联邦各国政府的残暴镇压，在生存和发展方面非常困难，普鲁士的法令依然阻止不住大规模工人运动的增加，德国工人对组织工会的需求和决心反而越发强烈和坚定。这是工人阶级维护自身利益的一种体现，也是随着工业革命的快速发展，工人阶级队伍壮大的一个结果，并且进一步促进了德国工人运动快速发展。俾斯麦的反社会党人法被废除以后，随着工业的高速发展，工人阶级力量迅速壮大，德国的工会运动大规模地发展。至 1913 年，德国工会的会员总数达到 300 万人。大工业家对待工人们冷酷的态度促使工人发动一系列大规模的罢工，为维护工人的利益，工会组织罢工与示威。从 1895 年初至 1899 年底，德国工会从自己的金库里拿出 525 万马克支持罢工。从 1890 年至 1910 年，德国工人的罢工次数由不足 226 次增加到 3228 次，增幅达 13 倍以上，参加罢工人数由不足 4 万人上升到近 37 万人，[①] 工人运动蓬勃发展，工人在斗争中阶级觉悟不断提高，代表着工人阶级利益的德国社会民主党也在这一时期迅速发展壮大。

第一国际建立以后，马克思主义在各国的工人运动中得到了进一步的传播，马克思已经成为事实上的"灵魂"，在工人运动中的主导地位不断巩固。在第一国际存在的整个时期，马克思与恩格斯一同与各种机会主义思潮作斗争，着重批判了蒲鲁东主义和巴枯宁主义，这两种机会主义思潮在当时的"国际"中影响最大且危害性极强。马克思主义和蒲鲁东主义的斗争，主要围绕关于"国际"的性质和任务、民族解放运动、无产阶级革命道路以及消灭私有制等问题展开。在第一国际的后半期，马克思恩格斯先后推出一系列理论著作，对巴枯宁的无政府主义进行批判，从理论上彻底清算了巴枯宁主义，保证了马克思主义对"国际"的指导。19 世纪 70 年代，反动的小资产阶级思想家杜林向马克思主义发起了全面攻击，公开反对马克思主义，严重危害了德国社会主义工人党。为确保德国工人运动沿着正确的方向发展，恩

---

① 邢来顺：《迈向强权国家：1830 年—1914 年德国工业化与政治发展研究》，华中师范大学出版社，2002，第 231 页。

格斯撰写了《反杜林论》这一传世巨著，对杜林主义进行了全面的驳斥。《反杜林论》一书，不但对杜林主义进行了全面的批判，而且第一次对马克思主义理论进行了全面的论述。许多受到杜林思想影响的人逐渐从小资产阶级思想影响中解脱出来，进一步在思想与组织两方面巩固德国社会民主党。19世纪70—80年代，马克思主义进一步在欧美各个国家广泛传播，马克思恩格斯的著作被译成多种文字在很多国家发行，《共产党宣言》最初用德文出版，后来在德国、英国和美国又出版过多种版本。另外恩格斯还将《反杜林论》的部分内容抽取出来改写成《社会主义从空想到科学的发展》，这本书当时在欧美很多国家广泛传播。1883年马克思逝世之后，恩格斯独立承担起原来由马克思与他合作开展的科学研究以及指导国际工人运动的历史重任。恩格斯密切关注工人运动的进展，用丰富的斗争经验以及渊博的理论知识指导着无产阶级的实践斗争。应时代的发展，为解决工人运动在新的实践斗争形势下所面临的各种迫切的问题，恩格斯撰写了很多对工人运动具有直接指导意义的著作以及文章，例如1884年的《马克思和〈新莱茵报〉》以及1886年的《纪念巴黎公社十五周年》等，还和各个国家的工人领袖以及社会主义活动家进行了无数的书信交流。

在马克思恩格斯的影响下，欧美各国涌现出大批工人阶级的领袖与马克思主义的传播者，如法国工人党的主要理论家保尔·拉法格、德国工人运动的杰出领袖威廉·李卜克内西、英国工人运动的著名活动家爱德华·艾威林等。他们在促进马克思主义和各个国家的工人运动结合的过程中，做出了突出的贡献。19世纪70年代以后，在马克思主义广泛传播的形势下，欧美很多国家工人运动的一个显著特点就是工人的政党与工人团体都取得了合法的地位。而资本主义经济政治的发展和巴黎公社革命的失败，都促使国际工人运动迈入一个新的时期。欧美各个资本主义国家开始普遍改变在初期资本家剥削工人的方式，不再完全依靠榨取绝对剩余价值的方法，而是依靠科学技术越来越多地增加相对剩余价值。为了暂时缓和阶级矛盾，资产阶级也开始发挥他们的主观能动性，使工人的工资在表面上有所增加，使工人劳动与生活的条件相对之前有所改善。资本家的这些做法使劳资矛盾暂时缓和，资本主义各个国家暂时出现相对稳定的社会局面。如此便使欧美各个国家也暂时不具备发动革命的条件。如何提高工人阶级的阶级觉悟以及积聚革命的力量去迎接未来战斗是工人运动面临的主要的任务。随着越来越多的工人群众加入斗争的行列，他们也渴望建立能够捍卫本阶级利益并且指导其开展斗争的组织。巴黎公社成立之前，马克思恩格斯就提出在各个国家建立独立的工人政党的条件已经成熟，巴黎公社失败以后，马克思恩格斯总结失败的教训，认为遭遇失败的很重要的一个因素就是没有统一的法国工人阶级的政党，要想取得胜利，无产阶级必须组建自己独立的政党，由它来组织与领导革命斗争。1871年9月第一国际伦敦代表大会明确提出在各个国家建立独立的工人阶级政党的任务。1872年海牙代表大会又决定将这个内容列入《国际工人协会共同章程》。到19世纪70年代中期，虽然国际工人协会这个国际性的工人组织因为各种原因而最终解散，但是第一国际提出的关于建立工人政党的重要任务由各个国家工人阶级中的先进分子努力完成。

在第一国际存在的最后的几年里，一些国家已经出现独立的工人政党。1869年8月，在李卜克内西与倍倍尔等先进分子的领导之下，德国社会民主工党在爱森纳赫代表大会上正式成立。德国社会民主工党成立之后，在一系列重大问题上坚持同拉萨尔派不同的路线，在国际上，支持巴黎公社，反对普法王朝战争和本国政府侵略法国的战争；在国内，积极反对俾斯麦政府，希望依靠自下而上的革命实现德国的统一。1875年5月，全德工人联合会与德国社会民主工党在哥达代表大会上合并为德国社会主义工人党，1890年后更名为德国社会民主党。[①] 德国社会民主党成为西欧国家当中历史最为悠久的一个社会民主党，德国的无产阶级斗争也发展到了一个新的阶段。自从合并代表大会召开后，党的队伍不断壮大，截至1877年，德国社会主义工人党已经建立了250多个地方性的组织，拥有的党员达到33000多人。党所拥有的政治机关报刊也从1876年的23种发展成41种。[②] 在1877年1月10日

---

① 参见伍慧萍《德国社会民主党的历史变迁与现实困境》，《当代世界与社会主义》2021年第5期。为便于理解，本书在部分行文方面直接使用"德国社会民主党"这一名称。
② 鱼小辉：《战后西德两大社会思潮比较研究》，陕西人民出版社，1992，第99页。

的帝国议会选举中，德国社会主义工人党获得了 493447 票，成为议会中的第四大党。①

综上所述，19 世纪 70 年代至 19 世纪末，世界历史进入一个新的阶段。资本主义发展处于相对稳定的时期，列宁曾经在概括这个阶段时指出："西方进入了为未来变革的时代作'和平'准备的阶段。到处都在形成就其主要成分来说是无产阶级的社会主义政党，这些政党学习利用资产阶级议会制，创办自己的日报，建立自己的教育机构、自己的工会和自己的合作社。马克思学说获得了完全的胜利，并且广泛传播开来。"② 1879 年，法国社会主义者盖得与拉法格等组织了法国工人党；1876 年，在美国的左尔格、魏德迈等拥护马克思主义，与拉萨尔派分子阿道夫·斯特拉赛及阿·加布里埃尔等组成美国劳动人民党；另外，荷兰、西班牙、瑞典、比利时等一些欧洲国家也纷纷成立工人政党或者社会主义组织，俄国的普列汉诺夫也于 1883 年 9 月在日内瓦成立马克思主义的团体"劳动解放社"。尽管各国政党的思想理论发展水平以及在工人群众间的影响各不相同，但是其大多数纲领体现了科学社会主义的基本原则。这些政党的发展经验进一步丰富了马克思主义的政党学说。1886 年恩格斯在纪念巴黎公社 15 周年时指出，欧美国家社会主义运动"已经是一支使所有掌权者——无论是法国激进派、俾斯麦、美国的交易所巨头，或者是全俄罗斯的沙皇——胆战心惊的力量"③。

资本主义经济的相对稳定发展，马克思主义在欧美国家的进一步传播、欧美国家的第一批社会主义工人政党的建立，这些都为考茨基早期社会主义思想的形成提供了基本的历史条件。

二 考茨基早期社会主义思想产生的理论基础

19 世纪 30—40 年代，欧洲资本主义基本完成或者正在经历一场产业革

---

① 参见〔德〕弗·梅林《德国社会民主党史》（第四卷），青载繁译，生活·读书·新知三联书店，1966，第 106 页。
② 《列宁选集》第 2 卷，人民出版社，2012，第 306—307 页。
③ 《马克思恩格斯选集》第 4 卷，人民出版社，2012，第 266 页。

命，即手工劳动被机器大生产所代替，手工工场被采用机器的资本主义大工厂所代替。主要资本主义国家实现了工业化，极大地推动了生产力的发展。随着资本主义大工业的发展，少数资本家掌握着大量的财富，而无产阶级的贫困化却在日益加深。资本主义的基本矛盾明显地展现出来，无产阶级反对资产阶级的斗争不断出现，工人运动此起彼伏，同时自然科学以及社会科学领域取得新突破，这些都为科学社会主义的诞生创造了客观条件。马克思恩格斯积极投身于当时的革命实践活动以及理论研究工作，完成了世界观的转变，即由唯心主义转向唯物主义，由革命民主主义转向共产主义。直到1847年，他们基本完成社会主义从空想转变为科学的历史任务。1848年《共产党宣言》的发表，标志着科学社会主义理论的诞生。马克思恩格斯科学社会主义理论成为考茨基早期社会主义思想的主要理论来源。

从考茨基早期社会主义思想产生的历史条件来看，考茨基在接触社会主义初期，欧洲的资本主义依旧处于快速发展的时期，工人阶级的队伍也处于不断发展壮大过程中，同时工人运动也在蓬勃兴起；当时马克思主义已经在欧洲各个国家进一步广泛地传播而且也已经在工人运动中取得主导性的地位；欧美各个国家相继成立第一批社会主义工人政党，这样的环境对考茨基认识社会主义是极为重要的。因为考茨基所处的时代同马克思恩格斯相比没有发生大的变化，面临的资本主义社会特有矛盾没有实质的变化，所以马克思恩格斯的科学社会主义理论仍旧适用于考茨基认识资本主义，并且为考茨基早期社会主义思想的形成奠定了实践与理论两方面的基础。

研读马克思恩格斯的理论著作以及与恩格斯的交往是考茨基早期社会主义思想形成的一个重要因素。1880年考茨基接受赫希柏格的邀请迁居苏黎世，在苏黎世研读马克思恩格斯的经典著作，他重新学习了《资本论》，还研究了恩格斯的《反杜林论》，在钻研马克思恩格斯这些著作的基础上，考茨基的历史观开始转变。他在经济思想与历史思想方面，开始努力克服之前的折中主义。同年12月，考茨基在信中请求恩格斯为他的《人口增殖对社会进步的影响》一书提意见，恩格斯给他的回信中称赞考茨基是年青一代中少数想真正学点东西的人之一。1881年，考茨基被派往伦敦后，他见到了马克思与恩格斯，并且与恩格斯有了更多的接触，考茨基写道："我们的相识已变成友谊，并且导致了密切的交往（部分是口头交往，部分是书面交往）"①。在伦敦期间，考茨基发现马克思恩格斯在从事史前历史的研究，研究成果后来集中在1884年《家庭、私有制和国家的起源》一书中，而这本书也是恩格斯通过整理马克思的笔记出版的。考茨基还注意到马克思当时在研究班克罗夫特关于印第安人的成果《北美太平洋沿岸各州的土著种族》，而当时恩格斯也提醒考茨基关注一下巴霍芬的著作《母权论》。此后，考茨基与恩格斯多次书信往来，就马克思主义相关研究成果进行探讨，这种交往持续到恩格斯逝世。而且在恩格斯的支持下，《新时代》杂志正式创刊，并由考茨基担任主编。《新时代》作为第一批系统宣传和发展马克思主义思想的杂志之一，在马克思主义发展史上影响重大。考茨基在他的自传中写道："如果说人们由于我在1880年被邀前往苏黎世而把我的生涯看成是社会民主党作家的话，那么我的科学著作这时就带有始终如一的、摆脱了一切折中主义色彩的、确凿无疑的马克思主义的烙印。"②

从考茨基宣传马克思主义的著作来看，考茨基在这些著作中对社会主义的理解，整体没有超出马克思恩格斯对科学社会主义研究的范围。19世纪80年代至90年代以及20世纪初他宣传马克思主义的著作有：1882年的《婚姻和家庭的起源》、1887年《马克思的经济学说》、1888年《莫尔及其乌托邦》、1892年《爱尔福特纲领解说》、1894年《近代社会主义的先驱》、1899年的《土地问题》以及同年批判伯恩施坦的《伯恩施坦与社会民主党的纲领》、1902年的《社会革命》、1906年的《伦理学和唯物主义历史观》、1908年《基督教之基础》、1909年《取得政权的道路》等。考茨基早期在很多著作中基本坚持了马克思恩格斯科学社会主义的基本原则。

从考茨基对马克思著作的整理与出版来看，科学社会主义不仅直接影响

---

① 〔德〕卡尔·考茨基：《一个马克思主义者的成长》，叶至译，生活·读书·新知三联书店，1973，第11页。

② 〔德〕卡尔·考茨基：《一个马克思主义者的成长》，叶至译，生活·读书·新知三联书店，1973，第12页。

考茨基早期的社会主义思想，而且进一步促使考茨基对经典著作进行研读，开启他对经典著作的探索生涯。自 1889 年起，考茨基协助恩格斯整理马克思《资本论》的第 4 卷，即《剩余价值理论》的手稿。考茨基所做的工作主要是先辨认出马克思的手稿，并将其抄下来，然后经恩格斯审阅再根据其他的手稿进一步加以补充。恩格斯逝世之后，这项未完成的工作便留给考茨基去完成。考茨基花费很大的精力编辑并出版了《剩余价值学说史》，1905年出版了第一卷，1910 年出版了第三卷。1905 年，在马克思的女儿劳拉·拉法格委托下，考茨基将马克思遗著中关于经济的论文发表于《新时代》杂志上面。考茨基整理出版马克思这部手稿是对马克思主义经济理论传播的极大贡献。马克思的手稿篇幅庞大且字迹独特，掌握马克思笔迹的特点，正确地选择材料，要付出巨大劳动；把这样一部手稿整理成书，更是需要进行大量的研究工作。因此，这是一项重要成就。1913 年，考茨基又协助出版了马克思的《资本论》第一卷的普及版本。尽管考茨基在从事这些工作时存在个人加工方面的因素，但是他基本还是保留了马克思恩格斯原文的精神。可见，马克思恩格斯科学社会主义是考茨基早期社会主义思想的直接理论来源。

第二节　考茨基早期社会主义思想的形成过程

考茨基早期社会主义思想并不是与生俱来的，考茨基在青年时期未接受马克思主义以前曾受到各种思想的影响，尤其是达尔文主义对他影响很大。从 19 世纪 80 年代开始，考茨基通过研读马克思恩格斯的著作及参与实践活动学习了科学社会主义理论，接受了马克思主义，初步形成社会主义思想。在反社会党人法被废除后，考茨基参与制定《爱尔福特纲领》标志着他向马克思主义迈近一大步，早期社会主义思想得到系统化发展。

一　接受马克思主义以前，曾受到达尔文主义的影响

卡尔·考茨基于 1854 年 10 月 16 日出生于布拉格的一个艺术家家庭。父

亲约翰·考茨基（捷克人）是一个画家，自 1863 年起成为维也纳宫廷剧院舞台背景画家，深受捷克民族思想的影响。母亲敏娜·考茨基（德国人）早期是一个演员，后因病离开舞台，成为一位蜚声文坛的作家，写过很多社会题材的小说，她的小说《旧人与新人》受到了恩格斯的关注。1863 年考茨基的父亲在维也纳的一家剧院谋得了一份从事舞台布景的绘画工作，他们全家也迁居维也纳。年幼的考茨基进入了维也纳的一所私立学校，后来由于母亲生病，1864 年考茨基又被送进多瑙河畔梅尔克的本笃会修道院的文科中学，在那里他度过了两年的时光。1866 年起考茨基进入维也纳的文科中学。作为捷克人，考茨基在学校经常受到德意志同学的捉弄和讽刺，他虽然有才华，但并不是一个活跃的学生，在逆境中成长的考茨基幻想以胡斯式的起义建立捷克共和国。

1871 年，在巴黎公社的影响下，考茨基对社会主义产生兴趣，他开始阅读有关社会主义的著作。路易·勃朗及拉萨尔的历史著作对其产生较大影响。1874 年，考茨基进入维也纳大学哲学系学习，在那里他研究了哲学、历史、法学和政治经济学。因为对历史的特殊兴趣，考茨基在大学里热衷于学习有关历史的课程，在研究历史之外，还从事自然科学的研究。但是，据他自己回忆，在这一时期对他思想影响最大的是达尔文主义。此时，他并没有接受马克思主义，考茨基说："我对马克思还抱淡漠态度"[1]，通过读政治经济学方面的论著他更加赞成达尔文主义。他曾经说："和马克思和恩格斯相比，我的起点是另一种起点。他们的起点始于黑格尔，我则始于达尔文。"[2] 在个人活动初期，他很赞成达尔文关于有机体的发展以及物种、人种的生存斗争理论。考茨基在当时的很多著作中都是从达尔文主义出发，试图解决如何使人类适合于目的的活动与客观的规律并行不悖，以及人类如何进入普遍因果联系并对之施加影响的问题。考茨基并没有认识到动物群体与原始村社

---

① 〔德〕卡尔·考茨基：《一个马克思主义者的成长》，叶至译，生活·读书·新知三联书店，1973，第 6 页。

② 转引自〔苏〕布赖奥维奇《卡尔·考茨基及其观点的演变》，李兴汉等译，东方出版社，1986，第 27 页。

最原始的形式之间存在的根本区别，即凡是人类开始存在的地方，自然选择因素独占统治的时期已经结束。

这一时期，达尔文的著作深深地吸引着考茨基，阿尔伯特·朗格的社会观点与达尔文的观点有许多共同点，在达尔文和朗格的影响下，他酝酿了一项计划，即写一部关于人口问题的著作《人口增殖对社会进步的影响》。1878 年春季考茨基完成了这项工作，原本打算同年秋季出版此书，然而当时德国社会主义工人党的力量迅速发展引起了帝国政府的恐慌，随着德皇威廉一世遇刺，俾斯麦政府在 1878 年通过了"反社会党人法"，对德国社会民主党和工人运动进行了残酷的迫害和镇压，不但查封了一大批报刊，对出版物也提出了严苛的要求，导致考茨基的这本书很长时期无法在德国出版。后来，靠朋友的帮助，他在 1879 年与维也纳一家出版社商妥出版该书。据他回忆，为节省印刷费，删掉了原本想收入的关于爱尔兰和印度历史资料的两个附录，他想在这两个地区的历史和人民群众的社会生活条件中找出证据，进而证明贫困和人口增加是不相干的。总体来说，这本书是以达尔文主义为出发点的。考茨基说："同达尔文一样，我承认有机的生物都有一种超过其食物来源而繁殖的趋势。"① 考茨基在《人口增殖对社会进步的影响》一书中批驳了"社会贫困来源于人口过剩"的说法，他认为，人口过剩虽然不是贫困问题的根源，然而社会主义将引起人口过快增长，间接造成贫穷。他认为人口过剩引发的贫困问题，只有采取新马尔萨斯主义者所主张的节制生育的手段才能解决。当时的考茨基还是一个达尔文主义者，企图为马克思的学说打上生物学的烙印。在这个时期，考茨基除了研究历史和达尔文主义，还研读了马克思的《资本论》，但是后来"灰心地放弃了它"。②

从 19 世纪 70 年代起，考茨基开始给维也纳的报纸和莱比锡的《人民国家报》撰稿，1875 年 1 月，考茨基加入了奥地利社会民主党，后来给《前

---

① 〔德〕卡尔·考茨基：《一个马克思主义者的成长》，叶至译，生活·读书·新知三联书店，1973，第 5—6 页。

② 〔德〕卡尔·考茨基：《一个马克思主义者的成长》，叶至译，生活·读书·新知三联书店，1973，第 5 页。

进报》撰稿，并因此与威廉·李卜克内西、奥古斯特·倍倍尔等人建立了联系。1875 年 9 月，考茨基以"辛马霍斯"为笔名在莱比锡的《人民国家报》上发表了长篇论文《从脑力工人观点看社会问题》，恩格斯看后十分生气，在 1875 年 10 月写给倍倍尔的信中说："辛马霍斯以及其他诸如此类的人所写的以社会主义理论为内容的长得像绦虫一样的文章就是证明，这些人在经济学上的错误、各种荒谬观点以及对社会主义文献的一无所知，都是彻底摧毁到现在为止德国运动在理论方面的优势的有效手段。"① 这表明，此时的考茨基对社会主义的认识是十分混乱的，对马克思和恩格斯的社会主义还缺乏科学理解。

在大学期间，对社会主义的理解也影响着考茨基的择业观，"我的命运与党的命运结合得愈紧密，我觉得在大学里教学的前途就愈渺茫"②。在他看来，作为一个积极的社会民主党人，想获得一份教职工作是毫无可能的。为了继续从事科学研究和政治活动，考茨基想找一个能在经济上独立的职业。起初他考虑当个律师，于是在大学第二个学期转了系，注册法律系。但是不久又觉得自己当律师是不会有成就的，因为对于要认识和应该认识的任何事物关系，他发现自己首先考虑的问题总是：它是怎么会变成这样的。如此一来，要适应法律思维需要花费很大的力气。所以他在第三学期又转回哲学系。事实上，出身于艺术家庭的考茨基也试图以绘画作为自己的职业，后来因为眼疾放弃了。他还试图从事另一种艺术，中学期间写过短篇剧本和小说，1878 年他的一个剧本在维也纳演出。但是从演出中他认为自己缺乏必要的戏剧气质，这种选择也不能给自己提供任何前途。加上 1878 年写成的书未能付印，考茨基深感沮丧。据他回忆，自己打开不依赖国家和党的活动领域的种种尝试全都失败了。在这种形势下，他准备集中精力完成学业，准备

---

① 《马克思恩格斯文集》第 10 卷，人民出版社，2009，第 408 页。
② 〔德〕卡尔·考茨基：《一个马克思主义者的成长》，叶至译，生活·读书·新知三联书店，1973，第 7 页。

写一篇历史论文，他将论文题目定为"杰弗逊同法国革命的关系"①，致力于研究美国历史及其特征，加上特别研究过法国革命，这为自己的研究打下基础。此时，考茨基的生活发生了一个新的转折。他结识了一位年轻的法兰克福学者卡尔·赫希柏格。卡尔·赫希柏格在"反社会党人法"实施前不久参加了德国社会民主党，他在同"反社会党人法"进行的斗争中曾资助党出版一些杂志。需要指出的是，"赫希柏格的确充其量不过是一个毫无政治立场的人物，他甚至不是社会民主主义者，而是社会博爱主义者"②。马克思在1877年就曾批判以《未来》杂志的出版人赫希柏格为代表的，试图用"正义、自由、平等和博爱的女神的现代神话来代替唯物主义的基础"的错误观点。此时威廉·李卜克内西提醒赫希柏格注意考茨基，从此两人开始通信。赫希柏格了解到考茨基正在写一本论述人口增长和社会发展的关系的著作，就主动提出资助他出版。很快考茨基就为赫希柏格撰写了几篇文章，赫希柏格建议考茨基前往苏黎世作为经常的撰稿人给他的刊物撰稿，考茨基欣然接受这个建议。从这个时候起，考茨基"就完全为了研究历史和经济并且把研究成果应用于政治而生活着"③。在这个时期，引起考茨基最大兴趣的不是马克思的思想，考茨基到苏黎世开启了新的生活。

二　接受马克思主义，形成早期关于社会主义的初步看法

1880年1月，考茨基从维也纳迁居苏黎世，他如同进入了一个新的世界。据考茨基在回忆录里所讲，"仿佛被人从标志着当时作为维也纳的党生活的标志的穷乡僻壤拖进了当时已相当强大的德国社会民主党"④。在这里，他认识了比自己大五岁的爱德华·伯恩施坦并将其看成是一位强有力的引路

---

① 〔德〕卡尔·考茨基：《一个马克思主义者的成长》，叶至译，生活·读书·新知三联书店，1973，第9页。
② 《马克思恩格斯全集》第34卷，人民出版社，1972，第360页。
③ 〔德〕卡尔·考茨基：《一个马克思主义者的成长》，叶至译，生活·读书·新知三联书店，1973，第10页。
④ 〔德〕卡尔·考茨基：《一个马克思主义者的成长》，叶至译，生活·读书·新知三联书店，1973，第10页。

人。伯恩施坦 1872 年加入德国社会民主党（爱森纳赫派），1878 年接受赫希柏格的邀请并担任赫希柏格的秘书。考茨基将伯恩施坦视为从事理论工作的导师，因为他觉得伯恩施坦已经克服了当时的杜林主义倾向，能够给自己更多的鼓励和启发。而赫希柏格的科学兴趣主要在伦理学和音乐史方面，经济学方面只是实用部分，不是理论部分。而且"他的社会主义完全是非马克思主义的"，① 无法成为自己的引路人。这一点，从赫希柏格、伯恩施坦、施拉姆在 1879 年《社会科学和社会政策年鉴》第一期发表上的《德国社会主义运动的回顾》一文中就可以看出，赫希柏格将社会民主党人看作一切富有真正仁爱精神的人，结论就是否定无产阶级政党的革命性质。这引起马克思、恩格斯的极大愤怒。恩格斯认为，赫希柏格等人用关于妥协、和解和博爱的空话来抹杀、冲淡和削弱阶级斗争，用改良来取消革命。因此，考茨基认为赫希柏格不能成为自己的导师。考茨基与伯恩施坦一起，从事《社会科学和社会政策年鉴》《政治经济论丛》的撰稿和出版工作。在苏黎世，考茨基开始接触许多著名的社会主义活动家，1881 年 3 月考茨基在倍倍尔的帮助下在伦敦认识了马克思和恩格斯，事实上，1881 年 2 月，考茨基前往伦敦前，在恩格斯写给卡尔·考茨基的回信中，恩格斯就考茨基《人口增殖对社会进步的影响》谈了自己的观点，恩格斯认为考茨基"是年轻一代中真正想学到点东西的少数人之一"，② 考茨基在伦敦停留了 3 个月，其间很少到马克思家里去，据他回忆说，之所以没有经常前往拜访马克思是担心扰乱其家庭，因为当时马克思的夫人已患重病。而马克思于 1881 年 4 月给女儿燕妮·龙格的信中是这样评价考茨基的："他是一个平庸而目光短浅的人，过分聪明（他才二十六岁），自负，在某种程度上是勤勉的，对统计学下了不少工夫，但收效不大，是个天生的俗种，不过，在他那种人当中他还算个正派人"，③ 因此，考茨基在伦敦期间和恩格斯接触较多，他们之间密切的交往

① 〔德〕卡尔·考茨基:《一个马克思主义者的成长》，叶至译，生活·读书·新知三联书店，1973，第 10 页。
② 《马克思恩格斯文集》第 10 卷，人民出版社，2009，第 456 页。
③ 《马克思恩格斯全集》第 35 卷，人民出版社，1971，第 171 页。

持续到恩格斯逝世为止。此外，在去伦敦前，考茨基已经着手研究史前时代的历史，赫希柏格在这方面丰富的藏书也为考茨基提供了很好的条件。考茨基在1881年至1882年写成了《婚姻和家庭的起源》一书。这一时期，据他回忆说，"我的经济著作以及历史著作都是严格按照马克思主义的方法来进行的"。①

1882年春季，赫希柏格股票投机失败，经济上遭受很大损失，考虑到赫希柏格的财力，考茨基辞去在他那里的工作，离开苏黎世，回到维也纳，他"已经不再是从前那种踌躇彷徨的摸索者了"，② 决心自己办一个刊物。在这一过程中，朋友劝他利用空闲时间报考博士，考茨基将他的研究成果《婚姻和家庭的起源》作为博士学位论文，寄给耶拿的教授海克尔，海克尔原本接收了这篇论文并愿意对其予以考试，但是当考茨基前往耶拿时，海克尔已经离开耶拿，当时哲学系的主任就这篇论文的专业归属问题与考茨基产生分歧，于是考茨基决定放弃取得博士学位的打算，集中精力创办杂志。

在这个时期，考茨基因结识马克思和恩格斯，他开始大量地研读马克思和恩格斯的著作，重新系统学习《资本论》，为之后对马克思经济理论的研究奠定了基础，考茨基研究了《反杜林论》，他的历史观开始转变，在很大程度上改变了对达尔文主义的态度，也不再以自然主义观点来研究社会生活。在马克思和恩格斯的影响下，考茨基逐渐转到马克思主义立场上来，在恩格斯、李卜克内西以及倍倍尔的支持下，考茨基创办了德国社会民主党的理论刊物《新时代》。《新时代》以宣传社会主义为目的，恩格斯十分重视这个杂志，给予很大的支持。当时机会主义者的首领之一弗罗梅在1885年5月7日的资产阶级报纸《法兰克福报》上发表了一封激烈攻击社会民主党人会议上通过的一项批判机会主义路线声明的信件，《社会民主党人报》编辑部在1885年5月14日第20号报纸上转载了弗罗梅的这封信并在1885年5

① 〔德〕卡尔·考茨基：《一个马克思主义者的成长》，叶至译，生活·读书·新知三联书店，1973，第12页。
② 〔德〕卡尔·考茨基：《一个马克思主义者的成长》，叶至译，生活·读书·新知三联书店，1973，第12页。

月 21 日第 21 号报纸上刊登了倍倍尔的题为《也来"抗议"》的答复文章，给弗罗梅以坚决的反击。面对机会主义的挑衅，1885 年 6 月，恩格斯在给倍倍尔的信中强调，必须保住的三个阵地中除了苏黎世的印刷所和出版社、《社会民主党人报》编辑部，还有就是考茨基创办的《新时代》编辑部，并且认为考茨基是值得信赖的。自 1885 年迁居伦敦后，考茨基一直在恩格斯直接的指导下进行工作。《新时代》发表了很多有关哲学、史学和经济学、自然科学和文学等方面的文章，还发表有关国际工人运动以及工人社会状况等方面的文章与评论。考茨基写了很多宣传马克思主义的优秀作品，这些作品尽管存在缺点，但是在宣传唯物史观以及辩证法方面发挥了重要的作用，在德国的发行量很大，有的被译成多国文字。1885 年 6 月恩格斯写信给倍倍尔时说："考茨基在几个大学里，什么乱七八糟的东西都学过，但他正在竭力设法把它们忘掉"，恩格斯将考茨基与当时的伯恩施坦称为两颗"真珠子"。[①] 考茨基担任《新时代》杂志的主编一直到 1917 年秋季。关于《新时代》，考茨基认为同伯恩施坦负责的《社会民主党人报》一样是为马克思主义服务的，但是在"反社会党人法"施行期间，"有一千三百种定期的和不定期的印刷物"被禁。[②] 所以，考茨基认为，二者的区别在于《社会民主党人报》（在苏黎世，后在伦敦）作为"反社会党人法"实施区域外的机关刊物可以"毫无顾虑地发表言论"，而《新时代》杂志"不得不更谨慎一些，并且带有更多的理论性质"。[③] 但二者都是有意识有系统地为宣传和发展马克思主义思想和研究服务的。事实上，在"反社会党人法"实施时期，《新时代》和《社会民主党人报》都成为德国社会主义者宣传马克思主义的重要阵地。考茨基不但为《新时代》撰写了很多历史类和有关社会问题的文章，而且还同某些同志展开论战，1884 年在一次论战中，针对洛贝尔图斯对马克

① 《马克思恩格斯全集》第 36 卷，人民出版社，1975，第 335 页。
② 〔德〕弗·梅林：《德国社会民主党史》，青载繁译，生活·读书·新知三联书店，1966，第 318 页。
③ 〔德〕卡尔·考茨基：《一个马克思主义者的成长》，叶至译，生活·读书·新知三联书店，1973，第 14 页。

思的指责，考茨基指出了马克思与洛贝尔图斯的区别。因为这个问题，还与施拉姆产生了冲突。为捍卫马克思主义考茨基数次卷入论战。

1885 年考茨基出版了他参与翻译的马克思的著作《哲学的贫困》。1887年，考茨基又出版了《马克思的经济学说》，这本著作是他介绍马克思《资本论》的重要成果，被视为学习马克思主义思想的入门书，也被翻译成好几国文字出版，在宣传马克思主义和广泛传播马克思主义方面发挥了重要作用。事实上，早在马克思在世的时候，法国、意大利以及荷兰等国就出版过一些介绍《资本论》的简明读本。尽管这些读本通俗易懂，为宣传介绍《资本论》发挥了一定的作用，但是当时由于《资本论》第一卷出版不久，这些简明读本的作者们对其基本内容理解得不够透彻，致使这些读本存在不同程度的缺点乃至错误。随着工人运动的发展，迫切需要出版一本能够确切阐述《资本论》思想观点的通俗读本。在马克思逝世以后，这一工作就显得更加迫切。恩格斯建议考茨基来承担这一任务，他欣然接受并出色完成了此项工作。1887 年考茨基的《马克思的经济学说》在斯图加特出版。依他自己的说法，手稿在出版前给恩格斯看过并得到肯定。1888 年 1 月 5 日，恩格斯在致尼古拉·弗兰策维奇·丹尼尔逊的信中，也表示对此书很满意，他认为考茨基的这本书是马克思《资本论》德文版的理论提要，"或者确切些说，是对这些理论的独立叙述，尽管不总是十分准确，但是还不坏"，[1] 虽然这本书中也存在一些缺点，对《资本论》中所分析的经济关系理解的还不够深入等。考茨基在这本书中分"商品、货币和资本""剩余价值""工资和利润"三篇，阐述了《资本论》第一卷的主要内容。为了把马克思的一些观点解释清楚，考茨基还引用了马克思的其他著作，如《哲学的贫困》《雇佣劳动与资本》中的材料和见解。他在叙述《资本论》的思想观点时，并不是简单地引证或转述原著中的语句，而是通过自己提供的大量事实和论据，通过生动形象的话语，通俗地将马克思的思想介绍给广大无产阶级群众，使该书成为他们学习马克思政治经济学的入门书。同时考茨基也回应了

---

[1]　《马克思恩格斯全集》第 37 卷，人民出版社，1971，第 9 页。

当时一些资产阶级学者对马克思的指责，考茨基说："往往有人说马克思具有一种勇于否定的精神，说他只会批判和破坏，并不能提供任何建设性的东西。但是，我们在本书中只简单地介绍了马克思关于资本主义生产过程的学说，就足以表明马克思事实上创立了一个新的经济学和历史学体系"。①考茨基认为，对过去庸俗经济学的批判，仅仅是这一体系的基础。

在书中，考茨基高度肯定了马克思《资本论》中所阐发的政治经济学思想，认为马克思创造了新的经济的和历史的体系，使人们对社会经济生活现象有了深刻而透彻的了解。研究与理解这个理论体系的主要方法就是历史唯物主义。考茨基认为，要用历史唯物主义的观点读马克思《资本论》这部著作，分析资本主义社会的经济关系。在《马克思的经济学说》一书中，考茨基在解释商品时指出，"资产阶级经济学家把商品看成是一种具有超感觉特性的但又可以被感觉的物品，马克思'把这叫做拜物教'"，②商品的拜物教性质以及资本的拜物教性质，是马克思首先发现的。只要拜物教的观念没有被克服，人们就很难认识甚至是无法认识商品的特性，只有揭示商品的拜物教性质，才可能完全了解商品的价值。所以，他指出不应当被商品的拜物教性质迷惑，更不应该将商品所表现的社会现象，当成商品的自然属性。他强调了解商品的价值不能只看到物与物的关系，而要看到掩盖在物质下面的人与人之间的关系。考茨基所强调的这一点正是很多马克思学说的反对者甚至是马克思学说的拥护者没有注意到的，对于了解经济关系中的各种复杂的现象至关重要。他还驳斥了当时资产阶级思想家对马克思政治经济学思想的种种歪曲和攻击，坚定地捍卫了马克思的学说。考茨基指出，马克思运用历史唯物主义分析了资本主义社会的基本矛盾，揭示了资本主义经济发展的基本规律。马克思"第一次研究了资本的运动和发展规律。他第一次证明当前社会运动的目的是过去历史发展的必然结果，并不是人们的良心发现某种

---

① 〔德〕卡尔·考茨基：《马克思的经济学说》，区维译，生活·读书·新知三联书店，1958，第209页。

② 〔德〕卡尔·考茨基：《马克思的经济学说》，区维译，生活·读书·新知三联书店，1958，第10页。

'永恒正义'后随便提出来的"①。当然，考茨基的这本书也存在一些缺点，他没有对《资本论》中的一些重要章节和观点比如关于原始积累、工人阶级贫困化、资本主义积累的历史趋势等给予应有的重视，介绍的十分简略。同时，考茨基仅仅关注了马克思对资本主义社会的分析，而对马克思关于前资本主义社会经济形态的分析没有给予足够的重视。另外，1889 年以后，考茨基在恩格斯的指导下，参与了马克思的遗作《资本论》第四卷的整理工作。标题为《剩余价值理论》的手稿是马克思在 1862 年对剩余价值理论进行理论史方面考察的成果。马克思原计划将这部手稿修改后作为《资本论》第四卷出版，但是这一愿望在马克思生前并没有实现。马克思逝世之后，恩格斯曾多次表示，要完成马克思生前未实现的愿望。1884 年 3 月恩格斯在给考茨基的信中谈道："我和迈斯纳现在已一致同意，先单独出版《资本论》第二册，接着是第三册和作为第二卷后半部的《剩余价值理论》。这样，事情会进展得更快。"② 1885 年以后，恩格斯把《资本论》第二卷付印稿寄出，为第三卷的付印做准备，此间恩格斯的身体日益衰弱，尤其是眼疾加重，因担心无足够的时间将马克思的全部遗作整理出版，他选择考茨基和伯恩施坦一起协助自己工作。1889 年恩格斯在写给考茨基的信中说："我应当考虑到，不仅使马克思的这一部手稿，而且使其他手稿离了我也能为人们所利用。"③ 而要做到这一点，恩格斯认为要教会考茨基和伯恩施坦辨认马克思潦草的字迹。事实上，当恩格斯逝世后，伯恩施坦公开背叛马克思主义，已经不适合承担这一重任，1895 年，马克思的小女儿艾琳娜将马克思遗稿的理论部分交给了考茨基，最终在 1905—1910 年考茨基以《剩余价值学说史》为书名出版了马克思这一论著，这部手稿才与世人见面。考茨基出版的《剩余价值学说史》在马克思主义者中产生了很大影响。卢森堡、普列汉诺夫、希法亭等人都曾撰文对其进行评论。列宁也在一些著作中引用过它。

---

① 〔德〕卡尔·考茨基：《马克思的经济学说》，区维译，生活·读书·新知三联书店，1958，第 209 页。

② 《马克思恩格斯全集》第 36 卷，人民出版社，1975，第 132 页。

③ 《马克思恩格斯全集》第 37 卷，人民出版社，1971，第 135 页。

《剩余价值学说史》的出版，是考茨基对马克思主义的传播发展所作出的一项重要功绩。但是，他并没有遵照马克思本人的意愿和恩格斯的明确意见，把《剩余价值理论》手稿编辑成《资本论》第四卷出版，而是以《剩余价值学说史》为书名以独立著作形式加以出版。考茨基在《剩余价值学说史》的"编者序"中也明确说过：马克思的《剩余价值理论》手稿，"不能算是《资本论》的第四卷，不能算是前三卷的续篇"，而是"与前三卷并行的著作，像第一辑《经济学批判》与《资本论》第一卷第一篇相并行一样"。① 这在后来引起过巨大的争议，称赞者有之，但更多的是非议。反对者认为，考茨基对《剩余价值理论》手稿做这种处理是有意违背马克思的意愿，是对马克思遗作的曲解，割裂了《剩余价值理论》与《资本论》前三卷的关系，破坏了马克思政治经济学理论的整体性。这些批评意见无疑有其合理性，但对考茨基是否有意曲解马克思的遗著，当时社会上也有不同的看法。根据 1975 年民主德国学者对在阿姆斯特丹查寻到的有关考茨基的档案材料的考证，其认为考茨基之所以做这种处理并不是有意曲解马克思的遗著，而是为了该书能不受迈斯纳出版社所拥有的《资本论》的版权限制，在德国社会民主党的出版机关——狄茨出版社出版。② 但不管考茨基的主观意愿如何，客观上他这样做违背了马克思和恩格斯的本意，有损于马克思政治经济学理论的整体性，这也是不争的事实。

这个时期，考茨基对马克思主义有了新的认识，在他看来，在马克思主义出现之前，存在两种彼此分开的潮流。一种是"无产者对于其受压迫状态的本能的反抗"，这种反抗最终发展成为原始的平均主义，另一种是"较上层阶级里受过科学教育的人道主义者对资产阶级社会从经济上所作的思想丰富的批判"，③ 这种批判最终发展成空想社会主义。当时的考茨基认为马克思

---

① 〔德〕马克思原撰、〔德〕考茨基编辑《剩余价值学说史》，郭大力译，生活·读书·新知三联书店，1951，第 4 页。

② 刘佩弦、马健行主编《第二国际若干人物的思想研究》，中国人民大学出版社，1994，第 141 页。

③ 〔德〕卡尔·考茨基：《一个马克思主义者的成长》，叶至译，生活·读书·新知三联书店，1973，第 15 页。

主义是这两种社会主义潮流的汇合。为了揭示社会主义初期状况，考茨基决定从初期最重要的代表人物托马斯·莫尔和托马斯·闵采尔着手研究。借助不列颠博物馆提供的莫尔的全部重要文献，1888 年，考茨基出版了他的第一部论述社会主义思想史的著作《莫尔及其乌托邦》，在考茨基看来，莫尔的乌托邦代表了空想社会主义，莫尔对当时的经济趋向是有深刻见地的。他希望通过这部著作使莫尔的空想社会主义在德国引起人们的重视。考茨基肯定了莫尔思想中的革命性因素，认为只是莫尔为达到目的所利用的手段不充分。这本书在 1907 年、1913 年以及 1947 年先后再版。考茨基认为，闵采尔领导的农民战争代表了早期含有共产主义色彩的社会革命，正当考茨基准备对闵采尔进行研究时，纪念法国大革命爆发一百周年使考茨基决定对这次大革命进行阐述，他以马克思主义观点对法国大革命中所暴露出来的阶级矛盾进行研究，1889 年考茨基发表了《1789 年的阶级矛盾》，再版的题目是《法兰西革命时期的阶级矛盾》。1889 年 9 月 15 日，恩格斯在写给考茨基的信中说："有人从彼得堡写信告诉我，说《北方通报》登载了你的《法国的阶级对立》的译文，说这篇文章在俄国引起了极为巨大的反应。"[①] 从信中可以看出恩格斯对这本书给予了肯定的评价。同年，第二国际成立，为宣传五一国际劳动节，考茨基于 1890 年出版了一本小册子《劳工保护，特别是国际劳工保护立法和八小时工作制》。

　　1890 年 10 月"反社会党人法"废止，狄茨建议《新时代》杂志改为周刊，因为狄茨认为改成周刊会扩大读者人数与影响范围，于是考茨基离开伦敦迁回斯图加特。这个时期，随着资本主义的发展，欧洲一些国家调整了部分政策，使得无产阶级政党获得了较多的合法活动的机会，改良主义、机会主义等思潮在党内和工人阶级内部抬头。为了反击机会主义对工人政党的侵蚀，肃清拉萨尔主义的影响，恩格斯写信给考茨基要求他在《新时代》上发表马克思的手稿《哥达纲领批判》。尽管当时的德国党的领导人阻碍手稿发表，但是考茨基依然在 1891 年 1 月的《新时代》上发表了已被搁置 16 年之

---

① 《马克思恩格斯全集》第 37 卷，人民出版社，1971，第 266 页。

久的《哥达纲领批判》。面对李卜克内西和国会党团的反对，考茨基认为发表《哥达纲领批判》会给修改党纲的讨论提供一定基础，反驳了德国社会民主党国会党团的责难。《哥达纲领批判》的发表为确立马克思主义在党内的指导地位作出了重要贡献。考茨基的功劳是值得肯定的，恩格斯在1891年2月致弗里德里希·阿道夫·左尔格的信中，也曾称考茨基在整个事件中表现得很勇敢。总体来看，19世纪80年代，是考茨基整个思想发展的重要时期，这一时期，在恩格斯的指导下，考茨基转向了科学社会主义，成长为一个马克思主义者，形成了早期关于社会主义的初步看法。

三 走向成熟，形成关于早期社会主义的系统观点

"反社会党人法"实施的12年中，德国社会民主党和工人阶级作出极大的牺牲。"反社会党人法"被废除以后，德国社会民主党也进入了一个新的发展时期。为了将党重新组织起来，需要制定一个新的纲领来代替1875年的《哥达纲领》。李卜克内西在哥达合并代表大会上已经认识到其"不是一个理想的纲领"而是"一个妥协的纲领"。①《哥达纲领》充满了拉萨尔主义观点，在发表的时候就受到马克思恩格斯严厉的批判，在"反社会党人法"实施时期，党在实践斗争中越是对自己的性质和历史目标了解的越清晰，对《哥达纲领》修改的必要性就越明显。1880年的维登代表大会就对《哥达纲领》中个别条款做了修改。1887年圣加仑代表大会上奥艾尔、倍倍尔、李卜克内西接受了准备新纲领的委托。但是由于当时复杂的斗争形势，这个任务没有完成。当"反社会党人法"废止后，新的形势给党自由活动提供了很好的机会，人们便开始讨论这个问题。1890年的哈雷代表大会和1891年的爱尔福特代表大会解决了一问题。考茨基参与制定了《爱尔福特纲领》并发挥了重要的作用。这标志着他向社会主义迈近一大步，早期社会主义思想得到系统化发展。

---

① 中共中央马克思恩格斯列宁斯大林著作编译局资料室编译《研究〈哥达纲领批判〉参考史料》，生活·读书·新知三联书店，1978，第46页。

在 1890 年 10 月的哈雷代表大会上，党的新组织问题经过讨论后，各方达成一致意见，放弃了"反社会党人法"颁布前存在的联合组织。针对党纲问题李卜克内西作了一个详细的报告，在基本原则方面做了一些阐述。他要求，社会民主党必须制定出一个具备"科学准确性"的纲领，而它必须是全党同志共同的作品。哈雷代表大会还确定了由党的执行委员会来负责这项工作。随着 1891 年《哥达纲领批判》在《新时代》上发表，考茨基在《新时代》上面将恩格斯为重新出版的马克思《法兰西内战》所写的导言也进行发表。马克思恩格斯这些作品的发表，为新纲领的制定奠定了理论基础。1891 年 5 月起，李卜克内西着手起草新纲领，倍倍尔也提出了一些修改意见。最终执行委员会在 6 月 18 日将由李卜克内西起草、经过党的执行委员会讨论确定下来的草案寄给恩格斯、考茨基和其他著名活动家，征求他们的意见。恩格斯看到草案后，首先肯定了草案的优点，认为这个草案中拉萨尔主义以及庸俗社会主义基本上已经被清除，整体上建立在现代科学的基础上。同时恩格斯在详细分析的基础上对草案提出了具体的修改意见，这就是《1891 年社会民主党纲领草案批判》。恩格斯分别对草案的"绪论部分""政治要求""经济要求"作出批判，认为"绪论部分"不够简练严整，就"绪论部分"的十段中每一段的表述提出修改意见。在"政治要求"部分恩格斯指出草案中错误地否定暴力革命而提出采用和平方式走向社会主义，尤其是草案中没有提及无产阶级专政的问题。对"经济要求"部分恩格斯提出要注意工人和企业主在劳动委员会的问题。恩格斯建议定稿前可以参照法国的纲领。党的执行委员会在收到恩格斯的修改意见后，对草案做了一些修改，并且将修正草案于 7 月 4 日公布在《前进报》上。但是这个修正草案只是吸收了恩格斯对"绪论部分"与"经济要求"部分的意见，"政治要求"方面没有做什么大的修改。考茨基收到党的执行委员会 6 月寄来的草案后同样提出了自己的意见，而且给执行委员会寄去了自己起草的一份纲领草案，但是其没有被接受。当执行委员会 7 月 4 日公布修正草案后，考茨基在《新时代》上加以转载，还提供了法国工人党和奥地利社会民主党的纲领供全党参考，考茨基打算起草另一个纲领草案。在这种背景下，1891 年 8 月 6 日，伯恩施坦在恩格斯委托之下从伦敦将恩格斯修改意见的有关摘要寄给考茨基，其后，考茨基与伯恩施坦共同以编辑部的名义在《新时代》上发表了两人起草的另一个纲领草案，共分为4个部分，考茨基负责起草的是前3部分即理论部分，伯恩施坦负责起草的是最后的实践部分。恩格斯读到这一新草案后对其中的理论部分给予了很大的肯定。1891年9月28日恩格斯在写给考茨基的信中说："你的纲领草案要比正式草案好得多"。① 恩格斯非常高兴，并表示支持，还对草案中个别的措辞提出修改意见，并谈到倍倍尔拟采用他的草案。10月6日，《前进报》转载了《新时代》编辑部的纲领草案，但是却将"反动的一帮"这样的拉萨尔主义口号添加到草案中。恩格斯看到《前进报》刊登的这一草案后，立即写信给考茨基，指出"反动的一帮"是鼓动性的词句，极端片面。在恩格斯的支持下，最后草案中删去了这一错误提法。《新时代》编辑部的草案作为制定最后的纲领草案的基础，被提交给了1891年10月14日召开的爱尔福特代表大会讨论。李卜克内西在这次代表大会上作了关于党纲讨论情况的报告，经过深入讨论，代表们一致通过了以《新时代》编辑部草案为基础的新纲领。恩格斯在1891年10月24日写给弗里德里希·阿道夫·左尔格的信中说，在爱尔福特一切都很顺利，考茨基的纲领草案，倍倍尔和他都是赞同的，作为新纲领的基础，马克思的批判发挥了充分的作用。"拉萨尔主义最后的残余也已肃清。"② 需要指出的是，根据《爱尔福特纲领》产生和制定的过程，可以看到恩格斯的《1891年社会民主党纲领草案批判》是针对德国社会民主党执行委员会在1891年6月8日提出的草案而写的。爱尔福特代表大会最后通过的纲领则是以《新时代》编辑部的草案为基础制定的。《爱尔福特纲领》包括两个部分，即理论部分和实际部分。理论部分叙述社会民主党的基本原理和最终目的，实际部分包括根据德国"反社会党人法"废止后的情况所提出的10条具体要求和5条保护工人阶级的具体措施，即社会民主党为达到最终目的对社会和国家提出的要

---

① 《马克思恩格斯全集》第38卷，人民出版社，1972，第151页。
② 《马克思恩格斯全集》第38卷，人民出版社，1972，第180页。

求。相较于《哥达纲领》，《爱尔福特纲领》前进一大步，它在理论上消除了拉萨尔主义和庸俗民主主义的残余。同时需要指出的是，《爱尔福特纲领》在表述马克思主义的某些基本原理时还存在一些缺点和不足，比如，虽然肯定了无产阶级斗争的重要性，但是没有明确阐释无产阶级取得政权的道路和方式问题，也没有提到无产阶级革命同盟军问题等，然而其总体上是符合马克思主义基本原则的，在当时的形势下，适应了德国工人运动的实际要求。在制定新的党纲的过程中，考茨基与错误的机会主义作了斗争，坚持了马克思主义的基本理论。列宁曾对《爱尔福特纲领》作出肯定的评价，在起草俄国社会民主工党纲领时借鉴了《爱尔福特纲领》。在《我们党的纲领草案》中列宁说，"我们决不怕说，我们是想仿效《爱尔福特纲领》，仿效好的并没有什么不光彩"。① 《爱尔福特纲领》给 19 世纪 90 年代的其他国家社会主义工人党制定党纲提供了重要参考，在挪威工人党、保加利亚社会民主党、罗马尼亚社会民主工党、瑞典社会民主工党等政党中产生了极大的影响，它们都参照这一蓝本制定了自己的纲领。而德国社会民主党也成为当时很多国家社会主义政党的模范，对国际共产主义运动产生了重大影响。

为了对这个纲领做出进一步的解释，1892 年，考茨基出版了《爱尔福特纲领解说》一书，关于这本著作，考茨基提到，在讨论社会民主党新纲领草案的时候，他就希望为纲领编写一本通俗的解说书，对纲领的基本原理作出详细的解释、论证和说明，目的是使人们更好地理解社会主义思想，尽管阅读马克思恩格斯当时的著作能够掌握社会主义思想的一切方面，但是"阅读这些著作，尤其是阅读《资本论》，并不是人人都能办得到的"，② 还缺乏对社会主义的一切主要原理作通俗和概括性叙述和论证的著作。因此，考茨基将《爱尔福特纲领解说》的出版称作"试图填补这个空白"，目的是让人们容易理解它，便于社会民主党开展实践活动。在《爱尔福特纲领解说》中考茨基对纲领的理论部分作了内容丰富的解说，主要阐明了如下几

---

① 《列宁全集》第 4 卷，人民出版社，2013，第 191 页。
② 〔德〕卡尔·考茨基：《爱尔福特纲领解说》，陈冬野译，生活·读书·新知三联书店，1963，第 2 页。

个问题。

首先，考茨基依据马克思主义的观点对资本主义社会的各种矛盾及本质做了较深刻的分析。他在《爱尔福特纲领解说》第一章"小生产的灭亡"中指出，资本主义经济发展状况必然导致小生产者的灭亡，从而使劳动者同生产资料相分离，沦为无产者。生产资料被极少数的资本家以及大地主垄断。资本主义生产方式的发展所带来的利益成果被资本家以及大地主所独享，结果导致无产阶级、小资产阶级以及农民所遭受的贫困和剥削有增无减。考茨基指出，随着无产阶级人数的增多，无产阶级队伍日益壮大，剥削者和被剥削者之间的对立也日益尖锐，资产阶级与无产阶级之间的阶级矛盾日益激烈，这是当时一切工业国家的共同特征，最终导致社会分裂成两个敌对的阵营，这种对立由于经济危机而日益扩大。

考茨基认为，正如马克思恩格斯所分析的那样，经济危机的根源在于资本主义生产方式的本质，随着资本主义生产的发展，其越来越具有毁灭性。经济危机证明"生产力的发展已经超出现今的社会所能容纳的范围，生产资料私有制开始与生产力的合理使用和充分发展不能相容了"①。考茨基解释说，在纲领的第一段的头一句里就出现"经济发展"的字句，就是要将人们引导到社会民主主义世界的"基本之点"上。现代科学证明任何事物都不是停滞不前的，而是连续不断地发展。社会主义学说，就是以社会发展过程的性质为立论基础的，如若不研究社会发展过程，就无法理解社会主义。社会的发展与生产的发展相适应，社会成员间的相互关系与社会实行的所有制形式紧密相连，因此，所有制的发展也是和生产的发展同时进行的。他以"农民经济"为例来说明随着农业的进步，在经济发展的影响下，农民作为小生产者最终变成私有财产的狂热拥护者。手工业像农业中的小生产一样，随着经济发展，手工业者也会要求把产品作为自己的私有财产，因此社会民主党纲领明确指出，生产资料私有制是小生产的基础，而资本主义的发展，必然

① 〔德〕卡尔·考茨基：《爱尔福特纲领解说》，陈冬野译，生活·读书·新知三联书店，1963，第4页。

会导致小生产的灭亡。这样考茨基认为，资产阶级社会是在农业和手工业中发轫的，他以商品和资本为主题，阐述了农民将生产的产品变成商品的过程以及商品和货币变成资本的过程，资本是在商品发展到一定阶段产生的，自然也是以作为一切商品生产基础的私有制为依据的。资本主义生产方式的基础就是通过剥夺财产的办法建立起来的，大多数劳动者被剥夺生产资料变成无产者，这是资本主义大规模生产的必要前提，在资本主义大生产之下，小生产虽然垂死挣扎，最终还是会同生产资料分离而进入无产阶级的队伍中。

其次，考茨基论证了在资本主义生产方式下的无产阶级的生存状况。在《爱尔福特纲领解说》"无产阶级"这一章中考茨基指出，在资本主义大生产中，无产者的人数不断增加，无产阶级已经是最强大的阶级，但是无产者的劳动产品不属于他们自己，而被资本家占有。尽管资本家对无产阶级的劳动支付了报酬，但是无产者所得到的工资无论如何同自己所创造的产品价值是不能相比的，而生产资料私有制对于无产者来说，只是攫取他们所创造的剩余价值的手段。"延长劳动日，取消假日、实行夜班劳动制度，在潮湿、过热或充满有损健康的气体的厂房里劳动——这就是资本主义生产给工人带来的'改善'"。[1] 机器的制造促使资本家尽可能地延长劳动时间，采用日夜轮班制度，使有损健康的夜间工作成为惯常。在资本家手里，机器成为一个把无产者的劳动变成沉重负担的有力杠杆。同时机器又使劳动力变成多余的东西。他说："资本主义生产方式的功劳，就在于它调和了饥饿和工资这两个对立物，并使饥饿的工资变成了永久的制度"。[2] 他认为，在资本主义社会中，工资绝不会高到使工人不受剥削的地步。女工和童工的劳动削弱了工人的反抗能力，增加了劳动力的供应，这样必然导致工人工资的下降。在考茨基看来，资本主义的生产方式造成了无产者家庭离散，这是社会主义的对立物。在资本主义生产萧条时期，失业也是一种经常现象。失业人数大量增

---

① 〔德〕卡尔·考茨基：《爱尔福特纲领解说》，陈冬野译，生活·读书·新知三联书店，1963，第30页。

② 〔德〕卡尔·考茨基：《爱尔福特纲领解说》，陈冬野译，生活·读书·新知三联书店，1963，第32页。

加，同过剩的小企业工人一起，构成一支被马克思称为产业后备军的队伍。失业不仅意味着失业者遭受贫困，在业劳动者所受的奴役与剥削加强，也意味着整个工人阶级的生活没有保障。

再次，考茨基又对"资本家阶级"进行了深入的分析。他指出，在资本主义社会中，当大多数人日益陷入贫困和苦难的深渊时，资本家和地主却独享现代文明的一切成果。他分别以"商业和信用""分工和竞争""利润""地租""赋税"几个章节阐述资本家在经济生活中所起的作用，他认为，商业和信用与资本家联系非常密切。资本主义生产从一开始就依赖商业，资本主义生产越扩大，整个经济生活就越需要商业发展。商业一旦停滞，经济崩溃，所造成的破坏绝不亚于战场上的破坏。而信用实际上是一个阶级剥削另一个阶级的手段，信用机构只是将各种非资本家阶级的全部财产转化为供资本家阶级支配的资本，目的是使资本家获得更多的利益，因此，信用便成为资本主义生产的最强有力的杠杆之一，信用加速资本主义生产发展，也加速了小生产的灭亡。分工日益精细，促使资本家发展成为彼此独立的企业和机构。分工也促使现代的生产方式实行有计划的调节。但是，私有财产制度反对实行计划和建立秩序，发展的结果就是受自由竞争的盲目力量所摆布。无产者创造的剩余价值是资本家阶级取得收入的唯一来源，资本家的利润必须到资本主义工业所创造的剩余价值中去寻找。考茨基对"地租""赋税"进行分析，阐述资本家的剥削。考茨基又通过"大生产的发展""经济危机""慢性的生产过剩"等章节阐述资本主义对整个社会产生的影响。

最后，考茨基论证了社会主义制度取代资本主义制度的历史必然性。考茨基在"未来国家"章节中提到，生产力的任何进步都会加深生产力与现存所有制形式之间的矛盾，不触动私有制而想消除这种矛盾，或者是缓和这种矛盾都是不可能的，就像一些思想家和政治家想通过社会改良的办法，防止生产资料私有制崩溃，最后都被证明是无用的。因此，生产资料私有制的废除是不可避免的，但绝对不是"不经过被剥削者自己的任何努力，社会革命这只烤熟的鸽子，会于一个宜人的晴天飞进被剥削者的嘴里，"对于如何推翻现存的私有制，考茨基却说，"并不一定非采用暴力手段或流血手段不可"，① 可以采取各种各样的形式，革命会在数年或数十年的政治和经济斗争中做好准备。这一点也为考茨基后期向机会主义的转变埋下了伏笔。关于什么样的所有制形式能代替现存的私有制，考茨基指出"以生产资料公有制代替生产资料私有制，这就是随着经济的发展而日益成为必然的事情"②。在此基础上，考茨基批判了无政府主义者和自由主义者关于建立"合作社"实现公有制的错误观点，认为要废除商品生产，当商品生产变得不必要的时候，社会主义生产是唯一可能的形式。同时，考茨基也批判了国家社会主义者的错误观点，认为国家社会主义者由于不理解国家的本质，错误地认为将经济机构完全交给国家，就能出现社会主义共同体。考茨基明确指出，只有劳动者阶级成为国家的统治阶级的时候，国家才能转变为社会主义共同体，并驳斥了当时关于"未来社会"的一些错误观点。考茨基继承了马克思预测未来社会的原则，运用科学的方法对无产阶级夺取政权以后所建立的社会主义以及共产主义社会进行预测，对生产资料的公有化以及未来社会产品的分配原则、未来社会的生产等进行了简明扼要的阐述。这个时期，由于考茨基在宣传、解释科学社会主义等方面作出的贡献，他在德国社会民主党内赢得越来越高的声誉。恩格斯逝世后，考茨基被称作"正统"马克思主义的代表、德国社会民主党和第二国际的思想领袖和理论权威。

随着考茨基早期社会主义思想的成熟，修正主义也开始进一步发展。19世纪80年代以后，第二国际政党和工会中的机会主义开始发展，利用一切机会传播自身的思想，认为工人能够在资本主义范畴内解决一切的生活问题，甚至诋毁为争取社会主义而斗争是愚蠢和无益的。机会主义的代表人物扬言预期的无产阶级革命似乎并没有发展起来，工人在英国以及其他的一些国家逐渐获得了选举权，各种不同的社会主义政党得到选票的数目也迅速增

---

① 〔德〕卡尔·考茨基：《爱尔福特纲领解说》，陈冬野译，生活·读书·新知三联书店，1963，第85页。
② 〔德〕卡尔·考茨基：《爱尔福特纲领解说》，陈冬野译，生活·读书·新知三联书店，1963，第89页。

加，他们不久以后在议会中甚至会成为多数派。修正主义者特别指出资本主义的扩张和殖民政策为资本家带来了经济上的利润，他们认为这种"繁荣"的成果也惠及资本主义国家的工人。德国的福尔马尔、英国费边社的"社会主义者"和法国、美国以及其他国家的机会主义者开始发表机会主义言论，认为资本主义正在逐渐转变成社会主义。1890 年，"反社会党人法"废除，德国的政治形势发生重大变化，福尔马尔认为实行改良主义路线的客观条件已经具备，提出要"向善意伸出手来"，1891 年 6 月和 7 月福尔马尔在慕尼黑发表演说，他以形势变化为借口要求党改变策略，主张党的工作重点要放在争取改良的措施上，他认为政府的政策已经发生相当大的变化，"对任何方式的改革和改良都采取彻底抵制的态度已经行不通了"①，政府在劳动保护方面已经采取措施，工人可以通过合法的途径对公共事务产生影响，在这种变化影响下，如果走谈判的道路"谋求在现存的国家制度和社会制度的基础上进行经济性和政治性的改良，这是符合工人运动和整个社会的利益的"②，他主张将党的力量集中在推动法律对工人的保护、保障联合权以及取消粮食关税几个问题上。在演说中，福尔马尔提出德、奥、意三国同盟是维护和平的工具，主张社会民主党在对外政策方面也要和统治阶级合作，尤其在 1891 年 7 月 6 日慕尼黑的演说中，福尔马尔非但没有接受党内对其错误观点的批评，反而进一步阐述改良主义观点，将政治改良称为"立足于广阔的但是因此却更为可靠的现实基础上"的策略，并明确赞成这一策略。事实上，在俾斯麦垮台后，统治阶级也没有表现出所谓的"善良愿望"，俾斯麦的后任同俾斯麦本人一样顽固地抓住粮食关税不放。爱尔福特代表大会上，福尔马尔的机会主义受到了谴责。1892 年 6 月，福尔马尔又在法国的《政治和文学评论》杂志上发表论述国家共产主义的文章，提出国家政权逐步民主化，现存国家已经具有为社会造福的本质，社会民主党的迫切任务是与资产阶级自由

① 中共中央马克思恩格斯列宁斯大林著作编译局国际共运史研究室编《福尔马尔文选》，人民出版社，1984，第 133 页。

② 中共中央马克思恩格斯列宁斯大林著作编译局国际共运史研究室编《福尔马尔文选》，人民出版社，1984，第 135 页。

派结为联盟。面对福尔马尔的改良主义，考茨基同李卜克内西在《前进报》上撰文与福尔马尔展开论战。1895 年恩格斯逝世之后，伯恩施坦以《社会主义问题》为总标题，从 1896 年到 1898 年在德国社会民主党的理论刊物《新时代》杂志上发表了六篇文章，公开对马克思主义进行"修正"，宣称马克思主义在很多方面已经陈旧或者过时了。这六篇文章分别是：《空想社会主义和折中主义》《英国农业状况的发展》《空间和数字在社会政策上的意义》《区域理论和集体主义的界线》《德国工业发展的现状》《社会主义中的现实因素和空想因素》。这一组文章，成为他对马克思主义"传统解释"的最初"批判"，成为这一时期对马克思主义公开责难的代表作。伯恩施坦在谈到写作这组文章的动机时，指出："我感到有必要向我的德国党员同志们说明，他们最好在决定政策时完全抛开关于即将到来的大灾变的想法，并且在演说中避免使用以这一想法为来源的词句。"他还打算以这一见解来阐发由此得出的关于社会主义"运动进程的推论"。① 他在 1900 年编辑《社会主义的历史和理论》一书时，删去了《区域理论和集体主义的界线》和《德国工业发展的现状》两篇文章，增加了这一时期发表在《新时代》上的另外两篇文章：《崩溃论和殖民政策》（1898 年）和《英国的政党和经济利益》（1897 年）。这六篇文章组成《社会主义的历史和理论》中的第二编"社会主义问题"，这也就是后来人们提到的《社会主义问题》的六篇文章。这些文章的中心思想就是借资本主义出现的新变化，提出对马克思的学说要进行全面的修正，主张放弃马克思关于革命的理论，提出和平"长入"社会主义的观点。

最初，面对伯恩施坦发表的一系列修正马克思主义的文章时，考茨基没有十分重视这种修正主义思潮，而且他在回忆录中谈到伯恩施坦的这种做法时，也承认最初是没有认识到它的危害性，"把他的这种做法看成是恩格斯和我已经开始的做法的继续"②。从考茨基的话中可以看出，当时的考茨基实

---

① 〔德〕爱德华·伯恩施坦：《伯恩施坦文选》，殷叙彝编，人民出版社，2008，第 500 页。
② 〔德〕卡尔·考茨基：《一个马克思主义者的成长》，叶至译，生活·读书·新知三联书店，1973，第 21 页。

际上还没有充分认识到伯恩施坦的错误，但是很快考茨基就意识到问题的严重性。

1898 年 9 月 29 日，在德国社会民主党斯图加特代表大会召开之前，伯恩施坦从伦敦寄来一份为自己的立场作辩护的书面声明，把他的修正主义观点与立场在《致德国社会民主党斯图加特代表大会的书面声明》（简称《书面说明》）中作了简单扼要的说明，并且声称决不放弃他的观点。这个声明实际上是伯恩施坦针对马克思恩格斯在《共产党宣言》中所阐述的基本原理所进行的修正。

首先，伯恩施坦认为，马克思恩格斯在《共产党宣言》中对现代资本主义社会的发展所需要的时间的估计是错误的，进一步断言现代社会发展在新的形势下需要采取的方式甚至是将来要达到的形态，这些都是《共产党宣言》中无法预见的而且是不可能预见的。其实质是要否定马克思关于无产阶级夺取政权的道路与策略的相关论述。其次，伯恩施坦断言，社会阶级矛盾尖锐化并没有如《共产党宣言》中所阐述的那样实现。他认为，社会财富的积累与增值带来的结果是各种等级的资本家的人数在不断增加，这是对马克思关于阶级斗争理论的科学性予以否定。再次，伯恩施坦认为，在政治方面先进国家中的某些资产阶级特权正在对各种民主制度做出让步，而不断活跃的工人运动越来越多地影响到社会经济生活领域。所以，在政治方面现代社会发展越是民主，社会发生大规模的政治性灾难的概率就会不断降低甚至完全不可能，这是对马克思主义有关无产阶级革命理论的否定。最后，伯恩施坦重申他提出的"运动就是一切，而一般所谓的社会主义的最终目的，实际上是算不得什么的"① 这一观点。他不但将社会主义的目的与实现目的采用的手段之间内在联系割裂开来，而且将社会民主党需要及时完成的任务限制在推动德国工人争取政治权利以及职业权利方面。

面对修正主义思潮的泛滥，许多党员要求在斯图加特召开的党代表大会

---

① 〔德〕爱德华·伯恩斯坦：《社会主义的前提和社会民主党的任务》，宋家修等译，生活·读书·新知三联书店，1958，第 5 页。

上就伯恩施坦的言论表态，1898 年 10 月，在斯图加特召开的社会民主党代表大会上，倍倍尔宣读了伯恩施坦寄来的《书面声明》。考茨基与倍倍尔、卢森堡、蔡特金等一些马克思主义者针对伯恩施坦的错误观点展开了一系列的批判。考茨基在 1898 年 10 月 4 日的发言中反驳了伯恩施坦的若干错误思想。首先，考茨基驳斥了伯恩施坦关于有产者人数在增加的观点，肯定了马克思关于资本的增加意味着无产阶级贫困化的观点。其次，考茨基驳斥了伯恩施坦关于灾变过时以及否定马克思的无产阶级革命观的理论。考茨基引用马克思的观点提出，从资本主义和平过渡到社会主义只有在英国这样典型的资本主义国家才有可能发生，尽管如此，仍没有排除灾变。德国以及其他与英国有相似点的国家出现的暴力灾变倾向都会推翻伯恩施坦的理论，而民主的胜利取决于无产阶级的胜利。此后，考茨基在几次党代表大会上针对伯恩施坦的问题都做了发言，批驳了伯恩施坦的修正主义观点。此外，考茨基在与倍倍尔以及维·阿德勒等人的来往信件中，对伯恩施坦的修正主义也进行了批判。

在斯图加特大会结束以后，伯恩施坦认为考茨基是出于个人成见对其进行批判。1898 年 10 月 23 日，考茨基在致伯恩施坦的信中对此进行了回应。首先，他认为，伯恩施坦对他的行动所作出的判断是完全错误的。他们之间是立场不同，而不是个人成见问题。其次，考茨基指出了伯恩施坦修正马克思主义的事实："你宣称价值理论、辩证法……资本论关于原始积累的结论都是错误的，那么，马克思主义还剩下什么呢？"[①] 考茨基指出，伯恩施坦企图在马克思主义与自由主义之间搞调和，要坚决同这种做法作斗争。考茨基当时建议伯恩施坦采用写一本书的方法完整阐述他的看法，这一建议得到了维·阿德勒以及倍倍尔的支持。1899 年，伯恩施坦完成了《社会主义的前提和社会民主党的任务》一书，在序言中，他公开指出此书在许多重要论点上同马克思和恩格斯学说中的见解是相违背的。所以，这本书也是 19 世纪

---

① 中共中央马克思恩格斯列宁斯大林著作编译局国际共运史研究室编《德国社会民主党关于伯恩施坦问题的争论》，生活·读书·新知三联书店，1981，第 77 页。

90年代以后伯恩施坦同德国社会民主党以及第二国际马克思主义者公开决裂的宣言书，是他系统阐述机会主义理论的综合体现。这本书对马克思相关理论主要组成部分进行彻底诋毁进而达到全面修正目的。

时代的需要以及革命的客观形势，促使考茨基在批判修正主义的过程中使自身的社会主义思想进一步系统化，对修正主义思想的批判构成了考茨基早期社会主义思想的重要部分。当考茨基看到这本全面修正马克思主义的代表作时，他开始投入激烈的批判斗争中，捍卫科学社会主义理论，形成早期系统的社会主义思想。考茨基在他的回忆录里说："我当时还希望，当伯恩施坦把他的看法在一本书里有系统地加以概括和阐明时，我的怀疑会消失。事实恰恰相反，我的怀疑这时就变成了激烈的反对。"① 考茨基强调，马克思的整个思想体系的正确性和科学性是不可动摇的。他在《新时代》上发表了大量的驳斥伯恩施坦的文章，如《伯恩施坦和辩证法》《伯恩施坦和唯物史观》《伯恩施坦关于价值和阶级的理论》等。1899年9月，考茨基在斯图加特出版了他的《伯恩施坦与社会民主党的纲领》一书。这本书共分为3个部分：方法、纲领和策略。倍倍尔读了这本书以后，在写给考茨基的信中说："祝贺你反驳伯恩施坦的小册子，很出色，它严厉地谴责了爱德。"② 当然，倍倍尔也提出了很多修改的建议。列宁曾称这本书是"考茨基反对机会主义的第一部大作"。③ 列宁对它做出了肯定，并且专门给考茨基的这一著作写了个书评，而且在1900年又将这本书翻译成了俄文。连伯恩施坦也承认，考茨基已经"站在我所主张的见解的反对者的最前列"④。后来，考茨基还发表了很多批判伯恩施坦观点的著作和文章，例如《阶级斗争和伦理学》《社会革命》《伦理学和唯物主义历史观》等。总体来看，考茨基通过驳斥伯恩

---

① 〔德〕卡尔·考茨基：《一个马克思主义者的成长》，叶至译，生活·读书·新知三联书店，1973，第21页。
② 中共中央马克思恩格斯列宁斯大林著作编译局国际共运史研究室编《德国社会民主党关于伯恩施坦问题的争论》，生活·读书·新知三联书店，1981，第165页。
③ 《列宁选集》第3卷，人民出版社，2012，第206页。
④ 〔德〕爱德华·伯恩施坦：《社会主义的历史和理论》，马元德等译，东方出版社，1989，第249页。

施坦对马克思相关理论的"修正"，一方面捍卫了科学社会主义，另一方面使他早期社会主义思想得以系统化发展。

此外，在考茨基看来，修正主义的运动是从讨论土地问题开始的。19世纪末，随着资本主义和工人运动的变化发展，议会斗争成为西欧各国工人政党的主要斗争手段，各国社会民主党人都开始关注土地以及农民问题，以争得广大农民的支持，但同时在对待农民和土地问题上在各国工人政党中也出现了一些错误的看法或观点。为此，1894年恩格斯专门写了《法德农民问题》一文，科学阐述了马克思主义关于农民和土地问题的基本观点，为各国工人政党建立工农联盟提供了理论指导。恩格斯逝世后，德国社会民主党内部围绕农民和土地问题再起争论，特别是伯恩施坦提出，德国的小农并没有像马克思预言的那样，随着市场竞争而迅速两极分化，一小部分上升为剥削者，大多数沦为无产者，这说明，马克思关于资本积累一般规律的论述是不正确的。为反驳伯恩施坦，论证马克思思想的正确性，1899年考茨基出版了《土地问题》一书。考茨基认为，尽管每年都有大批量的关于农业的著作，但其都是就个别问题进行孤立研究。他还指出，至今还没有一本从现代社会主义的立场出发研究土地问题的著作，尽管在马克思恩格斯的著作中有许多关于农业和土地问题的有价值的见解，但其缺乏系统性，而且鉴于在社会主义者中间存在马克思恩格斯观点过时论以及教条论，有必要自觉以《资本论》的方法论为基础来探索土地问题。

在《土地问题》中，考茨基系统梳理了马克思恩格斯关于土地问题的观点，并揭示了资本主义社会中农村经济发展的历史过程。考茨基强调，要以马克思理论的精神来研究农业问题，只回答小生产在农业中是否有前途的问题是不够的；最重要的是要研究农村经济在资本主义生产方式下所发生的一切变化。经过深入考察分析，考茨基认为，现代农村经济具有资本主义生产方式的一切特征，它是资本主义经济，但又具有其特殊的表现形式。资本主义在农业中的发展采取了一种与工业发展不同的形式，同时农业中占据统治地位的资本主义生产形式能与前资本主义生产形式共存。资本主义以前的和非资本主义农业形式在现代社会中起着巨大的作用，因此必须阐明这些非资本主义的农业形式同纯粹资本主义形式的农业的相互关系。考茨基在坚持马克思《资本论》阐述的资本主义农业发展普遍规律的基础上，通过对德国农业的考察，揭示了不同于英国资本主义农业发展模式的"普鲁士道路"，发展了马克思的相关理论。同时，考茨基依据恩格斯在《法德农民问题》中关于将农民区分为不同的阶级和阶层的思想，对农民中的社会阶层进行了分析，指出了工人阶级政党在农村中的依靠力量。在此基础上，考茨基提出和论证了德国社会民主党解决农业和土地问题的基本主张，强调社会民主党要有稳定有力的土地政策，关心农民、教育和引导农民积极投入阶级斗争中。与此同时，考茨基还展望了未来社会主义社会的农业政策以及农村政策。列宁评价考茨基的这本著作是"《资本论》第 3 卷出版以后当前最出色的一本经济学著作"①。考茨基对土地问题的研究，对于确定社会民主党的农民政策具有重要意义，尤其是对无产阶级夺取政权以后的土地政策具有重要参考意义。

1901 年，柏林社会科学大学生联合会上伯恩施坦以"科学社会主义怎样才是可能的"为题发表演说，他声称社会主义总是和理想主义因素联结在一起，进而对其科学性进行否定。他提出，必须放弃科学社会主义，从名称上将这一理论改为"批判的社会主义"。伯恩施坦从道德的角度论证社会主义实现的可能性。针对伯恩施坦的演讲内容，1901 年 6 月，考茨基写下《疑问的社会主义对抗科学的社会主义》一文对伯恩施坦的观点进行驳斥。首先，针对伯恩施坦所提出的不存在纯粹科学的观点，考茨基明确指出社会主义是科学的。其次，针对伯恩施坦诋毁马克思主义关于未来社会的学说是缺乏严格的科学证明的说法，考茨基指出，有条理地从事研究是进行科学研究的"一项职能"，通过一些已知的事物去推论出那些未知的事物也是进行研究的前提，假说是可以作为前提的，并且合理的假说也是科学研究的一部分，对于研究有着重要的价值。虽然马克思对未来社会做出的预测只有在将来成为事实的时候才能被人们认定为事实，但是决不能否认预言是具有科学

① 《列宁全集》第 4 卷，人民出版社，2013，第 79 页。

性的。此外，在考茨基看来，伯恩施坦就是要主张完全退回到空想社会主义阶段，而马克思的伟大功绩正是完全摈弃了早期社会主义中的空想因素。并且考茨基认为社会主义能够在现实中得到科学的研究。因此他说"科学社会主义是必需的，它也是可能的。它事实上已经存在"①。

马克思主义与修正主义之间的斗争，涉及坚持与捍卫科学社会主义的重大原则问题。1903 年 1 月，针对狄茨在《社会主义文献》目录中预告由伯恩施坦来出版马克思恩格斯的遗嘱，考茨基专门写信给倍倍尔，提出伯恩施坦的行为表明"他不再能正确地理解马克思和公正地评价马克思"，② 所以，伯恩施坦是最不合适的人选，恩格斯的遗嘱也不能让伯恩施坦垄断，一旦伯恩施坦掌握恩格斯的遗嘱，"他糟蹋恩格斯和他的朋友们会比他出版拉萨尔著作时糟蹋拉萨尔还要厉害得多，他会片面地只出版合乎他心意的部分"③。所以，考茨基认为必须要监督伯恩施坦，而只有让伯恩施坦无法掌握恩格斯的遗嘱，才有可能实现监督；伯恩施坦当初能够成为恩格斯遗嘱的继承人，是由于他与今天"截然相反"。恩格斯如果当年预料到伯恩施坦后来的变化，是绝对不会将他的遗嘱托付于伯恩施坦的。1903 年 9 月，在德累斯顿召开的德国社会民主党的代表大会上，考茨基与倍倍尔以及辛格尔共同向大会提出第 130 号决议案，对修正主义者改变社会民主党的策略和目标、企图将革命的政党变成改良的政党的行为进行强烈的谴责，此项决议在大会中以压倒性的票数获得通过。在几次党的代表大会上，考茨基都驳斥了伯恩施坦的观点，展现了考茨基鲜明的反对修正主义的立场。

1909 年，考茨基在俄国革命的影响之下出版了旨在反对改良主义与修正主义的《取得政权的道路》一书，其价值就在于指出了世界大战迫近，批评了德国以及欧洲其他国家的军国主义与殖民政策。在《取得政权的道路》一

---

① 王学东编《考茨基文选》，人民出版社，2008，第 86 页。
② 中共中央马克思恩格斯列宁斯大林著作编译局国际共运史研究室编《德国社会民主党关于伯恩施坦问题的争论》，生活·读书·新知三联书店，1981，第 539 页。
③ 中共中央马克思恩格斯列宁斯大林著作编译局国际共运史研究室编《德国社会民主党关于伯恩施坦问题的争论》，生活·读书·新知三联书店，1981，第 540 页。

书中考茨基还论述了在无产阶级革命日益临近的时候德国社会民主党的任务。考茨基对德国国内外革命的发展过程作了形象的描绘。列宁高度评价了《取得政权的道路》一书，指出这本小册子是考茨基"最后的也是最好的一部反对机会主义者的著作"①。这本小册子是一个很大的进步，"它不像 1899 年所写的反对伯恩施坦的小册子那样泛谈革命纲领，也不像 1902 年写的小册子《社会革命》那样不涉及社会革命到来的时间问题而泛谈社会革命的任务，它谈的是那些使我们不得不承认'革命纪元'已经到来的具体情况"②。

---

① 《列宁选集》第 3 卷，人民出版社，2012，第 211 页。
② 《列宁选集》第 3 卷，人民出版社，2012，第 211 页。

第二章　考茨基早期对社会主义
前史的探讨

　　考茨基早期关于社会主义思想史的研究在他的理论著作中占据很大的比重，作为一名社会思想史研究者，他重点研究了社会主义思想的发展情况，考察了近代社会主义的先驱。他运用大量的实际材料，仔细研究有关的历史文献，论证历史事件。1888 年考茨基出版了《莫尔及其乌托邦》一书，在这本书的序言中，考茨基谈了写作这本书的原因："在德国除了一些专家以外，很少有人认识莫尔的实质。但是，即便英国人本身直到现在还只认为莫尔只是一个实际的政治家和人道主义的学者，他们还没有开始意识到他的共产主义。"[1] 他希望通过这部著作填补德国在有关社会主义思想的文献方面所存在的漏洞。他在书中将莫尔称为"第一个社会主义者"，对莫尔所处的历史环境以及莫尔的《乌托邦》一书进行了深入的考察。1894 年，考茨基所著的《近代社会主义的先驱》一书，在社会主义思想史上留下十分重要的一页，它对学界研究社会主义学说史具有十分重要的参考意义。为了探究社会主义思想的理论来源，考茨基将目光转向遥远的古代，他对古希腊时期柏拉图的"共产主义"以及原始基督教的"共产主义"进行了考察，对中世纪出现的空想社会主义思潮进行重点研究，他努力采用马克思主义观点对一些

---

　　[1]　〔德〕卡尔·考茨基：《莫尔及其乌托邦》，关其侗译，生活·读书·新知三联书店，1963，第 1 页。

史料进行分析与综合，试图勾勒近代以前社会主义思想的发展轮廓。对于考茨基的这项研究成果，恩格斯十分感兴趣。1895 年 3 月 25 日，在写给考茨基的信中，恩格斯将考茨基的这本著作称为"社会主义的前史"，并表示急切等待考茨基的这本著作，因为"以前的运动中还有很多问题需要加以说明"。① 同年 5 月 21 日，恩格斯在给考茨基的信中对这部著作给予了肯定："我从这本书中知道了很多东西；这是我修改《农民战争》不可缺少的准备工作。"② 之后，考茨基将《近代社会主义的先驱》中涉及原始基督教的共产主义内容进一步加以扩充，写成了一部关于基督教起源的著作，1908 年，他出版了《基督教之基础》一书。他认为这两部著作是互相依存的，前一本著作中揭示的一些规律性的逻辑联系，是他在撰写后一本著作时遵循的指针。在《基督教之基础》中，考茨基用历史唯物主义观点分析了基督教的起源，认为基督教实际上是反对罗马帝国以及犹太僧侣政治的武器，但是后来在历史的演进过程中基督教丧失了它原始的意义，教会由当初的革命的组织变为被帝国主义与僧侣政治利用的工具。

第一节　对古代共产主义的两种形式的分析

为了对社会主义思想进行追根溯源的研究，考茨基考察了古希腊柏拉图的共产主义思想以及古罗马原始基督教的共产主义思想。他也强调古代的共产主义并不局限于这两种，之所以要研究它们是因为这两种共产主义对中世纪的空想社会主义者产生了极大的影响。

一　柏拉图的共产主义思想

考察柏拉图的政治思想时，考茨基是从以下几个方面进行分析的：第一，柏拉图共产主义思想产生的历史背景；第二，柏拉图共产主义思想形成

---

① 《马克思恩格斯全集》第 39 卷，人民出版社，1974，第 426 页。
② 《马克思恩格斯全集》第 39 卷，人民出版社，1974，第 461 页。

的大概逻辑思路；第三，柏拉图共产主义思想的特征。

第一，关于柏拉图共产主义思想产生的历史背景。在考茨基看来，所有的历史时代都曾存在某种真正实行或者是力求实行的共产主义形式。人类诞生初期，就出现了共产主义，只是随着生产力的发展，生产关系出现改变，原有的联合体"不是衰败下去，就是被另一个发展较慢、但仍然保持着共产主义道德和共产主义活力的民族所征服"。①古代所有民族与国家历史发展的这一共性在柏拉图所处的雅典社会表现得最为突出。考茨基认为，原始社会人类通过组成联合体共同谋取生活资料，共同守卫联合体的住所与土地。随着生产的发展，社会上出现了私有财产与公有财产并存的局面，私有财产最初还是微不足道的，但是当私有财产规模越来越大的时候，除了满足自身的需要，产品的交换随之发展起来。起初交换只发生在拥有不同产品的部落之间，当扩大到个别的生产者之间的时候，就出现商品生产，商品生产促使更多的生产资料包括土地转变成私有财产。

在研究社会主义思想史的过程中，考茨基非常重视平等思想，而空想社会主义者中很多遵循这种思想。考茨基指出当私有财产变成一种社会力量，原有的平等就不复存在了。社会就会分化成统治的有产者与靠依附他人生活的无产者，而谋取更多的私有财产就成了社会发展的必然。货币的产生更使这种渴望变为无限膨胀的贪欲。人们对货币产生的不可遏制的占有欲，使贫富之间的差别达到极大的程度，到处存在贫富对立的现象，人与人的关系也发生了变化，"以前，舍己为公、自我牺牲是人们最推重的品德；现在，这种品德已经日益丧失殆尽……原先的联合体分裂成了彼此激烈斗争的阶级"，②这是所有古代民族与国家的历史。

考茨基认为，这种历史发展过程在雅典表现得最明显。自波斯战争结束直到马其顿王征服希腊，中间不到一个半世纪的时间，在这一段历史刚开始

---

① 〔德〕卡尔·考茨基：《近代社会主义的先驱》（第一卷），韦建桦译，商务印书馆，1989，第16页。

② 〔德〕卡尔·考茨基：《近代社会主义的先驱》（第一卷），韦建桦译，商务印书馆，1989，第16页。

时，雅典尽管已经存在阶级差别与阶级对立，出现富人与穷人，然而，这种对立尚未发展至夺取自由居民在整个国家事务中享有的共同利益的程度。但是，在这一段历史最后的三分之一时间里，希腊中东部地区除了奴隶以外，只剩下清一色的富人与大量穷人。这种现象在整个希腊比比皆是，最突出的就是雅典，雅典经过波斯战争成为希腊境内最强盛的国家，爱琴海诸岛与海滨的居民几乎都得向雅典俯首称臣并且纳税进贡，奴隶的劳动、发达的商业、各种战利品与战败者进贡的东西都成为希腊居民取之不尽的财富。这样富人更富，自由民更是脱离了劳动，堕落成流氓无产者，整个社会丧失活力萎靡不振。

考茨基认为，这种状况导致了雅典与以斯巴达为首的还没有被雅典征服的伯罗奔尼撒国家之间的战争。它们之间的战争不但是一场反抗希腊宗主权的斗争，还是一场贵族制对抗民主制的战争。因为雅典当时在希腊境内是最民主的国家，斯巴达是实行贵族制最为严格的国家。当时的实际情况是，在所有的被雅典征服的国家中，财政支出是由贵族负担，而不是人民。而且在雅典本土，国家的经济负担也是压在富人与贵族的肩上。所以，各个地方的贵族与富人对雅典是恨之入骨，雅典的社会分化以及阶级对立最终发展至十分严重的程度，当时雅典的贵族甚至同斯巴达暗中勾结，对于贵族来说，推翻民主制的最佳途径就是斯巴达取得胜利。雅典与斯巴达之间的斗争，即伯罗奔尼撒战争持续了近30年，最后以雅典强权的覆灭而告终。考茨基指出，在这种情况下，人们开始对国家兴亡的原因进行思考，关注何种形式才是最理想的国家形式。

第二，考茨基从柏拉图的《理想国》入手，探讨柏拉图的共产主义思想形成的大概逻辑思路。考茨基指出，柏拉图的这部著作是第一部系统为共产主义进行辩护的哲学论著，核心内容就是探讨最理想的国家形态。柏拉图的出发点是现存的国家形态与社会形式是不理想的。考茨基指出，柏拉图在他的《理想国》中阐述了一个毋庸置疑的事实，即私有制与贫富对立会导致国家的衰亡，并且会导致一个国家分裂成为两个国度：穷人的国度和富人的国度。尤其是柏拉图将穷人即无产者比作"雄蜂"，考茨基认为"这是一个典型的比喻"，[①] 这样能够清楚地揭示出古代的无产阶级与现代的无产阶级之间的区别，因为古代的无产的自由民多数是流氓无产者，他们多数是依赖社会而生活；而近代社会依靠无产者生存。考茨基指出，按照柏拉图的逻辑，国家与富人依靠对奴隶劳动成果的占有以及对被征服敌人的勒索来维持经济收入，无产者则是依赖国家与富人的这种剥削的活动来维持生计。所以，在一个国家中，穷人与富人相互争斗，"不管政权是由富人（实行寡头政治），还是由穷人掌握（实行民主制度），这个国家都注定要灭亡"。[②] 柏拉图的共产主义思想的内核便是力图改变这种相互争斗的局面。

第三，关于柏拉图共产主义思想的特征，首先，考茨基认为，柏拉图的共产主义与现代的共产主义存在根本的区别。考茨基指出，柏拉图作为一个贵族出身的人，绝不会希望消灭阶级差别，在柏拉图那里，共产主义实际上是一种稳定国家秩序的因素，并且这种共产主义只能用于统治阶级的内部，私有制一旦在统治阶级内部被取消，就不会有东西促使这个阶级去压迫与剥削劳动人民，这样统治阶级将会全心全意地为人民谋取福利；而农民与手工业者以及小商贩与富商巨贾仍旧应该保留私有财产。考茨基认为，农业与手工业的小规模经营是当时生产的基础，这种经营必然会以生产资料的私有制为先决条件。工农业的技术还没有发展到实行社会化生产的程度，所以"在柏拉图时代，如果要求在自由劳动者中间取消生产资料私有制，那只能是一种荒唐无稽的想法"[③]。在此基础上，考茨基认为，柏拉图的社会主义与现代的社会主义有着根本的区别，并且在柏拉图的理想国中，统治阶级不参与社会生产，凭借劳动阶级所缴纳的赋税来生存。这种共产主义不是生产资料的共产主义，而是消费资料的共产主义。

其次，对于柏拉图主张的在理想国的统治阶级即"卫国者"中实行妻室

---

① 〔德〕卡尔·考茨基：《近代社会主义的先驱》（第一卷），韦建桦译，商务印书馆，1989，第22页。

② 〔德〕卡尔·考茨基：《近代社会主义的先驱》（第一卷），韦建桦译，商务印书馆，1989，第22页。

③ 〔德〕卡尔·考茨基：《近代社会主义的先驱》（第一卷），韦建桦译，商务印书馆，1989，第23页。

与子女公有，考茨基强调，柏拉图并不是主张社会两性关系可以混乱无序，而是指在两性关系中遵循优生的原则，政府依据优生原则对男女婚配进行安排。考茨基进一步指出，在两性关系方面实行共产主义，是主张在消费品方面实行共产主义所必然会导致的结论。实行公妻制，在两性关系中实行共产主义，与现代社会主义所提出的生产资料公有制是没有一点逻辑关系的，除非将妇女也看作生产资料的一部分。考茨基引用《共产党宣言》中的话加以证明："资产者是把自己的妻子看做单纯的生产工具的。他们听说生产工具将要公共使用，自然就不能不想到妇女也会遭到同样的命运"①，但是，考茨基也指出，柏拉图要求男女平等，允许妇女拥有担任各种职务的权利，这一点与近代社会民主党的要求是吻合的。

再次，考茨基认为柏拉图的共产主义思想是有现实基础的，他受到一个榜样力量的启发，而这个榜样就是斯巴达，在希腊境内斯巴达是贵族制度最巩固的国家，因而深受雅典贵族的同情。所以斯巴达的制度是柏拉图在设计他的理想国的时候所依据的基本模式，但是柏拉图绝不是一味地模仿。因为斯巴达在伯罗奔尼撒战争后获得的权力与财富，促使它急剧地堕落，在其境内仅存的原始共产主义也无法抵挡住这种堕落的趋势，在柏拉图那个时代，这种残存的共产主义充其量只能使思想家得到一点点的思想启发，进一步设计出整套的共产主义制度。

最后，考茨基指出，柏拉图在他的理想国中将统治阶级划分为两部分：征战者与摄政者，只有摄政者能够治理国家，而摄政者还必须由哲学家担任，只有哲学家才是一个国家最为明智的领导。为了使哲学家取得统治的地位，必须要争取到一位独裁者。对此，考茨基认为，柏拉图的命运和后来的很多空想家的命运是一样的。所有的空想家都致力于国家与社会的改革，但是他们都没有能在社会中找到改革的因素，只好将希望寄托在某一个政治独裁者或者金融寡头身上，或者是寻找一位贤明的君主或者百万富翁，期盼着这些人能够采取正义的举动。但是在柏拉图所了解的国家中，完全找不到一

---

① 《马克思恩格斯选集》第1卷，人民出版社，2012，第418页。

个民众阶层能够担负起复兴国家的重任。所以，柏拉图以后的那些哲学家，就不再将独裁统治看作帮助自己取得国家的统治地位的"阶梯"了，而是将独裁统治看作帮助自己摆脱政务的一帖良方。人们看到国家正在崩溃，哲学家所关注的不再是公众事业，而是可爱的"自我"。他们也不再探索什么是最佳的国家制度，而是开始寻求如何使个人借助自身的努力得到幸福。

二 原始基督教的共产主义

在探究原始基督教共产主义的时候，考茨基运用唯物史观的方法通过解读基督教的起源，论证了原始基督教的共产主义思想。考茨基是从以下两个方面进行研究的：第一，原始基督教共产主义产生的时代背景；第二，原始基督教共产主义的特征。

第一，关于原始基督教共产主义产生的时代背景。考茨基认为原始基督教产生的时代是古罗马社会生产出现衰退趋势的时代。首先，考茨基认为，要想了解一个时期所特有的现象，必须要研究那个时代特有的各种问题。因为"这些东西到底就是那个时代的特殊生产方式——当时的社会所借以维持它的生活的方法——的生长物"[1]。在考茨基看来，古罗马社会整个经济生产是围绕着农业进行的，与它并存的还有规模较小的手工业与商品贸易，这就导致获取与增加私有土地成为人们的一种愿望。而古罗马的农业也是建立在蓄奴制度之上的，奴隶是古罗马社会的主要劳动力，大农场与矿场都是依靠奴隶来维持生产。奴隶的来源也是多种多样的，在战争中被征服国家的民众是奴隶的主要来源。大地主在拥有更多奴隶的基础上，进行大规模的经营。考茨基指出，这种大规模经营并不是由于技术及经济上的优势，只是由于奴隶价格低廉。并且考茨基认为，这种通过增加奴隶数量为大地主提供剩余产品的方式和近代是不同的。近代资本家会将他的利润储蓄起来，进而改良及扩充他的企业，而古罗马的蓄奴者主要是将其用来享乐。"为生产超过一定

---

① 〔德〕卡尔·考茨基：《基督教之基础》，叶启芳等译，生活·读书·新知三联书店，1955，第49页。

数目以外的生产工具而积聚资本在当时原是一种滑稽可笑的举动，因为这些新生产工具断不能找得到新的用途。"① 在这样的情况下，自由农鄙视劳动，无产者不愿意参加劳动，考茨基指出，现代社会完全建立在无产阶级的劳动基础上，只要无产阶级停止工作，社会便会根本动摇，然而古罗马时期很多被抛弃的无产者不从事劳动，是"过剩的人口"，② 因为基本都是奴隶在劳动。于是"政治生活死气沉沉；无产者同有产者一样，在道德上和政治上已经堕落消沉"。③

其次，考茨基认为蓄奴制度的衰落带来了罗马政治的变化，罗马通过战争征服了很多地方的反抗势力，使他们失去独立性，破坏他们的政治生活，实现了专制政治。但是，一旦征服性的战争减少，奴隶的来源也会越来越少，"一旦失去充足的劳动力，就不会再有丰富的产品，农业和工业就发生倒退，变得越来越衰退和落后"④。考茨基指出，面对古罗马社会的衰落，人们普遍对国家政权产生怀疑，社会腐朽到极点，这些因素为原始基督教提供了生存的土壤。人民群众中萌生出一种思想，即天上的拯救者很快就会降临，他将会在人间建立一个非常美妙的王国，在这个王国中不会有战争和贫困，到处都是欢乐和平与富裕的景象，幸福生活将会永世长存，而这个拯救者就是基督，由此便产生了原始基督教共产主义。

第二，关于原始基督教共产主义的特征。考茨基认为最显著的特征就是存在锡利亚式⑤的狂想。千年王国是原始基督教所设想出的未来国家，据此，人们将基督教各宗派对未来社会的狂想都称作锡利亚式的狂想。考茨基认为这种狂想对贫苦的人并没有起到帮助的作用；另外一个特征就是它重视实际作

---

① 〔德〕卡尔·考茨基：《基督教之基础》，叶启芳等译，生活·读书·新知三联书店，1955，第66页。
② 〔德〕卡尔·考茨基：《基督教之基础》，叶启芳等译，生活·读书·新知三联书店，1955，第72页。
③ 〔德〕卡尔·考茨基：《近代社会主义的先驱》（第一卷），韦建桦译，商务印书馆，1989，第37页。
④ 〔德〕卡尔·考茨基：《近代社会主义的先驱》（第一卷），韦建桦译，商务印书馆，1989，第39页。
⑤ 锡利亚式在希腊文中的意思是"一千"。

用，实行消费资料的共产主义。为了考察这个实际作用，考茨基将目光移向首创锡利亚式教义的人，他认为基督徒最初为争取实行全面的共产主义，试图将一切的生产资料转化成消费资料，然后将消费资料分配给穷人，早期的基督徒是不关心生产的。而当时的社会生产水平决定了需要实行生产资料的私有制，这也是基督徒无法逾越的。所以，后来基督徒打破初期所追求的共产主义的完整性，部分地承认私有制，使每个人都保留属于自己的财产，尤其是属于生产资料的财产，而仅仅要求在对生活资料的使用和享用方面实行共产主义。

考茨基认为，原始基督教实行消费资料的共产主义必然会导致基督徒向家庭与婚姻发起进攻，他们竭力取消家庭生活。尽管如此，考茨基分析，原始基督教既然不能越过私有制的界限，而个体家庭又与私有制紧密地联系在一起，个体家庭不仅仅是男人和女人、父母和子女共同生活的形式，还是经济单位。基督教不可能带来新的生产方式，所以只能使世代相传的家庭形式沿袭下去。在论证这一点的时候，考茨基坚持了马克思的唯物主义历史观点，考茨基指出："这个事实再次表明，物质条件比思想观念具有更强大的力量，思想观念是受物质条件制约的。"①

最后，考茨基也指出原始基督教在之后的历史发展过程中，已经不再为解决贫困问题而努力，而且它不但无力消除阶级差别，伴随它的势力与财富日益强盛和增多，它还造成一种新的阶级对立，即在教会中处于统治地位的教士集团与广大的普通教徒对立。但是基督教在长达几个世纪的时间内仍旧为解决贫困问题做出显著成绩，虽然没有根除贫困，但是毕竟在其活动的范围以内它减轻了底层人民群众因为贫困所产生的痛苦，从这方面来看，教会是领先的，是当时最具实绩的一种组织。

第二节　对中世纪共产主义思想的分析

考茨基认为中世纪的共产主义者有一个共性就是即便某种思想的产生多

---

① 〔德〕卡尔·考茨基：《近代社会主义的先驱》（第一卷），韦建桦译，商务印书馆，1989，第49页。

么明显地依赖新的特定的社会条件，他们往往仍要依托以往的权威作为自己思想的依据，所以，在考茨基看来，原始基督教为中世纪的异端运动中共产主义者提供了主要的理论根据。考茨基重点探索了中世纪共产主义的共同特点及其理论与实践。这一点恩格斯也给予了肯定，恩格斯认为考茨基对中世纪一些教派的论述比起对柏拉图以及基督教的论述好很多，尤其是对塔博尔派的论述非常好。

一　中世纪共产主义思想的共同特点

考茨基在探究中世纪共产主义思想的特点时，对中世纪的社会情况进行分析。他认为，随着奴隶制度的消亡，科学、艺术以及整个文明生活急剧衰退，"农业生产步步倒退，变成了水平低下的租佃经济……农业萧条衰落之后，城市也跟着破败凋零，那里的市民日渐稀少，市区的规模步步收缩，富饶的景象也越来越难以见到了"①。在此基础上，人们要求建立生产联合体，要求为穷人与受压迫者建立避难之所，而寺院是当时唯一能够满足这种要求的组织形式。

第一，考茨基认为中世纪的共产主义思想中存在与时代相适应的寺院共产主义。在整个中世纪，人们一方面不断谴责僧侣的腐败生活，另一方面试图通过对现存的教团或者寺院进行改革，甚至通过建立新的教团与寺院，实现革除弊病的目的。为了实现这种寺院共产主义，考茨基特别论述了当时的一位"共产主义理论家"——中世纪意大利的神学家约阿希姆。考茨基分析，中世纪的各种社会弊端，尤其是教会内部所盛行的剥削之风，促使约阿希姆寻找一条救世之路。约阿希姆希望能够实现普遍的共产主义，并且预言千年王国的到来。约阿希姆将历史分成三个时期：最初的时期是人们普遍崇尚"肉"的时期；第二个时期是人们同时崇尚"灵"与"肉"的时期；最后的时期就是完全崇尚"灵"的时期，在最后一个时期，罗马教会将会受到

①　〔德〕卡尔·考茨基：《近代社会主义的先驱》（第一卷），韦建桦译，商务印书馆，1989，第178页。

严惩并会走向没落，将会出现一个新兴的团体，这个团体是摒弃了私有制的正义者的教团。考茨基认为，约阿希姆所说的共产主义就是寺院共产主义，他所说的最后一个时期是普遍实行僧侣制度的社会，整个人类都会被组织在寺院中。考茨基认为约阿希姆的这种观点对宗教改革时期意大利的闵采尔产生了很大的影响。

第二，考茨基认为中世纪的共产主义还表现为异端教派的共产主义。之所以称其为异端教派的共产主义，是因为它带有反对教皇统治的倾向。考茨基认为，中世纪的教会不但在思想上而且在经济上操控着整个社会生活。教会不但规定人类的思想感情以及行为，甚至一个人从出生到死亡都是由教会加以控制和规定。考茨基对此做出相关的经济论证，他认为中世纪权力与收入的最重要来源是地产，教会像贵族一样，想方设法开辟土地。教会的目标是成为整个基督教世界唯一的大地主。中世纪大约三分之一的地产都落在了教会的手中。教会的地产是它在经济与政治方面实力的一个表现，这种表现反过来也提高这种实力。全部的物质生活以及精神生活都受到教会的支配。中世纪的教会实质上已经成为一个不可缺少的政治组织，它几乎承担起全部的国家职责，教会的扩张意味着国家的权力扩张。教会借助君主在异教地区建立主教管区，推行它的主张。考茨基将中世纪的教会统治比作19世纪的金融寡头，教皇的统治与19世纪的金融寡头一样，并没有赢得人们的拥护，都受到来自其他的所有社会阶级的敌视。"不仅是被剥削者敌视他们，就连一般的剥削者也敌视他们"，[①] 因为一般的剥削者也必须将自己掠夺的很多财物奉献给教皇。在考茨基看来，这样就造成凡是为无产者争取利益的人，都不可避免地将矛头对准由教皇所操纵的教会。考茨基分析，在整个中世纪的绝大多数时间，各地区各阶级反抗教皇统治的斗争此起彼伏，出现这样的状况对宣传共产主义思想是十分有利的。考茨基也强调，与19世纪上半叶出现的无产阶级运动相比较，中世纪的无产阶级运动是没有阶级意识的。

---

① 〔德〕卡尔·考茨基：《近代社会主义的先驱》（第一卷），韦建桦译，商务印书馆，1989，第188页。

第三，考茨基认为中世纪的共产主义带有追求平等的色彩，中世纪社会存在的鲜明的贫富对立现象促使各个阶级为实现平等而进行斗争。考茨基指出，贫富对立明显是中世纪的一个特征。在整个中世纪，穷人与富人的差距尽管还没有达到发达资本主义社会那样的程度，但是这种差别却比发达资本主义社会更加明显，所以更容易引起人们的反抗。19世纪的资本家首要的任务是积累和积聚资本。为了使资本的数额能够继续上升，资本家绝不会将自己全部的收入用于个人的消费，首富也照样是可以节俭自奉的。然而在中世纪情况就完全不同，在自然经济制度与简单商品生产制度之下，富人与有权势者没有办法将自己的货币收入或者实物收入换作股票或者国库券去积存，只能将自己的收入用在消费上。倘若他们有货币收入，也只能拿这些货币去购置如贵金属那样的昂贵又不能腐朽的商品，以此积聚财富，财富就是他们拥有权力的标志与根基。富人生活奢华舒适，穷人生活艰辛无比。在考茨基看来，这种比照不但会引起处在社会最底层的各阶级的痛恨，而且也会使处在社会上层的各阶级中的一些有识之士感到气愤，进而起来反对这些不平等的现象，为实现平等而斗争。

第四，考茨基认为中世纪的共产主义思想还具有国际性，这一点与原始基督教以及现代的共产主义是一样的，且与带有区域性质的柏拉图的共产主义是完全不同的。柏拉图的共产主义是针对单个城市行政区及管辖地域所设想的模式。而自基督教诞生以来，任何共产主义者都是为整个人类，或者是为整个国际的文化圈从事活动的。在考茨基看来，柏拉图的共产主义所带有的区域狭隘性与农业和手工业生产特性相吻合。自原始基督教产生的时代起，共产主义者始终强调实现国际之间或者地区之间团结互助是他们义不容辞之责。因为无产者不论是在国外还是在国内都是一样受到剥削与压迫，他们都是反剥削与反压迫的战士，在各个地方面临的是同样的迫害以及同样的敌人，这种境况使他们团结起来并肩作战，所有的成员组成一个大家庭。同时他们没有任何的财产，这使他们的行动更加自如。这些因素促使这一时期的共产主义思想带有国际性的特点。

第五，考茨基认为中世纪的共产主义思想还带有很大的革命性。"一旦革命的时代已经来临，一旦周围的农民和手工业者揭竿而起，共产主义者就会迸发出革命的热情"，① 他们就会投身革命运动，希望通过运动实现共产主义。考茨基认为在胡斯运动中，异端教派塔博尔派之所以取得领导地位，就是因为他们的运动带有革命性，运动本身带有共产主义色彩。在考茨基看来，中世纪末期出现的共产主义运动尽管与原始基督教共产主义有很多相似点，但是社会下层民众掀起这样的运动所充满的革命精神明显不同于原始基督教的共产主义，同时也表明它与现代的无产阶级共产主义运动有相似的地方。原始基督教共产主义对政治是漠不关心的，并且也不会采取任何的强有力的措施。中世纪以后出现的无产阶级的共产主义运动刚好相反，它总会在形势有利于自己的条件下去努力干预政治，同时会采取一些反抗行动。

此外，考茨基指出中世纪的共产主义也是一种崇尚苦行以及带有神秘色彩的共产主义，之所以带有苦行主义，与中世纪生产不发达有很大的关系，生产力不发达时不可能让所有人都过上优越的生活，如果在这样的情况下寻求人人平等，那么必然会将奢侈的享受视为罪恶，就连艺术与科学也被视为祸端。中世纪共产主义者常常会将任何的欢乐与享受都看作犯罪行为，所以势必导致中世纪的共产主义带有苦行主义的色彩。

第六，考茨基认为中世纪共产主义思想还受到原始基督教的影响。在考茨基看来，在前人留下的思想财富中，任何一个阶级都只利用最符合自己的意愿并且最适合自身需求的部分。对中世纪的无产阶级来说，原始基督教所带有的共产主义色彩完全契合他们当时的需要，因为那时还没有条件实行更高水平的共产主义，共产主义在当时也只能是绝对平均式的共产主义，即将富人多出来的财产平均地分配给缺衣少食的穷人，原始基督教的这种教义促进了当时共产主义运动的兴起。而且当时的农民、手工业者以及无产者在社会中所处的地位，决定了他们无法接触到较高水平的教育，他们的观念始终拘囿于基督教的藩篱。所以，人们在反对教会剥削的运动中需要阐述自己的

---

① 〔德〕卡尔·考茨基：《近代社会主义的先驱》（第一卷），韦建桦译，商务印书馆，1989，第219页。

奋斗目标的时候，都是从宗教方面去寻找论据的。原始基督教的有关文献典籍给人们提供了很多的斗争武器。当时的有产阶级中的一些正直的人，只要是已经参与到反对罗马教廷的运动中，也会对共产主义感兴趣，并且考茨基认为异教共产主义运动当时如果不与有产阶级的运动结合起来，将进攻的目标一致指向罗马教廷，而向整个的有产阶级发动进攻，那么这种运动很快就会失败。所有这些造成的一种后果就是共产主义运动外面笼罩的宗教外衣必然会掩盖运动本身所带有的阶级特征。在此基础上，考茨基指出，中世纪的共产主义与原始基督教的共产主义是不同的，和 19 世纪的共产主义也是不一样的，但是它却构成了两者的过渡形态。中世纪与原始基督教的共产主义由于相同的原因，都属于消费资料的共产主义，所以在这个问题上它们与现代的共产主义是存在本质上的区别的。

二　中世纪共产主义理论与实践

在教会与神学占统治地位的中世纪，"教会的教条同时就是政治信条，圣经词句在各个法庭都具有法律效力"，① 在这样的情况下，一切的反对派和革命都将目标指向教会，却又都披上宗教的外衣，采取异端的形式，因此具有共产主义因素的思想都是通过异端教派以及与这些教派的实践密切相关的大规模政治运动反映出来的。

首先，考茨基对中世纪在意大利与法兰西南部发展起来的共产主义派别进行了探索。考茨基指出中世纪的共产主义运动最开始是在意大利与法兰西的南部发展起来，而且正是在这些地区发生了早期的异教运动即宗教改革运动。在考茨基看来，12 世纪法国南部的韦尔多派存在清晰的共产主义痕迹，最初的韦尔多派共产主义是具有明显的僧侣特色的。因为在他们主张的共产主义思想中，财产公有的观念与鄙弃婚姻的观念是联系在一起的，韦尔多派主张"尽善尽美者"实行共产主义，而这些人必须奉行独身主义，如果结婚成家就会遭到蔑视。但是韦尔多派的弟子可以结婚，并且也可以添置世俗的

---

① 《马克思恩格斯文集》第 2 卷，人民出版社，2009，第 235 页。

产业，弟子必须要赡养那些"尽善尽美者"。韦尔多派还主张男女平等，妇女可以与男子一样进行布道活动。所以，考茨基认为韦尔多派的这种共产主义既带有柏拉图共产主义的色彩，还带有原始基督教共产主义的色彩。此外，考茨基认为，意大利北方也有一个实力雄厚的异端共产主义派别，即使徒兄弟会。这个在13世纪创立的使徒兄弟会主张按照早期的基督教方式，彼此之间要以兄弟姐妹相称，任何人不准拥有私人的财产，富人要加入这个组织必须舍弃自己占有的财产，将财产交于使徒兄弟会共同使用。这个教派影响很大，在西班牙与法兰西以及德国都有其踪迹。考茨基认为，使徒兄弟会的运动同14世纪初意大利发生的多里奇诺农民起义有很大的关系。因为在他看来，多里奇诺是继承了使徒兄弟会创立者塞加烈里的事业，领导了反对教会、国家与社会的公开斗争，考茨基称之为"西方爆发的第一次共产主义的武装起义"。这场起义的支持者绝大多数是农民，所以这场旨在用原始基督教的精神重建社会的起义后来发展为农民战争。至于中世纪后期农民为何频繁参与战争，考茨基运用唯物史观方法将目光转向当时农民的经济生活，农民对于自己的土地甚至没有半点支配权，农民与地主之间存在矛盾，这些因素都会导致使徒兄弟会以及之后的多里奇诺容易依靠农民的力量发动起义。考茨基认为异教运动与农民起义无不披上浓厚的宗教外衣，尽管最后这些异教运动很多走向了失败，但是它们的业绩并没有磨灭，都为西欧国家封建制度的崩溃做了准备。

其次，考茨基深入分析了中世纪胡斯运动中塔博尔派的共产主义思想。考茨基认为14世纪末，当异端教派无法找到一个避难之地的时候，"被戕害、被蹂躏的人们突然迎来了一个凯歌高奏的时代，这个时代以辉煌的图景向他们证明：上帝在小人物中间会显示何等巨大的神威"①。15世纪波西米亚的胡斯运动成了中世纪异端运动的高潮。考茨基认为，随着胡斯运动的爆发，共产主义运动的一个英雄时代拉开了序幕。在考茨基看来，这场以扬·胡斯为代表旨在反对教皇以及反对德国人统治的运动不仅仅受到英国威克利

---

① 〔德〕卡尔·考茨基：《近代社会主义的先驱》（第一卷），韦建桦译，商务印书馆，1989，第305页。

夫学说的影响，而且这场运动的根源以及目标根植于当时的社会关系，它不是一场由外部输入的战争，而是一场由本地诞生的运动。波西米亚人与德国人之间的矛盾、波西米亚人同教会之间的矛盾最终使波西米亚人选择奋起反抗。在胡斯运动中，考茨基尤其重视的是塔博尔派，塔博尔派代表着农民与城市穷人的利益，是这场运动中的激进派。塔博尔派企图消灭贫富对立，建立了自己的军事力量并发展成为胡斯军的核心，这支军队击溃了教皇与德国皇帝为反对捷克组织的 5 次十字军远征；塔博尔派要求实现财产平等。考茨基还从塔博尔派学说中进行了以下摘录："到了那时，人间将不再有君主，不再有统治者，也不再有臣仆，而且，一切贡赋和捐税都将被取消，再也没有人强迫别人去干某种工作，因为所有的人都是平等的兄弟和姐妹。就像在塔博尔派城里大家不分彼此、共享财产一样，各地财物也应全部变为共有财产，任何人都不得占有私产。如果有人占有私产，那就犯下了深重的罪孽。"①

考茨基对塔博尔派的思想进行了分析。塔博尔派主张人们不应该再拥戴或者推选某个君主，要将一切的王公贵族全部消灭掉，将寺院与教会捣毁，废除所有的有关国家、诸侯以及农民的法规等。任何的统治以及阶级的划分都将破坏博爱与平等的戒律，城市作为商业的中心就是灾难，城市是由恶魔建立的，它将原来真实朴素的生活变成虚假的行为场。每一个教区都要设立公共储金处，而所有的人都将自己的私人财产交到公共储金处。他们还认为家庭是阻碍实现平等的重要因素，所以积极的共产主义者要求取消家庭，推行公妻制，他们对教士们奉行的独身主义采取鄙弃的态度。在考茨基看来，这种主张取消婚姻的做法与当时的社会道德观念是不相容的，在那样的时代，缔结个体的婚姻、组建个体家庭是自古在人们的思想中扎根的制度，并且这样的制度也是现存的生产方式与社会需要提出的无法抗拒的要求。尽管"取消婚姻是当时的共产主义所得出的合乎逻辑的结论"②，但是这种结论同

---

① 〔德〕卡尔·考茨基：《近代社会主义的先驱》（第一卷），韦建桦译，商务印书馆，1989，第 335 页。

② 〔德〕卡尔·考茨基：《近代社会主义的先驱》（第一卷），韦建桦译，商务印书馆，1989，第 339 页。

时向人们证明了在当时需要个体婚姻的环境里这种共产主义是无法立足的。考茨基指出这显然是消费资料的共产主义，它确实与当时的物质财富的生产水平相符合，但是它却无法满足社会进步对生产力发展的需求，这种生产力其实还是同私有制的原则相适应。

总的来看，在对中世纪异端运动中共产主义思想进行分析的过程中，考茨基非常重视平等的思想。而恩格斯在《德国农民战争》中指出："这种异教虽然也同意市民异教关于僧侣、教皇权力以及恢复原始基督教教规的一切要求，但是它却走得更远。它要求在教区成员间恢复原始基督教的平等关系，要求承认这种关系也是市民间的准则。它从'上帝儿女的平等'得出有关市民平等的结论，甚至已经部分地得出有关财产平等的结论"①。

第三节　对莫尔社会主义思想的分析

考茨基对莫尔关于乌托邦的学说十分感兴趣，他认为莫尔关于乌托邦的学说在整个社会主义思想史上产生过很大的影响。1888 年考茨基出版了《莫尔及其乌托邦》一书，考茨基运用唯物史观对莫尔空想社会主义进行了考察。他认为，当资本主义的生产方式处于萌芽阶段时，莫尔的思想却能够超越他所处的时代整整一个时代，并且能够预见到由新的生产方式发展而来并成为它的对立面的那种生产方式，这些是只有立足于物质关系的思想家才能够做到的。

一　莫尔空想社会主义思想产生的历史背景

考茨基认为，"如同对待每一个社会主义者一样，对待莫尔也只能依据当时的时代来理解他"。② 要理解莫尔所处的时代就不仅需要认识资本主义开端，还要认识封建主义的衰亡，特别是要理解当时教会与世界贸易并存所发

---

① 《马克思恩格斯文集》第 2 卷，人民出版社，2009，第 237 页。
② 〔德〕卡尔·考茨基：《莫尔及其乌托邦》，关其侗译，生活·读书·新知三联书店，1963，第 7 页。

挥的作用，因为莫尔深受这两种因素的影响。考茨基为了弄清楚莫尔空想社会主义思想产生的历史背景，考察了当时欧洲的一般历史环境以及英国特殊的历史环境。他从以下几个方面考察了15—16世纪欧洲的历史环境。

第一，资本主义和现代国家的兴起。为了说明资本主义的兴起，考茨基从封建主义、城市以及世界贸易与专制主义三个方面进行分析。首先，考茨基考察了当时的封建主义经济。考茨基指出，16世纪的标志就是封建主义与新兴的资本主义殊死斗争。他认为，当时的封建主义的基础就是马尔克公社内所存在的农民与手工业生产。正如恩格斯在《马尔克》一文中，对马尔克公社的组织结构以及所有制形式作出的详尽描述那样，考茨基指出，马尔克公社是一种自给自足型的经济组织，它与外界几乎没有任何的经济联系，结果必然产生一种非常明显的排外性，中世纪封建主义的封建割据与等级划分也是建立在这样的基础之上的。这样也导致封建国家之间的经济联系十分地"松散"，一个国家有可能突然兴起，也有可能忽然灭亡，民族语言也没能够成为一种联系纽带。此时高居各地马尔克公社之上的唯一的强固的组织就是天主教会及其拉丁语以及地产，将西方众多的生产组织联系起来的势力正是教会，而当时的国王只能靠地产维持自己微小的权力。国王尽管是国家最大的地主，但是一旦其他的大地主联合起来，他们就可能凌驾于其上。只有当城市充分地强大起来，王权与一般的封疆权力有了靠山，他们的势力才可以重新强大。

其次，关于城市的兴起。当罗马帝国衰落以后，城市也受到沉重的打击。日耳曼人入侵，加上长期的战乱，城市随之衰落。中世纪西欧各国出现城市的复兴。考茨基认为贸易是城市形成的主要推动力，大地主、贵族以及高等僧侣对意大利高等工业品的需求，加速了贸易的发展。随着贸易的发展，为了防范内外强盗，人们便对某些贸易聚集地设防，乡村逐渐发展成为城市。考茨基也强调，由于当时马尔克公社之内农业以及为自用而进行生产仍旧是居民的主要职业，贸易的规模也较小，所以无法改变公社以农业为主的特质，市民与乡民仍旧存在地方的排外性与狭隘性。但是，随着贸易的发展，出现了一个新的势力，即工匠势力，工匠还组织了行会。后来，行会手工业在城市中占有很大的比重，城市的特质便由行会所决定。随着工业品的市场的开辟，工匠涌入城市，成为自由的商品生产者，手工业的商品生产冲破了城市马尔克公社的封闭状态。同时，工匠们还得从乡村取得生活资料与原料，于是城市与乡村之间开始有了经济上的相互影响，同时也对立起来，城市日益崛起，成为马尔克公社以外的第二个经济中心。但是，考茨基也指出，当时的城市依然是处于闭关自守状态的。

最后，随着城市的兴起，在各个城市产生了新的势力，这就是兴起世界贸易的商人资本。中世纪欧洲对东方的海外贸易不断发展，东方的珍宝在欧洲人眼中美妙无比，为了非法获得珍宝，欧洲人甚至发动了一些掠夺性的战争。在这个过程中人们逐渐开始仿造工业品，当仿造成功以后，商人们就发现，原料被输入以后，在国内加工更为有利，但是必须先找到自由的工人，这些工人需要摆脱行会的约束，并且不具备生产资料，以便可以出卖自己的劳动力。这就带动了工场手工业的萌发，为资本主义的生产方式奠定基础。同时也出现了早期的无产阶级。考茨基认为，在莫尔的时代，这些萌芽还处于若隐若现的状态，工业主要掌握在行会手工业者的手中，资本是以商人资本的形式出现，但是资本对封建生产关系已经产生分解作用。

考茨基认为，随着商品交换的发展，货币的作用越来越大，"商人们的嗜利心是没有止境的，他们的资本漫无限制地在膨胀，他们的贪欲不外是商业利润愈大愈能称心快意"[①]。而且商人与行会工匠是不同的，行会的工匠可能终其一生也不会迈出他的区域，但是商人可以将全世界的门庭打开，商人们迈出欧洲的边境，开启了大发现的时代。于是"商业用世界主义代替了困守乡土的思想……世界主义却用民族主义和教会的大同主义对立起来"[②]。这里实际上反映了资本开始进行原始积累。随着世界贸易的兴起，强大的经济利益将涣散的国家巩固起来，在世界贸易竞争中，商人之间经济利益的冲突

①　〔德〕卡尔·考茨基：《莫尔及其乌托邦》，关其侗译，生活·读书·新知三联书店，1963，第15页。

②　〔德〕卡尔·考茨基：《莫尔及其乌托邦》，关其侗译，生活·读书·新知三联书店，1963，第15页。

也演变为民族利益冲突。民族国家强盛起来，国王的权力得以巩固，国际贸易在发展，各民族的摩擦越来越多，商战越来越频繁，而每一次战争必然会增强王权，结果必然使国王更加独裁专制。在考茨基看来，资本主义生产方式产生初期，政治上的中央集权对处于发达贸易阶段的商品生产来说，是促进经济集中的必要措施。同样，经济的集中对于中央集权也产生制约与促进作用。这种中央集权的体现就是君主专制主义，世界贸易与专制主义同时促进了资本的发展。

第二，无产阶级的产生。在马克思那里，资本原始积累过程就是封建关系解体的过程。而在这一过程中，自由劳动者的诞生是必要的。一方面，从事直接生产的劳动者，不再被束缚于土地，不再是隶属于封建主的农奴。另一方面，他们要成为劳动力的自由的出卖者。而只有当他们所拥有的一切生产资料都被剥夺干净，他们才能成为自身劳动力的出卖者。所以，这一时期的原始积累过程就体现为对那些直接生产者的生产资料进行剥夺的历史。多数人的生产资料被剥夺之后，就产生了近代的无产阶级。考茨基继承了马克思关于无产阶级诞生的观点，他指出，土地占有热促使农村人口的无产阶级化，在中世纪末期，西欧出现两种现象：一方面是土地追求热；另一方面是不断疏散农业人口。他还将中世纪的封建主与16世纪的"贵族"进行比较：前者需要的是"带有农民的土地"，而后者要的却是"农民的土地"，封建贵族要的是土地与人民，因为他的土地上越是人多，纳税与赋役的人也会越多，所以他们不会驱逐农民，而是想方设法将农民束缚在土地上。但是16世纪的"贵族"需要的是商品的生产，建立属于自己的农业企业，他们只需要农民的土地，而不需要土地上的农民，他们希望能将农民赶出土地。农民的生产资料被剥夺必然造成农村人口的无产阶级化。再加上寺院的瓦解以及贵族扈从被遣散，无产阶级的人数便更多了。他指出："在十五世纪时，我们在世界史上第一次看到自由无产者阶级出现，成为社会上最下面的一个阶级"。[①]

---

① 〔德〕卡尔·考茨基：《莫尔及其乌托邦》，关其侗译，生活·读书·新知三联书店，1963，第27页。

第三，教皇权力的颠覆。考茨基指出，在封建时代教会拥有左右一切的权力，当日耳曼人入侵罗马帝国后，他们也依附于教会，教会将更先进的农业技术传授给日耳曼人，将艺术与手工业技术也传给他们。关于教廷势力的影响，考茨基认为，中世纪一旦威胁基督教的战争爆发，被基督教界所拥戴的唯一领导者教廷就会独揽大权。教廷的势力达到顶峰也就意味着十字军远征的开始。教皇作为十字军的组织者，带着对土地的追求欲，在欧洲到处征讨异教徒以及异端地域，以宗教的名义进行一系列的战争，在很多地方建立封建国家。教廷甚至能够鼓动在东方无所企图的人也加入十字军。历代的德意志皇帝都曾被迫去给教皇募兵征丁，并高举教皇旗帜。基于以上分析，考茨基指出，历次的十字军远征意味着教皇权力达到了最高峰。而十字军远征也是动摇封建社会及其君主统治，并最终导致其覆灭的非常有力的手段，其中起作用的因素就是资本。十字军的远征使东西方更加接近，商品的生产以及贸易得到发展，农村商品生产不断发展，教会同时投资地产。14世纪，由于土地占有热，农民被驱赶出土地，地产所唤起的贪欲使教会的济贫范围日益缩小，因为教会的物资可以换取货币，所以教会都留为己用。这样便增加了教会与无产者以及资产阶级的矛盾：一方面，教会由于不能使人们免于无产化，而往往加速这种无产化，致使下层人民不满；另一方面，无产者由于能够从教会领取一点救济品，所以还不至于任由资本对他们进行支配，资产阶级由于得不到工人而仇视教会。此外，教会的财富引起其他有产者的妒忌，国王也开始觊觎教会的财富。随着商品生产不断发展、新的生产方式在城市发展，教会在经济与政治方面越发成为发展的障碍。教廷为了取得更多的货币，剥削基督教世界的欲望增强，教皇通过对教会官职进行买卖以及从事赎罪券的贸易为自己谋利，于是反对教廷的骚动便开始了。考茨基指出："由于教皇们越来越面目可憎，因而加速了其灭亡。这是为每一个衰朽过时、将趋灭亡的统治阶级所注定的劫运。"[1]

---

[1]　〔德〕卡尔·考茨基：《莫尔及其乌托邦》，关其侗译，生活·读书·新知三联书店，1963，第55页。

以上就是考茨基考察的 15—16 世纪欧洲的一般历史环境，在这种历史大背景下，英国的特殊环境在莫尔的时代究竟表现如何？首先，考茨基认为，欧洲当时没有任何一个国家能像英国那样拥有绝对的王权，英国贵族与教会的权力逐渐被削弱，被王权完全地制服，教士与贵族成了国王的仆役。其次，英国资本主义的生产方式在农业中比在工业领域更早发展起来，随着贸易的发展，英国因其羊毛品质优良，羊毛成为手工制造业急需的一种原料，为农业资本主义生产方式的萌芽奠定了基础。再次，随着羊毛生产的扩大，大地主将农民使用的一些公共牧场据为己有，导致农民迅速地无产化。大地主为了获取更多的利益，将一部分田产租给佃户经营，资本主义式的佃农崛起，为了获得空前的利润，他们加速进行资本的积累，而且不断吸引城市资本家。最后，当资本主义对农业进行侵袭之后，耕作方式的改良造成劳动者过剩，资本主义在农业中的扩张也意味着劳动者面临的是绝对的而且是直接的"解放"。而这种"解放"却是在最残酷的方式下出现的，因为当时的英国工业发展还十分迟缓，需要补充的劳动力很少。基于以上分析，考茨基指出，资本主义的生产方式对于工人阶级的不利影响，在欧洲的任何地方都没有像英国那么明显，任何地方的工人阶级都没有像英国的工人阶级那样迫切地寻求援助。在这样的历史背景下，考茨基认为："经济发展在社会中所造成的矛盾和对立使得有特殊天才和处境优越的人们致力于思想和钻研，以求理解眼前所进行的发展，并排除随着这种发展而来的种种苦难。"① 莫尔正是能够大胆进行思想创新的极少数人中的一个。

除此以外，考茨基还断定莫尔的个人性格也影响着莫尔的学说，然而，莫尔所拥有的"公正无私"的品格只有在西欧北部国家才能形成。这种品格不会在意大利以及西班牙这些南欧的国家中形成，因为在南欧的这些地方，"自私自利"的商业气氛笼罩着每个城市。他还指出，当时英国资本主义剥削所造成的严重后果也决定了有关社会自由的呐喊首先来自这个国家。考茨

① 〔德〕卡尔·考茨基：《莫尔及其乌托邦》，关其侗译，生活·读书·新知三联书店，1963，第 173 页。

基断定："所有这些都结合在像莫尔那样聪明、果敢、爱好真理的人的心灵中，必然会产生预兆近代社会主义的理想来。"①

二 《乌托邦》中的共产主义思想

《乌托邦》是能够充分反映莫尔的社会主义思想的代表作，这部著作运用虚构出的故事题材，通过记录航海家拉斐尔·希斯拉德针对某个国家出现的大同盛世所进行的谈话，呈现了莫尔空想社会主义思想的有关内容。马克思在他的《资本论》中也引用过莫尔在《乌托邦》一书中记录的材料与观点。恩格斯在他的《社会主义从空想到科学的发展》中曾提到"在16世纪和17世纪有理想社会制度的空想的描写"，② 这里所指的首先应该就是莫尔的《乌托邦》。考茨基认为，莫尔作为一位社会主义者，其思想已经远远超出与他同时代的人，《乌托邦》一书植根于当时的具体状况，它迎合了当时人们的心理需要，成为"苦海慈航"，以至于人们对它欢呼致敬。

《乌托邦》的基本内容包括引论和对旧世界的批判、对新世界的描绘两部分。考茨基不但对第一部分即引论与批判的部分进行分析，而且重点分析第二部分即"乌托邦"的社会制度。考茨基将这一部分划分为三方面的内容：其一，生产方式；其二，乌托邦的家庭生活方式；其三，乌托邦的政治、科学与宗教。考茨基认为，前面两部分构成共产主义制度的基础。他谈道："生产方式、家政、家庭和婚姻都是一个特定的共产主义体系表现其特征的最重要的领域，至于宗教的和思想的上层建筑，在我们看来，意义较小"。③考茨基认为，莫尔在《乌托邦》一书的末尾用转述的笔法对当时社会进行尖锐的批判，在这一点上即便是近代社会主义也未必比它深刻。

在对《乌托邦》结构和内容进行研究的基础上，考茨基指出，莫尔的空

---

① 〔德〕卡尔·考茨基：《莫尔及其乌托邦》，关其侗译，生活·读书·新知三联书店，1963，第184页。

② 《马克思恩格斯文集》第9卷，人民出版社，2009，第21页。

③ 〔德〕卡尔·考茨基：《莫尔及其乌托邦》，关其侗译，生活·读书·新知三联书店，1963，第246页。

想社会主义与近代社会主义在很多方面是不同的。首先，在政治方面，由于当时的无产阶级还处于十分落后的状态，莫尔便反对任何的人民运动，拥护君主立宪制；在经济方面，考茨基认为，最不符合近代社会主义的方面就是莫尔将乌托邦中每个人都束缚在特定的手工业上。因为在考茨基看来，当工人阶级对生产方式产生决定性影响的时候，所有的工作都会落在科学技术方面，而体力劳动者只需要学会看管机器以及熟练化操作。其次，考茨基认为，莫尔为了使乌托邦中的人减少体力劳动，以便在精神与社会活动方面拥有可以自由支配的时间，采取限制人的需要的方法，这一点和近代社会主义也是不同的。最后，考茨基指出，莫尔主张的妇女应当隶属于男子以及维持家长制的家庭两性关系，也与近代社会主义不同。关于这一点，在考茨基看来，它与莫尔本人所表现出的社会主义倾向也是不相融合的。除此以外，考茨基指出，莫尔在人口问题上的立场与近代社会主义差别也很大，莫尔的理想社会中人口应当保持固定的状态，为保持人口规模稳定，莫尔主张实行社会主义的殖民与移民政策。在考茨基看来，大规模工业以及农业企业出现之后，人口问题已经发生变化，大工业的生产不但有科学为其服务，而且依靠科学的发现不断革命着，劳动生产率也不断提高，人口必定会稳定地增长，这种增长有时候还会成为生产方式进一步发展的先决条件。社会分工不断发展，个别生产部门能够不断生产大量产品，而大量的生产以及销售的增长要通过提高个人消费水平以及增加消费者人数才有可能，即通过增加人口来实现。

关于莫尔的空想社会主义与近代社会主义存在差异的原因，考茨基认为，在莫尔的思想当中有很多非近代的方面，系莫尔所处时代固有的落后状态的局限性所导致。考茨基指出，科学社会主义是以无产阶级的发展和机器大工业的发展这两个事实为依据的，但是在莫尔的时代，资本主义刚刚开始侵袭英国的工业与农业，资本主义在短时间内无法实现技术的变革，当时资本主义的商品生产与简单商品生产只存在程度之差，不存在种类之别。16世纪初的英国，资本主义的生产方式与行会的生产方式没有技术上的差别，都是以手工业为主；资本主义的佃农和封建佃户只是从事的业务范围大小不同，在资本主义的佃农中，无法看到改进耕作方法或者是使用改良工具的任何迹象。然而当时还没出现任何社会主义的政党和阶级，国家所依靠的具有决定性政治权力的只有邦君。所以，考茨基认为，在莫尔的时代，尽管资本主义的弊端在英国已经凸显，但是实现理想的条件并不充分。在此基础上，考茨基指出，资本主义的生产方式首先是"发展"出缺点，然后再发展出必然要克服它的因素，所以，一方面，无产阶级必须先在人民中间成为一个重要的部分，证明自己有能力担负社会改造责任；另一方面，在资本主义的生产方式下，资本集中在少数人的手中，造成无产者与资本家对立。资本家和无产阶级，大量财富和群众的贫苦，必须已经长期存在，然后才能发展出新社会的萌芽，在新社会的萌芽还没有生长出来以前，一切试图利用和资本主义的生产方式相对立的新的生产方式去革除资本主义的弊端的尝试，都必然沦为空想社会主义，而不是科学社会主义。尽管莫尔的思想有其特定的局限性，但是考茨基认为，这不足以影响到莫尔跨入近代社会主义者行列，莫尔社会主义思想在当时那么落后的条件下，仍旧呈现出近代社会主义的很多重要特征。

此外，为反驳一些人将莫尔的《乌托邦》看作柏拉图《国家篇》的模仿之作，考茨基提出，尽管柏拉图的共产主义对莫尔的学说产生了很大的影响，甚至给了莫尔去追求理想社会的勇气，但是他不同意那种将莫尔社会主义思想与柏拉图共产主义思想说成没什么差别的观点。考茨基认为，莫尔社会主义思想与柏拉图共产主义思想在本质上是完全不同的，莫尔关于社会主义的学说是完全现代的，它不是研究古代的美好成果，而是研究新时代初期社会弊端和经济发展的美好成果，并且是以活生生的事实为基础的，是对现存的政治与经济制度提出的一种批判，而柏拉图的共产主义学说是要发展正义的绝对观念。考茨基还从一些细节方面阐述二者的区别，他认为柏拉图研究理想国是从苏格拉底与诡辩学派的哲学家特拉西马克之间的一次口头辩论出发的，而莫尔是从推翻封建社会的重要事件之一即海外探险出发的。在论及理想社会的某些特征的时候考茨基指出，柏拉图与莫尔确实都坚持认为要限制整个社会的人口数量，但是为实现这个目标他们所采取的办法也存在原则方面的差别，柏拉图主张公妻制进而分析正义概念，实现共产主义，莫尔建议的是通过殖民与移民的政策来完成。考茨基指出，柏拉图的共产主义思想与莫尔的社会主义思想在外观上有很多共同之处，"但是只有肤浅的观察者才会因此混淆真相。把莫尔的共产主义同柏拉图的等量齐观，等于是：因为一块红砖和一朵玫瑰颜色都是红的，就说它们本质上是同种同类"①。所以，考茨基十分反对资产阶级的著作中将柏拉图称为空想社会主义始祖。考茨基认为，柏拉图实质上不是社会主义者。

考茨基认为，莫尔的学说不但与柏拉图的共产主义在本质上是完全不同的，而且与基督教的共产主义也是不同的。基督教的博爱在莫尔的学说中无从发现，基督教的博爱只不过体现为对贫民的救济，而对贫民救济是以存在穷困需要帮助的贫民与拥有财产的富人为先决条件的。基督教表现出来的共产主义是一种乞食型的共产主义，而不是劳动的共产主义，所以莫尔的学说也不是基督教式的，它是近代的，是从资本主义中长出来的一种共产主义。

那么，莫尔写《乌托邦》的政治目的何在？考茨基指出，《乌托邦》和马基雅维利的《君主论》以及伊拉斯莫斯的《君王宝鉴》都是写给国家执政者看的，指导他们如何治理好国家。而《乌托邦》还有一个特殊的政治目的，就是借助它去对英国的政府与宪法施加影响。考茨基分析，乌托邦实际上指的就是英国，莫尔想要证明，英国假如变为共产主义国家，将是怎样的情况，对外关系会如何发展。并且考茨基也指出，涉及乌托邦的所有叙述中，有一个因素是幻想，他认为莫尔本人也不太相信这个幻想有实现的可能。不是目的不能实现，而是达到目的的方式与方法不充分。因为莫尔将推行共产主义寄托在一个名为乌托普的国王身上，从这一点上分析，考茨基认为莫尔注定是一名空想社会主义者，因为当时尚未出现任何的拥护社会主义的阶级与政党，国家所能依靠的，并且具备决定性的政治权力的只有邦君，所以莫尔不得不试图去说服邦君，但是他对此并没有信心。考茨基认为，这

---

① 〔德〕卡尔·考茨基：《莫尔及其乌托邦》，关其侗译，生活·读书·新知三联书店，1963，第211页。

也是典型的物质条件尚未具备时代的问题，"一个天才的悲剧"。直到科学社会主义诞生，人们才了解莫尔社会主义的本质内容，"他所高举的目标并不是无聊的幻想，而是对当时经济趋向本质具有深刻见地的结果"。①

---

① 〔德〕卡尔·考茨基：《莫尔及其乌托邦》，关其侗译，生活·读书·新知三联书店，1963，第265页。

第三章 考茨基早期关于社会主义代替资本主义历史必然性的阐释

马克思揭示了资本主义形成、发展及必然灭亡的规律，随着生产社会化的发展，资本主义存在的正当性已经消失，它的存在已经严重阻碍社会的发展，资产阶级的灭亡与无产阶级的胜利同样不可避免。而考茨基早期社会主义思想逐渐成熟的时候，伯恩施坦修正主义也在迅速发展，考茨基正是通过对伯恩施坦修正主义的驳斥，进一步论证了资本主义必然灭亡的历史命运。

第一节 驳斥伯恩施坦对马克思关于资本主义及其发展趋势思想的歪曲

19世纪和20世纪之交资本主义社会发生了深刻的变化，各种理论流派与思潮纷纷出现，对时代的变化作出不同的解释，其中伯恩施坦首先发难，以"修正"马克思主义为旗号，对马克思主义发起最引人注目的挑战。伯恩施坦通过对马克思唯物史观及辩证法的歪曲，否定马克思关于资本积累的实质的观点，杜撰出马克思"资本主义崩溃论"，攻击马克思关于经济危机的理论，进而将马克思的学说歪曲成一种"过时"的理论，以改良主义思想代替马克思关于资本主义历史命运的理论。针对伯恩施坦对马克思主义相关理论的"修正"，考茨基是作为伯恩施坦机会主义的反对者出现的，对伯恩施坦进行了有针对性的批判。考茨基在"伯恩施坦问题"上的立场和观点，具有举足轻重的影响。

一　批判伯恩施坦对马克思唯物史观及唯物辩证法的否定

历史唯物主义与辩证法是马克思考察资本主义及其发展趋势的基本方法，在《资本论》的第 1 卷中，马克思使用唯物史观的方法展开对资本主义社会的深入研究，通过对资本主义的生产方式的剖析，揭示资本主义发展基本规律，同时也验证了唯物史观是一种科学的世界观与方法论。不但如此，马克思在系统全面阐述资本主义社会基本矛盾产生以及发展的过程中，还运用唯物辩证法这一科学方法对资本主义的若干经济范畴的矛盾进行辩证分析，使唯物辩证法得以丰富和发展。

伯恩施坦很清楚唯物史观与辩证法是马克思主义理论体系的基础，为了歪曲马克思关于资本主义及其发展趋势的理论，实现对马克思主义理论的"全面修正"，伯恩施坦选择对其方法论进行攻击：一方面反对唯物史观关于生产力在人类历史发展过程中的决定作用，过分突出非经济因素的作用，企图用多因素决定论的折中主义代替马克思创立的唯物史观；另一方面反对辩证法，攻击黑格尔哲学中的合理内核，进而用达尔文式的进化论代替马克思的唯物辩证法。

首先，在对唯物史观的发难中，伯恩施坦将唯物史观所强调的社会历史发展的必然性说成是一种"历史宿命论"与"庸俗经济史观"，而"唯物主义者是没有神的加尔文教徒"，在伯恩施坦看来，唯物主义者都必须信奉一条"教义"即"不得不相信发生在某一任意时点以后的一切现象，都是由那一定的物质的全体和它的诸部分的势力关系预先决定了的"，[①] 伯恩施坦进一步攻击马克思的唯物史观是一种独断主义的唯物史观，意识与存在截然对立，意识处于绝对从属于物质的地位。他认为，马克思恩格斯在早期的著作中没有重视到非经济因素发挥的作用，而是在后期的著作中承认的比较多，

---

① 〔德〕爱德华·伯恩斯坦：《社会主义的前提和社会民主党的任务》，宋家修等译，生活·读书·新知三联书店，1958，第 11 页。

将马克思恩格斯在这方面的理论割裂成所谓的"最初的形态"和"成熟的形态"。在对唯物史观进行如此歪曲以后，伯恩施坦企图使用"折中主义精神"来对唯物史观进行"重新规范"。伯恩施坦对马克思唯物史观从根本上进行了彻底的否定。按照伯恩施坦的逻辑，社会经济越发展，人类摆脱各种制约因素的能力就会越大，经济因素的决定能力就越小。他用伦理道德这些主观因素来论证社会主义的相关理论，得出的结论便是社会主义并不是人类社会发展的必然结果，并且不能被人们科学地预见，无产阶级能否实现它也不是必然的，而是取决于对它的渴望程度。

其次，为了实现对唯物辩证法进行歪曲的目的，伯恩施坦针对《共产党宣言》中马克思恩格斯关于德国革命所作的预测来诋毁辩证法的本质。因为按照马克思的辩证法，对资本主义制度的理解中，必然有肯定的理解也有否定的理解，而且包含资本主义必然灭亡这一结论，这与伯恩施坦所主张的和平长入社会主义思想存在本质的区别。所以，伯恩施坦为实现他的目的必然会选择去否定辩证法，辩证法在伯恩施坦那里被看作马克思学说当中十分具有"叛卖性的因素"，不但如此，辩证法还被看作影响人们对事物做出正确推理的一个障碍。伯恩施坦认为，辩证法以"'肯定-否定，否定-肯定'代替了'肯定-肯定，否定-否定'，它的矛盾的综合和由量到质的转化，以及其他富于辩证法的特长的各点"，[1] 妨碍人们对已经认识的事物做出正确的推理。这也表明，伯恩施坦根本不理解辩证法的本质。按照伯恩施坦的说法，当唯物辩证法在做出经济对暴力产生决定性影响的推理后，就不能再推理出暴力在经济变革当中具有创造性力量。

考茨基在对伯恩施坦进行批判的时候也是由方法论入手的，针对伯恩施坦对唯物史观的攻击，考茨基认为伯恩施坦是通过断章取义摘引马克思关于唯物史观的著述，对马克思主义思想的发展史实进行歪曲性的演绎，将唯物史观歪曲为一种历史宿命论、一种机械的必然性的理论。据此，伯恩施坦还

---

① 〔德〕爱德华·伯恩斯坦：《社会主义的前提和社会民主党的任务》，宋家修等译，生活·读书·新知三联书店，1958，第25页。

将唯物史观关于人类社会发展的一般规律，解释为人类在整个社会中处于被强制的状态，人的意志处于被决定的状态，而人的行动是不自由的。所以，使用唯物史观的方法去论证人类社会的发展规律，被伯恩施坦歪曲成完全是一种阻碍人类社会发展的"教条"。面对这样的谬论，考茨基直截要害，指出了伯恩施坦攻击马克思唯物史观的事实，伯恩施坦是将"决定论"和"机械论"的概念混淆了，将意志自由和行动自由相混淆，而且毫无理论根据地将历史必然性与人们被迫所处的环境混淆在一起。

针对伯恩施坦所说的决不能将一切都归于生产力的发展，而应该估计到其他的因素，考茨基指出，他也认为这是任何的研究者，无论是遵循哪一种历史观，都应该做到的，但是伯恩施坦不能由此就得出结论说马克思排斥了人的意志。考茨基强调，马克思从来都没有否定意志的重要性，"经济必然性并不等于听天由命。经济必然性来自于人的生活意志的必然性和人利用他们所处的生活条件的不可避免性。这也就是一定的意志倾向的必然性"①。考茨基强调，马克思的方法是已经被证明了的而且还会继续被证明的正确方法，如果要放弃马克思的方法，那么就必须在以下的两条道路中做出选择：第一，选择从根本上否定历史发展带有规律性还有必然性的思想，这样导致的结果就是抛弃一切试图科学论证社会学的尝试；第二，要拿出合理的证据证明如何根据其他的因素去推论出社会历史发展的必然性。考茨基认为伯恩施坦不仅丝毫不想这样做，反而空谈他所估计到的其他因素，实际上对任何问题都没有提出完整且明确的新观点。

考茨基还认为，伯恩施坦的折中主义将会给社会主义带来巨大的危害，它"对那些把无产阶级政治运动的独立性看作眼中钉的文人来说是合适的，尤其是对于那些乐于和社会民主党保持良好关系而又不愿意向资产阶级宣战的人来说是合适的"②。这对无产阶级要完成的历史任务而言无疑是一个巨大

①　〔德〕卡尔·考茨基：《取得政权的道路》，刘磊译，生活·读书·新知三联书店，1961，第50页。

②　中共中央马克思恩格斯列宁斯大林著作编译局国际共运史研究室编《德国社会民主党关于伯恩施坦问题的争论》，生活·读书·新知三联书店，1981，第332页。

的危害。

针对伯恩施坦对辩证法的歪曲，考茨基分析，伯恩施坦在不断重复着"辩证法会造成随意的编造"这种滥调，伯恩施坦用来证实自己意见唯一的"法宝"就是将《资本论》中"资本主义积累的历史趋势"这一节的内容说成存在一定的"倾向性"，伯恩施坦说马克思是先准备好结论，然后再进行研究，1867 年在《资本论》中得出的结论是在 19 世纪 40 年代马克思就已经提到的结论。针对这种说法，考茨基认为，这种说法等于在偷天换日，因为马克思得出结论不是通过一次研究，他是通过两次研究来论证自己的结论，而且马克思本人也在他的《〈政治经济学批判〉序言》中明确提到这一点。19 世纪 40 年代马克思的第一次研究是在退出《莱茵报》编辑部以后，当时马克思之所以离开编辑部，是因为他要着手论证物质利益的问题，于是马克思开始研究法国的社会理论与英国政治经济学，并且他与当时正在对英国国民经济进行详细研究的恩格斯接近，19 世纪 40 年代末问世的《共产党宣言》，就是两位思想家共同研究的成果。1850 年，马克思迁居伦敦后，具备了从事科学研究的较好生活条件，他便开始全面系统地研究新的材料，《政治经济学批判》与《资本论》便是经过多年积累的第二次研究成果。第二次研究的结论与 19 世纪 40 年代的成果是相符的，第二次研究的成果证实了第一次研究的结果。考茨基反问，"难道这象是早在研究前就得出的结论吗?"①

二　驳斥伯恩施坦对马克思关于资本积累及其历史趋势理论的攻击

马克思在他的很多著作中都对资本主义做出过精妙而深刻的分析，并且科学地论证了资本积累的规律及历史发展之趋势。马克思在深刻揭示资本积累实质的基础上，进一步指出资本积累所呈现出的历史必然性以及决定和影响资本积累的主要因素。根据马克思的分析，在资本积累的过程中，资本不但在数量上会增大，而且由于生产技术水平不断提高，资本有机构成也会出

---

① 转引自《书评:卡尔·考茨基〈伯恩施坦与社会民主党的纲领。反批评〉》，载《列宁全集》第 4 卷，人民出版社，1984，第 178 页。

现变化，而这种变化将会导致人口的相对过剩。随着资本有机构成的提高，可变资本即劳动力相对减少，大量的工人成为相对过剩的人口。相对过剩的人口不但是资本积累的必然产物，而且是资本积累的重要杠杆，这样，一方面是资本积累的不断发生以及程度不断提高，另一方面是无产阶级的生活日益贫困化，两者形成鲜明对比。马克思从理论以及实践方面分析了资本积累对无产阶级命运产生的影响，揭示出资本积累一般规律。在此基础上，马克思运用唯物史观，进一步考察资本原始积累如何走向资本集中，导致小资本被大资本剥夺；揭示了在资本主义的生产过程中，一方面是劳动的社会化程度不断提高，另一方面却是生产资料的私人占有日益集中，两者形成尖锐的冲突，这样必然导致资本主义生产方式的最终瓦解。这就是马克思做出的关于资本积累历史发展趋势的科学论断。马克思对资本积累理论的论证在整个马克思主义理论体系中发挥着极其重要的作用，它与资本主义灭亡的必然性以及社会主义必将胜利的判断紧密联系。

而伯恩施坦则认为，资本主义的发展趋势并不是按照马克思恩格斯的判断进行的。他以片面而武断的结论歪曲马克思关于资本积累理论的科学性。在《社会主义的前提和社会民主党的任务》中，伯恩施坦在分析近代社会的转变时，丝毫不谈马克思关于资本积累的实质以及它的必然性，反而从资本家数目的多少方面认识问题，断章取义将资本家与股票的持有者的概念混为一谈，认为资本持有者的数目不是在减少，而是在增加。

伯恩施坦避开在资本主义企业里普遍存在的大资本家掌握股份的实际控制权的问题，不谈资本主义股份企业并没有改变其私有制的本质，而仅仅从持股人数的变动上，断言持股人数的增加证明资本积聚的发展并没有如马克思所预言的那样，他指出"股份公司，有可能使集中起来的资本广泛地分散"，进而得出"以现在的进化情况来说，认为有产者的人数相对地或绝对地减少，怎么也是错误的"[①]。他认为，有产者的人数在不断增加，如果社会

[①]　〔德〕爱德华·伯恩斯坦：《社会主义的前提和社会民主党的任务》，宋家修等译，生活·读书·新知三联书店，1958，第50页。

民主党以有产者的人数减少为依据来估计他们的活动的话，那么社会民主党就等于"睡着了"。

另外，伯恩施坦不谈在资本积累过程中资本有机构成的提高这一内在趋势，反而泛泛谈论剩余价值如何被"吸收"的问题。他认为，随着劳动生产率的不断增长，"剩余生产物"也会大量生产，那么如何使用呢？在伯恩施坦看来，"资本家豪族"即那些大资本家即使拥有人们所谈论的大于十倍的胃口，雇佣十倍多的仆人，他们的消费量比起每年国家的生产总量，也只不过是"九牛一毛"。由此形成的大量剩余产品，要么造就"一个人数众多的中产阶级"，要么由工人吸收。他指出"有着吸收经济上的寄生分子任务的，是工人阶级，而不是'资本'"。① 依据伯恩施坦的逻辑，资本主义社会中根本不存在马克思关于资本积累的一般规律以及生产资料私人占有与生产社会化这一基本矛盾。

关于资本主义积累的发展趋势，伯恩施坦否认资本的积聚会发展至马克思所设想的那种程度，他引用德国以及其他资本主义国家在工商业以及农业方面的数据支撑他的观点，认为在一批行业中中小企业完全有能力与大企业并存，如木材与皮革以及金属加工工业，大企业比起小企业并没有明显的优势，而且在一些服务行业，中小企业更具有优势；在很多场合，大企业与小企业之间甚至不存在竞争，"大企业本身哺育着小企业和中等企业"，大企业的扩张一方面会生产出大量的劳动材料并且会带来相应的减价，另一方面使工人得以"解放"，这样大企业并不是在吞并中小企业，而会促使中小企业在"有利的条件下"大规模增长。伯恩施坦通过否认资本积累的一般规律以及发展趋势，进一步否认了资本主义必然灭亡的历史命运。

针对伯恩施坦否定马克思关于资本积累的实质及其客观必然性的论断，考茨基在《伯恩施坦与社会民主党的纲领》一书中，通过驳斥伯恩施坦的谬论，对马克思关于资本积累的理论做出了进一步的阐释。考茨基认为马克思

---

① 〔德〕爱德华·伯恩斯坦：《社会主义的前提和社会民主党的任务》，宋家修等译，生活·读书·新知三联书店，1958，第51页。

的这一理论说明以剥夺他人劳动为基础的私有制即资本主义私有制，逐渐取代以自身劳动为基础的所有制即以各个独立劳动者与其劳动条件相结合为基础的私有制。正是这个取代的过程促使旧社会充分瓦解，所有的劳动者在这一过程中被转化为无产者，资本开始出现，资本主义所特有的生产方式一旦确立，劳动也会进一步社会化，旧社会的土地以及其他所有的生产资料便会转化成整个社会使用的生产资料，这时也会产生新的剥夺形式，就是对一些私有者进行剥夺，即大资本家对小资本家的剥夺，这种剥夺是伴随资本集中而进行的。当多个资本家手中的资本被夺走，集中到一个资本家手里，劳动的规模不断地扩大，科学技术不断被应用，土地被进一步开发，劳动资料逐渐转化成只能被共同使用的资料。在这个转化过程中，一方面资本巨头在不断减少，另一方面剥削程度在不断加深。由资本主义生产过程本身训练、联合及组织起来并不断壮大的无产阶级必然会组成政党，并且他们的反抗在加强。随着资本主义的生产关系成为严重地阻碍生产力向前发展的桎梏，社会主义取代资本主义便是历史发展的必然。考茨基认为这些就是马克思关于资本积累发展趋势所作的概括。

考茨基认为，马克思关于资本主义发展趋势的概括应当作为一个历史过程理解，其不是瞬间就可以完成的。尽管这种过程是历史发展的必然，但是要实现这种前景所要采取的形式甚至达到的速度都是人们无法提前做出预料的。因此，马克思的理论是否正确，不是取决于历史将以何种形式以及何种速度发展，而取决于历史是否按照马克思所说的方向发展。但是伯恩施坦否认历史是按照马克思所说的方向发展。伯恩施坦认为，随着资本主义社会的发展，有产者的人数不是减少而是在增加，并且小企业并未衰落，每一次的危机都没有持续多久，每一次危机之后都没有像马克思所预见的那种出现营业疲软期。伯恩施坦在这个基础上得出结论：爆发全面性毁灭性的危机的可能性越来越小。考茨基认为："如果马克思关于资本集中的理论是错误的，那么我们只能直截了当地承认有产者的人数在增加；如果这个理论是正确的，那么就必须向我们说明，为什么尽管资本在集中，而有产者人数仍在增加。生产方式的发展是基本的事实。财产关系的形成则是表面上的，是从前一事实派生出来的。"① 考茨基认为,伯恩施坦不是先研究基本的事实,而是先对一些表面现象做判断。考茨基便从伯恩施坦否认资本集中这一事实对其进行批判。

考茨基指出伯恩施坦对资本集中问题的理解是模糊不清的,而且也是矛盾的,伯恩施坦一方面说资本就发展方向来说呈现出不断集中的趋势,似乎是正确的;另一方面又说这个理论也是不正确的,而不正确是因为马克思在叙述时忽略了对资本集中起限制作用的各种因素。针对伯恩施坦的这种说法,考茨基批判伯恩施坦犯了方法论上的错误,理论需要研究的是现象背后的规律,而规律必须要从一切干扰现象中抽象而来。如果要使理论无论在何种情况下都与表面现象相吻合,那么人们永远无法对事物做出明确的认识。而伯恩施坦不但认为马克思忽视了一些对资本集中限制的因素,而且认为正是由于这些因素的存在,马克思不可能在排除所有的反作用之后胜利为自己开辟道路。考茨基认为,驳倒伯恩施坦对马克思关于资本集中论断的攻击并不困难。考茨基借助伯恩施坦在 1896 年 11 月的《德国工业发展的现状》一文中的观点指出,伯恩施坦在文中指出德国工业发展的特点就是资本集中,因为伯恩施坦明确地表示,德国工业发展呈现的突出特点就是一些小的企业逐渐发展成大型企业,手工业式的企业被工厂式的企业所替代,同时一批大工厂企业又发展成规模更大的工业企业,考茨基指出这种发展趋势就是资本集中。

考茨基利用伯恩施坦引用的关于德国工业的调查资料来证明资本与生产集中的一般规律。他对统计资料中以职业为分类依据对就业人数进行划分带来的职业变动进行分析。在这个调查资料中,1882 年雇主和雇员之比显示为1∶2,到 1895 年的时候变为 1∶3。仅仅 13 年的时间,德国的人口结构发生了如此大的变化,工人在人口结构中所占的比例增加了很多。考茨基为了进一步证实德国出现的资本集中的趋势,又摘引了辛茨海梅尔所写的书《论德

---

① 转引自刘佩弦、马健行主编《第二国际若干人物的思想研究》,中国人民大学出版社,1994,第 154 页。

国大工厂生产扩张的限度》中的有关资料，其中显示在 1882 年德国的大工厂工业所创造的产值当时约占工业总产值的 50%，但是到 1895 年的时候已经超过 60%。这些都说明资本在迅速地集中。① 工业资本集中得最厉害，在商业中资本尽管发展得相对较慢，但是也发生了集中，在这些行业中大的企业相比中小企业发展快很多。

伯恩施坦声称马克思忽略了对资本集中起限制作用的各种因素，认为股份企业的发展会缓解资本以及生产的集中，也会使有产者的数目日益增加。考茨基指出，这种说法是缺乏科学根据的，因为不管股份公司如何发展，它都不会使资本的分配发生任何本质的改变，事实上股份公司只是将无法经营资本主义企业的一些小额的资金变为资本。所以，股份公司仅仅是增加进行资本主义生产所需的资本数额，可能将一些本来没有变为资本、只是不生利或者暂时不用的财富变为资本，这些丝毫没有改变资本主义现存财富既定分配状况。另外，股票在资本主义社会里也不会根本改变现存财富的分配状况，它不是让无产者变为有产者的一种手段，它不会阻碍资本的集中，反而会使资本的集中加速。因为股票可以将上层的无产阶级与小资产阶级的财富集聚到资本家的手中。考茨基根据当时报纸资料显示的美国美孚石油托拉斯和洛克菲勒所持有的股金数额指出，股份制无法阻止资本的集中，实际上是加速资本集中的一种手段。建立股份制，使单个资本建立起规模庞大的大企业成为可能。

考茨基根据 19 世纪末资本主义社会经济发展的新特点，深入分析资本的集中导致垄断出现的特点。当时还作为马克思主义者的考茨基批判伯恩施坦的时候指出，马克思的一些个别的论断尽管没有实现，但是马克思就整个的现代生产发展的趋势做出的预测得到了最光辉的证实，尤其是在卡特尔与托拉斯出现以后，马克思的资本集中理论已成为现实。考茨基认为尽管在商业发展的最初阶段，在商业领域就存在通过驱逐竞争者或者依靠囤积商品去

① 参见刘佩弦、马健行主编《第二国际若干人物的思想研究》，中国人民大学出版社，1994，第 155—156 页。

排斥对手的垄断企图，但是在工业的生产领域里将所有的企业进行组合使之变成唯一的组织并通过这一大型组织实现对整个工业领域的垄断，是在马克思逝世后普遍发展起来的。资本主义的垄断组织已经越来越多地支配国家全部的政治生活与经济生活。"自从金融寡头产生以后，他们曾一直使政府依赖于他们——借助于国债，但是现代的金融大王则通过卡特尔和托拉斯来直接支配了全民族，使全部生产服从他们。特别是一切大工业的基本条件——煤和铁——的生产者，他们的联合组织越来越决定着对内和对外政策以及全部经济生活。"① 在和一些卡特尔作斗争的过程中，不同类的企业会各自联合成为单一的巨型企业，从而形成新的卡特尔。国家出现同一种类企业的托拉斯化或卡特尔化，也会出现不同种类的企业集中在某一个资本家或者某一资本集团手中的情形。考茨基认为，卡特尔与托拉斯证明马克思的资本集中理论不是片面正确的，而是完全正确的。

三　揭露伯恩施坦杜撰的马克思"资本主义崩溃论"

在马克思关于资本积累学说方面确实能找到关于资本主义必然灭亡的结论，但是在马克思的理论当中找不到一个明确的涉及资本主义经济必然崩溃的论点。恩格斯逝世不久，伯恩施坦为了将马克思主义从社会主义运动中彻底地根除，他发现利用崩溃论来攻击马克思主义是最方便的一点。按照伯恩施坦的论述，资本主义不可避免发生灾变是马克思的一个"教条"。从马克思逝世以后的经济发展看，伯恩施坦认为在新的形势下资本主义是不会出现崩溃这种结果的，那么一切关于革命的理由将不复存在。在此基础上，伯恩施坦认为资本主义制度在发展的同时已经具备一种自我约束的能力，能够避免危机的发生，工人阶级可以通过议会民主在合法且平等的条件下进行反对资产阶级的斗争；随着中小企业的发展，中间阶层具备了稳定社会的功能，所以用议会民主来代替革命暴力、依靠渐进的改良而实现社会主义的和平过

---

① 　转引自刘佩弦、马健行主编《第二国际若干人物的思想研究》，中国人民大学出版社，1994，第 158 页。

渡就成为伯恩施坦的理论逻辑。

考茨基指出，崩溃论的概念包括崩溃这一用语本身都是伯恩施坦发明的，这是对马克思理论的一种歪曲。论敌片面地解读马克思的理论，抓住马克思个别著作中的个别段落加以歪曲。事实上对于伯恩施坦杜撰出来的那种崩溃论，即发生一场巨大的而且是无所不包的灾难性的经济危机将成为走向社会主义不可避免的道路，马克思恩格斯根本没有提过。相反，尽管他们确信资本主义发展的经济条件必然趋于恶化，但是他们在理论上认为，促使资本主义向社会主义过渡的决定性因素是无产阶级力量的不断增长以及无产阶级斗争的成熟性。

伯恩施坦把马克思关于"剥夺者被剥夺"的分析理论歪曲成科学社会主义中的一种空想因素。考茨基对此进行了驳斥，他认为马克思所说的"剥夺者被剥夺"是在对资本主义生产方式做出深刻的分析之后对社会发展趋势作出的一种具有高度概括性的结论。从历史发展的过程来理解"剥夺者被剥夺"，就会发现这是不可避免的趋势，至于这一情况到来的形式以及速度，这是任何人都难以确切地预测的。伯恩施坦在这一问题上的错误就在于将资本主义发展的历史趋势与资本主义发展的现实的状态混为一谈，并且仅仅凭借资本主义在经济发展中的一些暂时的现象，去否定资本主义经济发展的必然的趋势。此外，马克思在谈"剥夺"理论的时候，是将资本的集中作为前提的。但是伯恩施坦故意使用孤立而没有联系的一些统计数字，辅以一些片面的缺乏全面性的统计材料，得出资本集中不是在加剧，而是趋于缓和的结论。在考茨基看来，马克思关于资本主义历史发展趋势的理论绝不是空想而是完全经得住实践的考验，是考察资本主义历史趋势的科学武器。

四　批判伯恩施坦对马克思关于资本主义经济危机理论的否定

经济危机是资本主义社会发展所特有的产物，随着生产力的发展，资本主义的基本矛盾日益尖锐，经济危机成为资本主义社会周期性的现象。马克思十分重视经济危机理论，对资本主义经济危机的实质与根源、发展规律以及特征做出了精辟的分析。马克思在很多著作中，从早期的《哲学的贫困》

《共产党宣言》《1848 年至 1850 年的法兰西阶级斗争》对危机理论进行初步的探索，到 19 世纪 50 年代在《政治经济学批判》对经济危机进一步作深入研究，《资本论》的出现意味着马克思的经济危机理论完全形成。马克思指出了资本主义社会经济危机实际上是生产相对过剩的危机。生产的社会化和生产资料的私人占有之间的矛盾是危机的根源所在。而这一基本矛盾又是通过单个企业内部有组织的生产和整个的社会生产呈现的无政府状态之间的矛盾，以及资本主义生产的无限扩大趋势与劳动人民支付能力相对缩小之间的矛盾这两方面表现出来。此外，马克思还认为，信用制度与商业投机也加速了经济危机的爆发，经济危机是一个周而复始的现象。马克思关于经济危机的分析，说明经济危机作为资本主义社会的产物，不但体现了资本主义制度内在的局限性，而且也有力证明了资本主义的生产方式已经无力再去驾驭社会化的大生产，为了推动生产力的发展，需要一种新的生产关系代替它。

伯恩施坦对马克思的危机学说根本上是持否定态度的，他将马克思在这方面的论述称作一种过时的理论。伯恩施坦撇开资本主义固有的矛盾不谈，反而将经济危机的根源与经济危机的表现形式相混淆，将经济危机的根源聚焦在消费减少方面，他引证马克思恩格斯有关经济危机表现的论述，攻击马克思关于经济危机根源的论述，将其说成是自相矛盾的。伯恩施坦认为，在《资本论》第二卷和《反杜林论》中马克思恩格斯对于将消费减少看成是经济危机的原因是持反对态度的，但是在《资本论》第三卷中，马克思又将消费减少看成是一切现实经济危机的最后原因，伯恩施坦就此攻击马克思对引起经济危机的原因的理解是自相矛盾的。显然在伯恩施坦那里，他已经完全混淆了马克思在论述经济危机原因时的两个不同层次的问题，即资本主义的基本矛盾是经济危机的根源，而单个的企业内部有组织的生产和整个的社会生产的无政府状态之间的矛盾，以及资本主义生产的无限扩大趋势与劳动人民支付能力相对缩小之间的矛盾是根源的两个表现形式。

伯恩施坦还借着罗莎·卢森堡关于信用对经济危机的影响，得出两个和马克思的经济危机理论完全相反的结论。首先，他对马克思在《资本论》第三卷中提出的"信用制度固有的二重性"进行诡辩，曲解马克思关于信用制度具有创造性作用的论断，认为信用制度可以自行改变资本主义的私有制。他指出："尽管说信用是使许多小资本家结合起来，使庞大的生产力变成集合财产，因而使财产关系和生产关系之间的矛盾消除，也只是叙述在实践中已经屡次被证实了的事实"。① 在此基础上，伯恩施坦还认为，信用制度和商业投机是联系在一起的，而投机又以能知道的事情与无法知道的事情之间的关系为条件。随着近代工业的发展，人们可以更加精准地预测市场的情况，投机要素便不会产生作用。于是，信用作为影响危机形成的因素是居于次要地位的。其次，伯恩施坦认为，个别工业中的生产过剩不意味普遍的危机，之所以这样是因为随着竞争与技术的发展，个别资本已经不可能绝对地去控制市场，所以"生产过剩，在某种程度上就不可避免了"。基于此，个别工业的生产过剩并不意味着普遍经济危机。这样伯恩施坦便彻底否定了马克思关于经济危机的不可避免性的论断，进而销毁了马克思关于资本主义必然灭亡的证据。

伯恩施坦在《崩溃论和殖民政策》（1898 年 1 月 19 日）一文中，对资本主义经济危机的周期性进行歪曲，他断章取义地引用恩格斯的有关论述，指出危机已经不是马克思所说的每十年发生一次。卡特尔与托拉斯也存在很多种形式并且具有很强的适应能力。所以，他认为，随着市场的不断扩大，资本主义的信用制度也日益灵活化，加上情报机构的技术不断改进，危机将不会再出现，为此不能将危机看作发生社会变革的前导因素。

考茨基驳斥了伯恩施坦这一思想，首先，针对伯恩施坦否定马克思关于危机周期性的理论的问题，考茨基指出，马克思的危机理论并不是强调每隔10 年一定要发生一次经济危机，他只是以科学的态度对经验事实作出一种确认。马克思并不是"发明"了危机的周期，而是经过观察阐明危机的周期。所以考茨基认为理解这个问题的关键并不是说危机必然每经过十年就重复出现一次，而在于是否认识到在资本主义社会中危机必然会定期发生的问题。

① 〔德〕爱德华·伯恩斯坦：《社会主义的前提和社会民主党的任务》，宋家修等译，生活·读书·新知三联书店，1958，第 62 页。

考茨基进一步分析，认为促使危机发生的因素在一开始就已经存在于商品经济中，因为商品生产本是相互无关的一些生产者为了开辟市场才进行的，而调节这种生产体制的因素是价格，当商品的生产大于需求时，价格就会下降，当生产小于需求时，价格上涨。这样一来，无法依据生产价格将商品卖出去便成为经常性的现象，这种现象可能诱发危机，并且考茨基特别强调，这对于酿成真正的危机来说还只是一种可能，因为真正危机的发生还需要具备其他条件，但是资本主义的发展却为危机由可能转化成现实创造了条件。当资本主义将整个的社会生产变为商品的生产，这时社会上的大部分人的生存都会依赖自己所生产的商品。随着社会分工以及信用的发展，生产者之间越来越依赖彼此，这样任何一处商品发生滞销都会在别的地方引起混乱。伴随着资本主义的发展，尽管巨大的世界性市场代替了狭小的地方性市场，但是生产者和消费者之间存在的中间环节也会日益增多，商品的生产者将更难以准确地掌握市场情况。

考茨基认为尽管科学技术以及信用制度也有所发展，这样资本主义生产也会出现更大的伸缩性，并且有跳跃式发展的可能性，但是这些并不能消除危机。因为当需求有较大的提高时，生产也会迅速地扩大且很快会超出需求，进而形成生产过剩。竞争促使生产的持续扩大变成资本主义生产方式存在的条件。但是扩大生产需要相应地扩大市场，物质需求要扩大，购买力的需求也要扩大，如此便会和资本主义发展的另一个趋势即不断压低劳动力的价值的趋势产生矛盾。扩大市场对资本家来说是棘手的问题，而且市场的不断扩大也会促使生产陷入过剩并发生危机。同时危机反过来会使资本家寻求新的市场，而市场一旦无法按照生产扩大的速度进行扩大时，资本主义的生产方式便陷入无可救药的绝境。考茨基强调国内外的市场终究是有限的，世界的资本主义增长趋于更快的速度，然而世界性的市场却总是由于各种原因无法长期扩大。这样一旦市场无法扩大，生产力的发展便不能容忍资本主义生产方式的存在。

考茨基对伯恩施坦所进行的批判，尽管在理论上也存在一些缺陷，但总体来说，考茨基在反对修正主义的斗争中立场是积极的，捍卫了马克思主义基本原则，产生重要影响。1898 年考茨基在给维·阿德勒的信中说："我将对爱德发动进攻，态度上纵然可以温和，实质上要严厉，无论如何不能放过他"。① 事实上，考茨基之后在 1899 年汉诺威代表大会上的发言，以及在1901 年 6 月的《疑问的社会主义对抗科学的社会主义》一文中批判伯恩施坦的态度是坚决的。考茨基坚决批判了伯恩施坦对恩格斯在《反杜林论》中有关社会主义已经成为科学的论证的歪曲。与此同时，考茨基对修正主义的危害在一定程度上估计不足。1903 年考茨基在德累斯顿代表大会上认为，党内同志在原则上是一致的，但是每一个同志在性格与性情上，以及见解上是有差别的，这种差别使他们对各个问题产生了各种不同的看法。比起这种个人的差别，更重要的是地区差别。在德国如此大的国家内，各个地区在经济和政治方面的发展水平并不都是一样的，它们的历史和传统，甚至政治制度都各不相同，这样就形成多种多样的社会环境，并且由此产生了多种多样的"社会情绪和政治情绪"。② 在当时修正主义已经开始泛滥的情况下，考茨基作出这样的判断显然是低估了修正主义对党的影响。

　　考茨基当时不但对修正主义对党造成的危害估计不足，而且他没有认识到修正主义产生的真正根源，更没有认识到修正主义所代表的阶级实质，他仅仅将修正主义当成无产阶级革命中的一个派别对待，而且当革命来临时这些派别还会接近。

第二节　对资本主义及其历史命运的分析

　　马克思通过大量的资料对资本主义产生、发展和必然灭亡的历史命运进行分析，考茨基在继承马克思主义的观点基础上详细阐述了资本主义的产生以及发展的历史过程，进一步阐明了无产阶级贫困日益增长的事实，进而论

---

① 中共中央马克思恩格斯列宁斯大林著作编译局国际共运史研究室编《德国社会民主党关于伯恩施坦问题的争论》，生活·读书·新知三联书店，1981，第 109 页。

② 中共中央马克思恩格斯列宁斯大林著作编译局国际共运史研究室编《德国社会民主党关于伯恩施坦问题的争论》，生活·读书·新知三联书店，1981，第 611 页。

证了社会主义代替资本主义的历史必然性。

一 关于资本主义社会的产生及发展历史过程

马克思曾在《资本论》及其手稿当中，系统论述商品、交换与货币以及资本之间的内在联系，他运用历史唯物主义方法深入考察人类社会，尤其是资本主义社会的产生以及发展，从而剖析资本主义社会存在的经济关系与上层建筑，进而在理论上阐明科学社会主义的基本原理。

首先，考茨基继承马克思主义的观点对资本主义的产生做了进一步详细的阐述。在马克思那里，农业中劳动生产率达到一定水平就给剩余价值的产生提供了自然基础。在马克思主义的基础上，考茨基认为，资本主义社会发轫于农业与手工业中。农民最初处于一种自给自足的生活状态，农民生产自己所需的食物、劳动工具以及衣服等。但是伴随农业的进步，当农民生产的产品已经超出自己需要的时候，农民就开始用多余的产品去交换自己无法生产的产品，于是交换使产品变成了商品。所以，商品是为与其他产品交换而生产的，不是为供本单位自己使用与消费而生产的。伴随社会经济的发展，农民就变成商品生产者，而独立的经营小生产的手工业者从一开始就是商品的生产者。考茨基得出结论，商品交换需要两个条件作为前提："第一，所有的各个生产企业不生产同一种产品，即社会实行分工；第二，从事交换的人能够自由支配所交换的产品，即这些产品成为他们的私有财产"①。随着经济的发展，私有制的范围增大，社会分工最终使得买卖成为专门的职业，并且由商人包办。农民与手工业者购买商品是出于家庭的需要以作为生产资料或者生活资料，他们为消费而购买。而商人购买商品是为出卖而购买，以便获得利润。考茨基认为用于这样的目的的货币或者商品就是资本。而一种商品或者货币究竟是不是资本主要是依据它们的用途来决定，商人用来谋取利润的就是资本。资本最初的形式是商业资本。后来高利贷资本也出现了，它

---

① 〔德〕卡尔·考茨基：《爱尔福特纲领解说》，陈冬野译，生活·读书·新知三联书店，1963，第7页。

采取利息的形式来获得利润。资本以作为商品生产基础的私有制为依据，而在资本的影响下，私有制又具有了新的特征，一方面具备适应小生产状况的小资产阶级的特征；另一方面具备了资本主义的特征。资本家的收入取决于他们手里拥有的资本总额。同时货币被用作资本是能够无限积累下去的，这一点使积累无穷无尽的财富具备了可能性。生产资料的私有制为一个人合法获得生产资料确立了依据，同时也意味着一个人存在失去生产资料而陷入赤贫的可能性。这就是资本主义私有制的独特的面貌：一些人家财万贯，而另一些人却是一贫如洗。

其次，考茨基对资本原始积累进行了阐释。马克思曾用深刻形象的笔触，揭露资本积累血腥的本质。马克思谈道："所谓原始积累只不过是生产者和生产资料分离的历史过程"，而这个过程是"用血和火的文字载入人类编年史的"。① 考茨基认为当世界建成中央集权的以及军事的和官僚的国家时，这些国家最开始都是君主专制政体，主要追求的不是为人民的人身安全服务，而是拥有更多的货币收入。君主们为此保护与鼓励能够将货币带进本国的商人或资本家。资本家贷款给君主，使君主从属于自己，这样便能够迫使国家政权采取保护与扩展交通政策，借助夺取与巩固海外殖民地或者同竞争的国家进行战争的措施，来为资本家谋取利益。为此，考茨基认为，资本主义国家通过殖民政策获取庞大的财富，这些财富的源泉是走私、海盗活动以及贩卖奴隶与商业性的战争。而当新的商路为欧洲的航海国家扩大销售市场时，手工业已经无法满足市场迅猛增长的需求，大规模的市场需要大规模的生产与它相适应。此时商人对于生产由自己支配十分地感兴趣。商人们掌握着必要的货币资金，可以用来购买足够的生产原料以及劳动力。当商人对劳动力的需要日渐增长的时候，大量的被剥夺财产的劳动者出现了。对于大量劳动者出现的原因，考茨基也做了分析。一方面，城市工业市场的不断扩大，直接影响着农业。城市中对食物以及原料需求的增加促使农业生产逐渐变为商品生产。当农民手里多余的物品还是实物的时候，地主与统治者对农

---

① 《马克思恩格斯文集》第5卷，人民出版社，2009，第822页。

民的剥削不会超过他们消费所需要的。但是随着市场向农民扩大，农民通过出卖商品而取得的现金越多，地主与统治者剥削他们的程度越深，农民向他们上缴的产品也越多。地主与统治者总是贪得无厌，他们向农民勒索更多的产品，甚至将农民用于生活的必需品都榨取去。农民的反抗也被镇压下去后，便抛弃家园，涌向城市。另一方面，随着城市工业大量生产的需要，农村也存在大量生产的需要。地主为扩大自己的生产，将农民从土地上赶走，而且由于地主经营方式的改变，地主也不再需要新的劳动力。在一些领域农业劳动者反而过剩。这样一无所有的农民在赋役的压榨以及暴力的威胁之下离开自己的家园，他们被剥夺了生产资料，除了将自己送向市场，没有别的办法生存下去。农民将自己的劳动力在市场上出售，他们或是当雇佣兵帮老爷们进行掠夺，或是受雇于地主变为农业短工，甚至沦为罪犯或是乞丐，还有一部分人涌向工业。这样剥夺财产的方式，便为资本主义工业打下了基础。考茨基认为，多数劳动者失去生产资料变为无产者，是经济发展的必然，也是资本主义大规模生产形成的必要前提。

最后，考茨基分析了资本主义经济发展导致小生产灭亡的必然性。伴随经济的发展，资本家不再将劳动者安置在家里进行劳动，而是将劳动者集中在自己开设的作坊中进行劳动，以便更好地监督他们。这就为资本主义进行工业大生产打下了基础，同时为以后的生产技术革新打下了基础。当很多人集中在一个作坊里劳动，生产中就出现了分工。当小生产占据统治地位的时候，分工增加了职业的数目。但是当生产部门实行了分工，分工将生产一种产品所经历的各种工序交给特定的工人来执行，每一个人都为其他人做准备，每位工人的活动缩小到一种反复执行的操作，这就是工场手工业。随着自然科学的发展，蒸汽动力出现，资本主义的大生产获得了工厂这种更高级的形式。蒸汽机促使生产方式发生了很大的变化，机器占领了原来由手工生产占领的部门，在已经采取工厂制度的部门内，新机器不断代替旧机器，随着新发明的出现，一些新的工业部门也产生了。在这种大生产的情况之下，工厂占统治地位，维持小生产的努力是徒劳的，这是现代经济发展不可避免的结果。

二　关于无产阶级贫困化问题

在资本主义社会中，随着大生产的发展，无产者的人数迅速地增加。社会结构也发生了巨大的变化。工资劳动者在全体劳动阶级中占了第一位。无产阶级成为人数较多的阶级。考茨基将无产者与有产的农民和手工业者以及资本主义以前的帮工进行比较，阐述了无产阶级贫困化的特点。

首先，考茨基认为，在资本主义社会中生产资料的私有制对于有产的农民与手工业者来说是支撑他们占有劳动产品的手段，但是生产资料的私有制对于无产阶级来说则是剥削无产者特别是攫取无产者创造的剩余价值的强有力的手段。关于无产者与资本主义以前的帮工之间的不同点，考茨基认为，帮工的食宿是有保障的，他们与行东同桌吃饭并且住在行东的家里。行东付给帮工的货币工资是供他们积蓄或者享乐用的。帮工积累的资金达到一定程度的时候也可以成为行东。帮工与行东一起劳动，所以当行东延长劳动的时间，帮工的劳动时间也会延长。帮工为了成为行东，也是私有制的捍卫者。但是无产者就完全不同了，在资本主义的生产中，资本家不和工资劳动者一起劳动，在生产过程中，资本家只关心用尽可能少的工资让工人干尽可能多的活，进而榨取尽可能多的剩余价值。他们与工人是剥削与被剥削的关系。资本家不像以前的手工业行东，他可以延长劳动的时间、使工人在恶劣的条件下进行劳动。而机器的使用进一步促使资本家实行连续的生产，制定日夜轮班的制度，尽可能地延长劳动的时间，机器在资本家的手里已经变为致命的奴役工人的有力的杠杆。不管是劳动时间方面，还是工资方面，资本主义生产方式下的劳动者的状况都比以前的帮工更糟糕。

其次，考茨基阐释了资本家如何用工资剥削工人。马克思认为，资本主义社会中工资是为了掩盖剩余价值源泉，工资的本质是劳动力价值的转化形式。考茨基也对工资进行了分析，他认为在任何情况下，工资都不会高到使工人所得的价值接近工人所创造的价值水平，也就是说工资永远不会达到让工人摆脱受剥削状况的地步。事实上，工资时常达到它的最低的水平甚至连工人最基本的需要都无法满足的水平，工资经常在两个极限之间进行摇摆，工人的平均消费水平越低，劳动力在市场上供应越多；工人对资本家的反抗能力越弱，工资也会越低。一般情况下，工资要达到能够维持工人自己的劳动能力，而且也能够维持他们的子女生活的程度，这样资本家才能够持续得到需要的劳动力。但是随着经济的发展，工人的生活费用逐渐下降，工资也就随之降低。因为伴随机器的使用，资本家可以用不熟练的廉价工人来代替熟练的工人，利用女工甚至童工去代替男工。当工人的妻子与孩子能够自己取得生活资料的时候，男工的工资便会降低到仅仅能够维持他本身生活的水平。女工以及童工的使用不但降低工人生活的费用，而且弱化了工人的反抗能力，同时也增大了劳动力的供给。这些状况都会造成工人工资的降低。

考茨基分析指出，在资本主义社会中，资本家比起奴隶制度更加可憎，因为当妇女参加生产以后，婴儿就会离开母亲，工人的家务也无人照管，这样无产者的家庭就离散了。除此之外，一直被限制在家里操持家务、对社会生活与组织力量仅仅有模糊概念的妇女，在参加生产以后，没有反抗的能力，以至于资本家支付给她们的工资经常不足以用来维持最基本的生活，资本家就给她们指出卖淫可以作为生活的补充。在这样的环境中，女工的增加促使卖淫现象的增加。劳动妇女被迫通过出卖自己的肉体来维持生存。考茨基指出："在资本主义生产方式下，卖淫变成社会的支柱之一。"① 考茨基也指出了公妻制是剥削无产阶级的一种独特的方式，它是社会主义的对立物。

最后，考茨基认为，使用女工与童工只是资本家降低工资的众多手段中的一种。还有一种手段就是从落后地区输入工人。随着生产的发展，交通运输业发展起来，轮船与铁路不仅运输了商品，而且也运输了大量的工人。一些生活要求很低，且能吃苦耐劳而没有反抗能力的人，由其他国家或者地区源源不断地输送到工业发达国家，这些人当中有一些是被资本家剥削的手工业者与农民。由于大量工人的输入，资本主义生产得到了大量的可以支配的劳动力。但是资本家往往不满足于此，他们力图将所有工人的劳动力使用到

---

① 〔德〕卡尔·考茨基：《爱尔福特纲领解说》，陈冬野译，生活·读书·新知三联书店，1963，第36页。

极限，或者是延长劳动时间，或者是依靠提高劳动的强度来实现。同时，机器的广泛运用使劳动力变为多余的东西。手工劳动在向机器生产过渡的时候，会使大量的工人变为多余的人。于是机器生产引起了工人们的愤慨，工人们甚至发动起义。因此，在资本主义大工业的环境下，失业就成为一种经常发生的现象。当资本主义经济处于萧条的时期，失业的人数就会增加，这些失业的人与小企业的工人合起来，便构成了被马克思称为产业后备军的队伍。一旦经济好转，资本家便随时可以从这支后备军中吸收劳动力。这支后备军对于资本家来说，是无价之宝。关于失业对工人的影响，考茨基认为失业意味着工人失去了生活的保障。在资本主义社会中，失业大部分是生产发展的结果，工人劳动越是熟练，工作时间越长，失业就会越严重，工人以及他的妻儿随时都有可能被抛弃在街头，甚至被饿死。失业的幽灵徘徊于劳动者的身边。当过度的劳动、家庭的离散以及失业成为资本主义社会的一种常态时，无产阶级人数就会急剧增加。

三　论证资本主义必然灭亡的历史命运

考茨基认为，资本主义被社会主义所代替这一趋势是由资本主义的生产方式自身的特点所决定的。考茨基在《爱尔福特纲领解说》和《社会革命》中都对此进行了论证。他认为资本主义的生产方式促使大生产代替了小生产。而大生产所拥有的生产资料主要是少数人的私有财产，然而大生产中的工人却是什么也没有的无产者。

考茨基指出，资本主义生产方式促使劳动生产率进一步提高至令人难以置信的程度，资产阶级与它的两个基础（商品生产以及生产资料的私有制）曾经都是历史的必然产物，但是今天不再需要它们了。因为资产阶级的职能已经日益由雇佣的员工来完成，而绝大多数资本家是在坐享他人的劳动成果。资本家和以前的封建主一样，已经变为多余的人。不仅如此，与 18 世纪的封建贵族相似，资本家阶级已经发展成为社会向前发展的障碍。生产资料私有制也已经不能够对生产者的产品私有权以及自由提供任何的保障。生产资料私有制在迅速地促使全体人民失去仅有的私有权与自由，它已经成为摧毁整个社会的所有基础的手段。无产者人数迅速地增加，在资本家的手里，机器不但没有免除工人的劳动，反而将无产者的劳动变为沉重的负担，甚至成为令无产者无法忍受且具有致命奴役性的杠杆，机器使劳动力变成了多余的东西，失业人数不断增加，无产阶级人数急剧地增长，同时产业资本迅速地成长起来，大资本比起小资本增长得更快，加上交通工具以及信用制度的发展，大量商品充斥市场，加速危机发生的进程，也进一步增强了危机的破坏作用。考茨基具体分析了经济危机对社会造成的破坏，他认为一旦危机到来整个社会的经济生活将从根底上产生动荡。基础不牢的企业面临覆灭，农民、手工业者以及小资本家手里的财产也被迅速剥夺，很多大资本家也会破产，谁都无法逃出这样的灾难。

考茨基在对资本主义所固有的社会矛盾进行分析后，指出资本主义社会经济危机是不可避免的、资产阶级和无产阶级的矛盾也是不可调和的，进而得出结论，工人阶级在人数方面不断地增加，在力量方面也日益增强。工人阶级已经无法忍受现存的生产方式，只要推翻这种生产方式，工人将会得到一切。所以他们必然需要实行符合他们利益的新的社会形式，如果不这样的话，他们就会面临覆灭的危险。"取代现存社会形式的新社会形式的建立，现在已经不仅是一种可以指望的事情，而且是不可避免的事情了。"[1] 而且在伯恩施坦那里所有被认为可以用来抵制资本主义经济危机的因素，到考茨基这里恰恰认为是起了相反的作用。例如关于卡特尔的论述，考茨基就认为单个卡特尔是无法消除危机的，假如单个卡特尔能够发挥作用的话，那么最多是让危机采取另一种方式，但是它绝不是最好的方式。

---

[1] 〔德〕卡尔·考茨基：《爱尔福特纲领解说》，陈冬野译，生活·读书·新知三联书店，1963，第107页。

第四章　考茨基早期关于实现社会主义道路和策略的探讨

马克思恩格斯关于无产阶级革命斗争道路理论是推动无产阶级革命运动不断向前发展的内在动力，也是马克思恩格斯研究的一个重要问题。19 世纪70 年代以前，马克思恩格斯结合历史和当时社会革命的现实情况，客观分析无产阶级革命所处的环境和条件，认为暴力革命是无产阶级革命的唯一形式。此后，随着资本主义长期和平发展以及资产阶级民主政治的巩固，结合新的历史条件，马克思恩格斯强调暴力革命的重要性的同时，也分析了以和平手段夺取政权的可能性。19 世纪80 年代后，恩格斯围绕无产阶级政党如何结合各自所处的条件转变自己的斗争策略，确定夺取政权的道路提出了新的见解。马克思主义者在坚守革命原则的前提下也承认各种各样的斗争形式，不拒绝任何一种斗争形式，可以将合法斗争与非法斗争、公开工作及秘密工作结合起来。考茨基继承了马克思恩格斯的相关思想，对无产阶级革命的必然性以及无产阶级革命的具体手段进行了阐述，这些构成了考茨基早期关于实现社会主义道路和策略思想的重要内容。

第一节　无产阶级革命的必然性

马克思主义认为，无产阶级革命的直接目标是夺取政权，打碎资产阶级的国家机器，取代资产阶级政权的无产阶级政权是以消灭阶级对立与阶级压迫为目标的。考茨基早期在继承马克思主义基础上，结合 19 世纪末 20 世纪初国际工人运动面临的具体形势，进一步阐明社会改良与社会革命的区别，指出了资本主义新形势下具备发生社会革命的条件以及革命因素增长的事实，同时对修正主义者关于阶级矛盾趋于缓和的谬论进行了批判，阐述了在新形势下东方民族民主革命也会促进西方无产阶级革命发展的思想。

一 社会改良与社会革命的区别

19 世纪末 20 世纪初，在国际工人运动中出现了一种改良主义倾向，其代表人物众多。德国社会民主党内的右倾机会主义代表人物福尔马尔在 1891 年爱尔福特代表大会上，大肆主张将社会民主党的工作重心放在争取眼前的改良上，后来又公开宣扬放弃革命斗争与无产阶级专政，要求将党的任务限制为在不触动资本主义制度的前提下进行细微改革，并企图通过和资产阶级政党结盟，争取国会多数，让政权逐步转到社会民主党手里，实现社会主义。在法国社会主义工人运动中，以饶勒斯和米勒兰为代表的法国独立社会党人从实践与理论方面主张社会改良，饶勒斯认为以普选制为基础的法国共和制具有永恒价值与普遍意义，要放弃暴力革命；米勒兰通过加入资产阶级内阁公开表明他的改良主义立场。而伯恩施坦更是给予改良主义以最完整的理论呈现形式，进一步全面"修正"马克思主义，以至于成为彻底的修正主义者。

针对当时在国际工人运动中出现的改良主义思潮，1902 年考茨基在《社会革命》这本小册子中对社会改良及社会革命的概念进行了重点分析。首先，考茨基对社会革命从广义和狭义两方面理解。广义的社会革命是马克思在《〈政治经济学批判〉序言》中指出的由经济基础的变化引起的政治上层建筑的变革。考茨基认为，任何社会主义者都力图实现广义上的社会革命，但是一些人反对革命，只希望用改良实现社会变革，用社会改良对抗社会革命。基于此，在考茨基看来，对社会革命也可以从狭义方面理解，"即社会的法律和政治上层建筑的任何变革并不都是一场广义上的革命，而只是一种狭义上的特殊形式或特殊方法的变革"。① 考茨基以作为特殊方法的变革对社会革命加以论述。首先，改良和革命的区别不在于是否使用了暴力，而在于是否由一个新兴阶级夺取了政权。社会革命属于政治革命，是经济上与政治上一直受压迫的阶级夺取政权，并且利用夺取的权力或快或慢地去变革政治与法律上层建筑；社会改良是在政治与经济方面一直处于统治地位的阶级在被统治阶级的威逼下被迫采取一些措施进行变革。

其次，考茨基强调社会革命和社会改良实施的主体不同，他认为，政治革命如果能称为社会革命，那么其必须由在社会上受压迫的阶级去完成，这个阶级的社会地位与其在政治上需要的统治地位相互矛盾也相去甚远，所以只能用社会解放完成政治解放。而统治阶级内部之间的纷争，即便是采取了内战这种残酷暴力的形式，也仍旧不是社会革命。所以，考茨基认为社会革命和被统治阶级的利益是一致的，而社会改良是在维护统治阶级利益。

最后，考茨基认为社会革命在人类社会中有一个逐步发展的过程，不可能一下子就完成。考茨基为此打了一个比方，他认为革命与分娩存在很多的相似之处，分娩的过程是漫长的，而且分娩并不意味着人体器官结束了发育，而是一个新发育阶段的开始，"孩子这时就进入了形成新器官的过程"，②同样，一次社会革命实现以后也并不意味着社会结束发展，而是新的发展的开始。考茨基强调社会革命是要完成所有制的根本转化，但是这个转化过程是逐步的、缓慢的、不断发展的。他指出，社会革命能够将一个工厂由私有制转化为公有制，但是要让这个工厂由曾经的单调乏味之地变成一个对人们有吸引力的场所，需要经历一个逐步、缓慢的发展过程。考茨基早期用分娩的一些特点来分析社会革命的特点是非常形象的，这与他后期攻击俄国十月革命的"早产"是完全不同的。考茨基在分析十月革命原因的时候，没有将其与俄国当时政治经济发展联系起来，由于立场的转变，他一味地从战争的消极影响因素出发，认为战争使无产阶级很大程度上沾染了军国主义习气。

---

① 〔德〕卡尔·考茨基：《社会革命》，何江、孙小青译，人民出版社，1980，第8页。
② 〔德〕卡尔·考茨基：《社会革命》，何江、孙小青译，人民出版社，1980，第16页。

其目的就是为他的机会主义做辩护。

二　与古代和中世纪相比资本主义社会更具备发生社会革命的条件

考茨基认为，在整个人类历史发展过程中，尤其是在资产阶级革命以前，真正称得上是社会革命的事件是极为稀少的，即使出现过多次比较激烈的内战、阶级斗争与政治灾难，没有哪一次斗争在所有制的方面发生过根本的持久的变革，而且也没有产生新的社会形式。考茨基认为原因在于，在古代与中世纪经济与政治生活的重心是在地方基层。各个城市乡镇是在各个主要的方面自给自足的单个共同体，它们用松弛的纽带与外界保持联系，而各个国家仅仅是这些城市乡镇的集合体，它们不是集合于一个王朝，就是集合于一个占统治剥削地位的市镇，每个地方都存在与其自身相适应的经济发展与特殊的阶级斗争，很难作为一个整体的力量来反对整个国家的经济与政治制度。同时，由于社会运动涉及的人数较少，规模也比较小，偶尔的社会运动中合乎规律和具有普遍性的现象较少，这种斗争中没有出现群众性运动。偶然的现象与个别新的现象掩盖了一些普遍的现象，人们就不可能认识到社会运动的阶级目的与社会原因。所以这就造成那些被压迫的阶级每当夺取了政权，利用权力首先就要消除"个别人和个别地方的设施"①，而不是去想着建立一个新的社会制度。

考茨基进而分析影响革命意向的最为重要的因素在于当时的经济发展所呈现的缓慢性。他指出由于经济发展极其缓慢，技术的改进并没有使人们产生对新的所有制形式的迫切需要，因为其没有使任何的新生产方式占据统治地位，只不过是将现存的生产方式作进一步完善而已。每个新行业中，依然如在旧的行业中还是进行手工的操作，更谈不上使用新的生产工具。

然而到了资本主义社会一切均发生了很大的变化。第一，资本主义生产方式造就了现代的国家，人们具备了整体的意识。考茨基指出在资本主义社会每个地方与区域共同体都是国家这个整体的一部分，它们失去了政治方面

① 〔德〕卡尔·考茨基：《社会革命》，何江、孙小青译，人民出版社，1980，第18页。

的主体性并且一定程度上失去了经济方面的自主性，所有地方被拉到相同的水平，接受相同的法律，缴纳相同的赋税，服从于相同的政府。国家政权作用于社会生活的结果完全不同于古代与中世纪，资本主义国家任何的重大政治变化都会立即影响广大的社会区域，一直受压迫的阶级一旦夺取政权，必然能带来和以前社会完全不同的结果。第二，社会经济的快速发展促使社会发生快速变革的可能性出现。现代的中央集权制国家在经济发展程度上比以前的国家提高得更快，竞争也成为推动现代生活的巨大动力，剥削者之间为竞争进行无休止的斗争，国家的权力越是强大，统治阶级越是凭借国家权力，顽固坚持他们拥有的特权，而不作出任何的让步，但是统治阶级依靠这种方式维持统治的时间越长，阶级矛盾也就越是尖锐，政治崩溃就成为一种必然之势，因此引发的社会变革也就越深刻，被压迫的阶级夺取政权便极易催生社会革命。第三，人们对整个的社会关系认识得更加深刻，期望发生社会变革的决心更大。在资本主义生产方式的推动下，整个社会经济发展的速度加快，伴随机器在工业中的使用，新事物迅速地形成，人们对待旧事物不再持以前的不可触犯的态度，而是认为一些事物是陈旧过时的以及不完善的，这种看法已经由经济领域蔓延至科学与政治领域。考茨基以1789年法国革命为例来证明这才是社会革命的范例。他指出社会革命是资本主义社会特有的现象，在资本主义社会之前，政治范围小，人们社会意识的不发达减小社会革命发生的可能性，而在资本主义社会，随着统治阶级滥用国家机器去剥削与压迫无产阶级，无产阶级对他们的憎恨必然会越发地强烈，阶级仇恨不断在增长，无产阶级夺取国家政权的劲头变得更大。

三　资本主义新形势下革命因素的增加

19世纪末20世纪初也是军国主义气焰最嚣张的时期，各国军费支出与日俱增，德国陆军开支由1873年的3.08亿马克，直接冲到1909年的8.4亿马克，其海军开支同一时期也由2600万马克冲到4.09亿马克。此外，法国、英国以及沙皇俄国和其他的一些国家情况也是如此，军费占据国家预算的一大部分，进而引起赋税增加。剥削阶级往往将增加的赋税转嫁至劳动人民身上，第一次世界大战一触即发。①

在这种形势下，考茨基在《取得政权的道路》中提出了革命形势的四个条件："（1）政权是坚决敌视人民群众的；（2）存在着坚决反对这个政权并且得到有组织群众支持的大党；（3）这个党代表绝大多数人民的利益，并且受到他们的信任；（4）这个政权的工具即官僚和军队对政权的信任、对它的力量和稳固性的信心已经动摇"。② 考茨基提出的这四个条件与列宁后来提出的革命的形式的标志非常相似，并且考茨基在此也表达了这样一个思想，即在客观因素具备的条件下，就一场革命来看，一些主观的因素包括党的作用与群众的意志以及军队与官僚中的一些矛盾等，也是起决定性的作用的。考茨基在这里正确考察了发生革命的形势及全国危机所呈现的某些因素。在考茨基看来，伴随着资本主义的发展，形势正朝着对无产阶级十分有利的方向发展。工人阶级不论是在组织还是在人数方面都在日益增长，这在德国表现得尤为明显。到 1909 年社会民主党的党员增长到 50 万，在思想方面接近它的工会会员达到 200 万，并且属于社会民主党的报刊也在增多，各种政治日报发行数增加到接近 100 万，工会定期的出版物发行量也增加很多。③ 被剥削阶级的这种有组织的力量发展是前所未有的。

考茨基认为无论无产阶级的组织发展得多么迅速，只要是在非革命的时期只能联合劳动群众中在很多方面表现优秀的成员，但是一旦在革命时期，连最软弱的人都认为自己能够斗争的时候，阶级组织的吸引力也会随着人数的增加而增强。德国的雇佣工人已经占居民的大部分，并且也占选民的大部分。他结合 1895 年工人人口成分普查的数据对德国选民成分的有关材料进行分析，认为在 1895 年的选民中，每有 350 万个关心保持生产资料私有制的独立业主，就有 600 万名以上的要求必须消灭私有制的无产者。而且参照

---

① 〔德〕卡尔·考茨基：《取得政权的道路》，刘磊译，生活·读书·新知三联书店，1961，第 2 页。

② 〔德〕卡尔·考茨基：《取得政权的道路》，刘磊译，生活·读书·新知三联书店，1961，第 72 页。

③ 〔德〕卡尔·考茨基：《取得政权的道路》，刘磊译，生活·读书·新知三联书店，1961，第 73 页。

1882 年的相关数据，考茨基认为从 1882 年到 1895 年这 13 年间，尽管拥护私有制的人数大体没有变，但是对私有制持反对意见的人数在选民当中增加了 100 万，并且在这期间，支持社会民主党的选民人数增加的也多，从当时的 311901 人增加至 1780989 人。1895 年以后，随着资本主义的继续发展，无产阶级的人数也在增长。紧接着考茨基又将 1895 年和 1907 年的相关统计资料进行比较，从 1895 年至 1907 年，在农业、工业与商业中独立业主增加了 33084 人，这几乎等于没有增加，而雇佣工人即无产者增加了 2891228 人，即增加了 100 倍。考茨基还考察了工业的发展情况。他将 1871 年、1880 年、1890 年、1900 年以及 1905 年的人口普查材料进行比较后发现 1871 年乡村人口占总人口的百分比是 63.9%，城市人口是 36.1%，而到 1905 年的时候乡村人口所占的百分比降为 42.6%，而城市人口变为 57.4%。也就是说在这 30 多年间，城市人口显著增加，乡村人口则绝对减少。在同一个时期，城市的人口增加 2000 万，而乡村的人口几乎减少了 100 万。[①] 所以，考茨基得出结论：城市一般都是比乡村更有利于无产阶级的组织与政治生活的开展，更有利于无产阶级学说的传播。在此基础上，考茨基也考察了加入德意志帝国的各个邦人口的增长情况，他认为，经济发展程度较快的邦，人口增加也快。由此证明，任何时候经济的发展都有助于革命因素的发展，而不是对保守的成分有利。

考茨基也对革命的成分进行了具体分析，他认为凡是要求改变现存的国家制度与私有制的分子，都属于革命的成分，但是这种革命性最开始是潜在的，而不是现实存在的，革命成分"是革命从中吸收自己的新兵的后备队，但并不是所有的新兵都能立即成为'革命战士'"[②]。考茨基认为，很多的小资产阶级与小农出身的无产者，大部分长期保留着他们所在的那个阶级固有的"胎记"。考茨基将他们分为以下几种：第一，一部分人自我认为不是

---

① 参见〔德〕卡尔·考茨基《取得政权的道路》，刘磊译，生活·读书·新知三联书店，1961，第 74—79 页。

② 〔德〕卡尔·考茨基：《取得政权的道路》，刘磊译，生活·读书·新知三联书店，1961，第 79 页。

无产者，他们渴望拥有自己的财产；第二，有些人只是觉得自己无能，而不是想和自己的伙伴共同为争取更美好的生活去斗争；第三，还有一些人承认与资本家做斗争的必要性，但是他们缺乏信心与力量去向资本主义制度宣战，转而向资产阶级政党与政府寻求援助；第四，即使在承认阶级斗争必要性的人中，也有一些人局限于现存社会，对无产阶级能够取得胜利表示怀疑。另外，经济发展与伴随经济发展的无产阶级化进行的越快，无产阶级的人数也就越多，同时在无产阶级中不懂得现代社会阶级矛盾以及社会革命意义的人也会增多。考茨基指出将这些人转变成社会主义思想的拥护者是非常必要的。

考茨基认为，一旦革命动荡的时期到来，前进的速度就会很快，革命形势能够促使人民群众快速学会许多的东西，而且对自己的阶级利益也较为明确，以难以想象的力量激起人民群众的斗志，并且还会激发其对政治的兴趣。人民群众开始明白挣脱黑暗走向光明的时候来了。在考茨基看来，在那个时候，最懒惰的人将会变为最积极的人，最怯懦的人会变为最勇敢的人，眼光狭小的人会眼界大开。群众会在几年的时间里接受到平常的条件下需要花费几代人的时间才能受到的教育。考茨基认为，这样的形势一旦形成，内部矛盾丛生的旧政权将会垮台，如果国家内部再有一个强烈要求夺取政权并且也有相当力量的阶级，这时为了将奋起的阶级引导至胜利，就必须有一个得到这个阶级信任的党，这个党对腐朽的制度有着不可调和的愤恨，并且对现有的形势也有明确的认识。考茨基认为社会民主党就是这样的党。到此，考茨基很好地论证了他所提出的革命的条件。考茨基谈道："世界大战已经迫在眉睫。而近几十年来的经验告诉我们，战争也就意味着革命……无产阶级对战争是深恶痛绝的，它要尽一切努力不听任战争情绪的发展。虽然如此，如果战争终于爆发，那么现在无产阶级已经可以满怀着对未来的希望等到战争的结局了。"①

---

① 〔德〕卡尔·考茨基：《取得政权的道路》，刘磊译，生活·读书·新知三联书店，1961，第118页。

此外，考茨基也尖锐地批评了帝国主义，但是他对帝国主义与殖民主义及军国主义基本是等同起来看的。

四　对修正主义者关于阶级矛盾趋于缓和谬论的批判

以伯恩施坦为代表的修正主义者提出，随着资本主义经济的发展，无产阶级与资产阶级之间的关系对立不是在加剧，而是逐渐减弱；在每个现代的国家中，都会有更多的民主措施，促使无产阶级就算没有取得政权，也能够逐步取得并且持续扩大他们的权力。伯恩施坦由此得出结论：社会革命已经不再成为必要了。针对这样的说法，考茨基提出了自己的看法。

首先，考茨基认为资本主义的经济危机问题，并没有像修正主义者所说的趋于缓和，事实证明它会越来越严重；马克思关于工人阶级的贫困日益增长的理论也是正确的，资本主义生产方式如不加以限制，必然会导致社会物质贫困加重。考茨基指出，资产阶级和无产阶级对立的矛盾正是剥削日益加深的问题，马克思很早就明确指出剥削是在日益加深，要想对无产阶级受到的剥削日益加深这个事实提出疑问，就必须首先针对马克思的《资本论》提出自己的反驳意见。针对修正主义者提出的阶级矛盾缓和的谬论，考茨基认为，修正主义者所提出的只是一些掩盖资本家剥削实质的统计数字，而不是经济规律。考茨基结合相关国家工资以及其他收入方面的增长数据指出，众多数据中存在很多的问题，比如计算工资的时候没有考虑到失业的情况，而且统计材料局限在少数几个行业中；针对一些人提出的工人工资的增长比经济发展快很多的观点，考茨基进行了批判，事实上考茨基认为，工人们的工资增长远远低于国家经济的增长速度，工人工资在整个国民收入中占据的份额也是在不断变小，这说明资本家对工人的剥削量在不断地增加，剥削程度在不断加深。即使工人所得的工资在增加，但是随着经济危机爆发与物价不断上涨，工人的生活状况已经达到绝对恶化的地步，以至于工人们已经不需要理论方面的考虑，就能够认识到资本家对他们的剥削加重到何种程度。所以，任何关于阶级矛盾趋于缓和的言谈，都属于"胡言乱语"。

其次，考茨基根据资本主义发展的新情况，指出了资产阶级的新变化加剧了阶级矛盾的事实。考茨基认为，随着资本主义的发展，资产阶级也在发生着变化，企业主联合起来一方面限制工资的提高，另一方面不断地提高商品的价格，这一点对工人极为不利。工人面对自身劳动力的有限的购买者，所受的剥削更大。除此之外，大的工业资本家与金融资本越来越成为剥削工人的强大势力，他们在政治与经济方面处于垄断地位，残酷剥削工人。考茨基认为，金融资本实际上是倾向于暴力的一种资本，它极易发展为垄断资本，进而对工人拥有无限的权力，但是从来不关心工人阶级的疾苦。同时它对私人资本也是一个巨大的威胁，因为它在逐渐支配整个资本主义的生产体系，这必然引起社会矛盾尖锐化。考茨基指出，关于阶级矛盾缓和的观点的错误在于：它将个别小地方存在的情况假定成了具有普遍性的事实，将知识分子的一些阶层和整个的资产阶级混在一起看待，而且将某些国家过去的特殊发展情况看作整个资本主义生产方式日益增强的具有普遍性的趋势。

另外，考茨基在《取得政权的道路》中认为当资本主义通过殖民政策进行军备竞赛的时候，企业主联盟不断发展，食品价格日渐提升，落后国家工人流入，国家无法依靠立法来实行某种程度的社会改革，这些都会造成阶级矛盾的尖锐化。其一，考茨基认为，企业主组织为提高利润进而实行人为的垄断，采取了各种各样的形式：提高产品的价格，加紧剥削消费者；降低生产的费用。而无论哪种形式最后要么是解雇工人，要么就是加紧剥削工人，或者是二者兼有。面对工人的罢工，所有的企业主的利益是一致的，为了镇压工人，企业主结成联盟，这一点比起卡特尔与托拉斯更易实现，因为就都为劳动力的买主这一身份而言，他们在劳动力市场上态度是一致的。企业主的组织对于工会组织的发展来说是一个大的障碍，工会通过组织罢工进行斗争并取胜的机会越来越少。其二，考茨基认为，随着资本主义工业的繁荣发展、铁路的修建与航运的发达，世界市场在不断地扩大，工资要求极低的外国工人大批入境，这些落后地区工人的流入严重影响本地无产阶级的斗争。但是，考茨基也指出，由外国工人流入所带来的消极结果不应该归咎于外国工人，而是应当反对资本的统治，彻底抛弃那种以为借助资本主义工业的发展工人可以得到稳定利益的幻想，因为这样的利益总是暂时的。其三，考茨基指出，随着一些国家由农业国向工业国转变，廉价商品流入欧洲的情况逐渐减少，同时企业主联盟人为地提高物价，加之农产品的关税，这些都造成了食品价格上涨。其四，在政治生活中，无产阶级的敌人持续削弱无产阶级的政治权利。选举程序的设置以及议会选举划分选区的方法，使无产阶级的选举权遭到不平等的对待，而且这种不平等伴随城市的无产阶级人数增长而逐年加重。

不但如此，考茨基认为当企业主联盟以及关税增加引发食品价格上涨时，工会为工资的提高进行斗争，但是争得的只是名义上的工资，物价会比工资增长得更快。尽管如此，围绕工资进行的斗争还会引起小手工业者的愤恨，在小手工业者看来，原料以及住宅价格的上涨是提高工资的结果，所以工人应该负主要责任。物价的上涨也引来小商人对工人的不满，因为大部分的工人即顾客的购买力跟不上物价的增长。另外，除了工人以外，其他的人在商品市场中不仅可以作为商品的买主出现，而且可以作为商品的卖主出现，卖主作为其他商品的买主时所损失的东西，可以通过他自己商品价格的上涨赢取回来。工人所生产的产品并不属于自己，而属于剥削他们的资本家，这就决定了工人与这些产品的卖主即资本家以及对工人来说也是卖主的农民产生对抗关系。

五　东方民族民主革命对西方无产阶级革命的影响

1909 年，考茨基在《取得政权的道路》中，论述了东方民族民主革命对西方无产阶级革命的影响。首先，考茨基认为，欧洲国家推行的殖民主义政策，在东方的殖民地半殖民地国家导致一系列具备革命意义的"后果"，在亚洲以及非洲的国家，欧洲的武器得到十分广泛的应用，而对欧洲剥削的反抗也日益增多，到处充满叛逆的精神，东方的大多数国家日益接近这样一种状态——人们的愤怒将转变成持久的、公开的一种愤怒，这种愤怒终将使人们推翻外来的压迫。例如，英国占有东印度的领地，一旦失去这些领地，这对英国来说就意味着破产。

但是考茨基也强调在对待欧洲的资本主义以外的敌人时，要采用批判的态度。因为自日俄战争起，东亚与伊斯兰世界就已经开始对欧洲的资本主义奋起反抗，他们也是在与欧洲无产阶级就同一个敌人进行斗争。考茨基强调，尽管是在与同一个敌人作斗争，但是双方带着不同的目的，前者进行斗争，不是作为无产阶级为战胜资本主义而斗争，而是为了使国内的民族资本主义与外来的资本主义相抗衡。针对这一点，考茨基作了一个比喻："正像波尔人是最凶恶的吸血鬼，而日本的统治者是社会主义者的最疯狂的迫害者一样，青年土耳其派也认为对付罢工工人是必要的。"[1] 考茨基也指出，尽管如此，这些并不会影响到一个事实，那就是东方的革命必然会削弱欧洲资本主义与政府，进而会给世界的局势增添新的动荡的因素。

考茨基还将东方国家的状况与18世纪末19世纪初的西欧资产阶级状况做比较。他指出，在1789年至1871年间，当工业资产阶级尚未为自身争取到能够实现迅速发展所必需的政治条件之前，欧洲的国家一直处在动荡的局势中，自日俄战争起，东方也步入持续的动荡时期。现在东亚与伊斯兰世界以及俄国的人民所面临的状况在很多方面和18世纪末19世纪初西欧的资产阶级所面临的状况类似。但是二者也存在差别，因为二者在时间上差了整整一个世纪，一个国家的政治情况不但由该国内部已经具备的社会条件本身所决定，而且也由该国整个的周围环境所决定。在俄国、日本以及中国这些国家的不同阶级之间，可能也存在某些大革命之前的那种关系。但是，法国、英国以及德国所取得的关于阶级斗争的经验，也会对它们产生影响。此外，东亚和伊斯兰世界人民进行斗争主要是为了使国内的民族资本主义能够同外来的资本主义相抗衡，这种斗争是反对外来资本和压迫的斗争。而这是1789—1871年革命时期西欧各国人民所无须进行的。基于这些差别，考茨基认为东方不会简单地重复以前西方所发生的那些情况，但是相同点还是很多的，以至于东方也逐渐进入类似的革命的时期，通过政变、新的叛乱引起动荡，并且这些地方在实现民族独立之前，这样的动荡还会持续下去。在世界政策的

---

[1] 〔德〕卡尔·考茨基：《取得政权的道路》，刘磊译，生活·读书·新知三联书店，1961，第116页。

影响下，东方在经济与政治方面已经和西方建立了密切的联系，这样发生在东方国家的政治动荡必然会引来西方国家的不安。世界大战迫在眉睫，战争就意味着发生革命，会带来重大的政治变革。考茨基做出的这个论断，蕴含了东方的民族民主革命势必会推动西方的无产阶级革命的重要思想。考茨基还认为，在普遍动荡的形势之下，无产阶级最近的任务就是反对世界政策以及军国主义。

第二节　无产阶级革命的两种手段

19世纪80年代以后，欧洲的政治经济以及阶级斗争状况出现了新的变化，欧洲的资本主义进入一个相对稳定的发展时期。随着经济的发展，工人阶级的生存状况较以前有所改善，阶级矛盾与社会冲突也相对趋于缓和，在一些国家中，无产阶级政党的力量得到进一步增强，在国会的一些选举中得票数迅速增加。加上军事技术的发展，无产阶级发动旧式的突然袭击的革命在新的时代遇到了前所未有的困难，社会主义工人政党面临着在新的形势下探索新的革命策略的任务。恩格斯晚年根据斗争环境的变化，提出了将无产阶级日常斗争与最终目的、将利用当前的合法手段与将来夺取政权的暴力革命辩证地结合起来的新策略。随着议会斗争取得成就，第二国际中各国社会党与工会的领导机构里出现各种迷恋合法斗争的倾向，一些人幻想依靠议会通过和平手段实现向社会主义的过渡，抑或在资本主义制度下借助改良来实现社会主义。在对修正主义的批判中，考茨基号召各国社会民主党准备迎接即将来临的战斗，无产阶级要明确统一行动，而统一行动的目标是夺取政权。考茨基指出夺取政权的手段：“既非不惜任何代价的革命，也非不惜任何代价的合法者”①，他主张不能任意地创造历史形势，无产阶级夺取政权的手段必须以历史形势作为依据。针对伯恩施坦、福尔马尔和其他机会主义

---

① 〔德〕卡尔·考茨基：《取得政权的道路》，刘磊译，生活·读书·新知三联书店，1961，第56页。

者所宣扬的在新的条件下革命是不可能成功的，只有与资产阶级政党结成联盟，建立联合政府才是无产阶级依靠的策略，考茨基进行了有力驳斥，并对暴力革命与合法斗争做出了分析。

一　关于暴力革命的认识

在德累斯顿代表大会上，针对修正主义所提出的方针——在前进的道路上不要有冲突从而使无产阶级尽最大可能在合法的、和平的道路上前进，考茨基指出"历史并不是根据我们的善良愿望发展的"[①]。考茨基深刻认识到当时无产阶级和资产阶级之间所固有的矛盾与冲突是无法避免的，他通过分析资本主义的社会经济事实，认为两者之间的冲突及矛盾发展不是趋于缓和而是越来越激烈。基于上述情况，他认为仅仅依靠和平的手段无法解决这种冲突。考茨基指出，一直以来社会民主党的策略就是不顾一切地前进，在前进的过程中无产阶级与资产阶级的矛盾在不断地加深，冲突越来越尖锐化，到发起重大决战时，无产阶级不得不进行推翻敌人而且夺取其政权的活动。

在《社会革命》以及《取得政权的道路》中，考茨基多次强调，无产阶级要坚持革命的立场。考茨基根据当时的国际形势分析指出，事情已经变得越来越明显，革命必须由无产阶级发动，革命是不可遏制的。对于修正主义所宣称的从经济上逐渐长入未来国家的理论，考茨基指出："不过是反政治的空想主义和蒲鲁东主义的旧词新唱而已"。[②]

针对修正主义歪曲恩格斯晚年的策略思想、污蔑恩格斯放弃暴力革命的行径，考茨基反驳说，恩格斯针对当时的形势，主张"极力回避一切可能被敌人利用来危害党的东西"，[③] 在考茨基看来，恩格斯在关于革命事业的所有问题上态度都是坚定不移的，只是在表述方面力求含蓄，修正主义者只是从

[①] 中共中央马克思恩格斯列宁斯大林著作编译局国际共运史研究室编《德国社会民主党关于伯恩施坦问题的争论》，生活·读书·新知三联书店，1981，第593页。

[②] 〔德〕卡尔·考茨基：《取得政权的道路》，刘磊译，生活·读书·新知三联书店，1961，第25页。

[③] 〔德〕卡尔·考茨基：《取得政权的道路》，刘磊译，生活·读书·新知三联书店，1961，第59页。

恩格斯的著作中片面摘取所需要的片段，随意解读后强加于恩格斯。为此考茨基引证了恩格斯在 1895 年 4 月 1 日写给他的信，重申恩格斯对《前进报》对他关于革命与和平斗争策略所作的歪曲的抗议。考茨基十分赞同恩格斯关于革命的观点，他说："如果这些摘录还不足以确定恩格斯对革命的观点，那么还可以再援引他在 1892 年即写作马克思《阶级斗争》一书《导言》以前纪念曾经发表在《新时代》上的一篇文章：《德国的社会主义》"，① 考茨基对恩格斯的这篇文章做深入的分析，指出恩格斯丝毫没有如修正主义者所说的那样放弃革命的思想。不但如此，考茨基也指出，自己在 1893 年就详尽地考察过革命的问题，"我们是革命者，而且不仅仅是蒸汽机的革命那种意义下的革命。我们所追求的社会变革，只有通过政治革命、通过战斗中的无产阶级夺取政权，才能实现"。②

针对机会主义者主张的无产阶级政党与资产阶级政党组成联合政府的观点，考茨基明确进行了批判。他指出机会主义者"认为不通过革命，亦即不通过国家政权的急剧移手，而只借助于同靠拢无产阶级的资产阶级政党协同行动和建立联合政府"，就可以取得政权，"在他们看来革命是一种所谓过了时的、野蛮的手段"③，这种观点与社会民主党的策略是不相容的而且也是错误的。考茨基分析，国家政权就是阶级统治的工具，而无产阶级与有产阶级中间存在的阶级矛盾，会使无产阶级永远也没有可能与任何的有产阶级共同掌握国家政权；有产阶级为了自身利益必定会要求国家政权镇压无产阶级，而无产阶级也总是会要求自己的党参加的那个政府，利用国家政权支持自身进行对资本的斗争。这种形势必然会导致联合政府崩溃。

关于革命的形式，考茨基也进行了相关分析。考茨基对武装起义与街垒战在未来革命中发挥的积极作用进行了分析。19 世纪后期，无产阶级斗争环

---

① 〔德〕卡尔·考茨基：《取得政权的道路》，刘磊译，生活·读书·新知三联书店，1961，第 59 页。

② 〔德〕卡尔·考茨基：《取得政权的道路》，刘磊译，生活·读书·新知三联书店，1961，第 61 页。

③ 〔德〕卡尔·考茨基：《取得政权的道路》，刘磊译，生活·读书·新知三联书店，1961，第 25 页。

境发生了很大变化，资本主义社会处于一个相对和平的时期，于是一些社会主义者普遍持这样一种观点，即昔日的武装起义以及街垒战等斗争形式已经过时。考茨基在他 1902 年的《社会革命》中，也赞成这样的说法，他认为，必须想方设法使社会民主党的政策不会变为冒险主义的政策。但是 1905 年的俄国革命发生以后，考茨基根据当时形势的变化，不再对武装起义与街垒战持绝对否定态度。他曾在 1906 年《社会革命》（第二版）的序言中提出："我今天已经不能象当时那样很有把握地宣称，在未来革命中武装起义和街垒战争已不再起决定性的作用。反之，莫斯科巷战的经验太雄辩了。在莫斯科，为数区区的起义者曾在街垒战中抵挡住整个大军，坚持一星期以上，……但是谁能很有把握地断言，这种情况不可能在欧洲发生呢？"①

此外，考茨基还分析了战争对革命的影响。在《社会革命》中，考茨基结合德国所经历的俾斯麦时代的战争，总结了资产阶级战胜封建专制制度的经验。他认为，战争是一种十分革命的手段，战争是可能促进政治发展并能够使无产阶级掌握政权的一种手段。考茨基指出，在由一个新的阶级替代旧的统治阶级已经绝对必要的形势下，旧的统治阶级却仍旧用它自己的办法压迫新的对手，倘若这种情况持续太长时间，整个社会必然会衰退瓦解。在这种形势下，战争往往能够完成新兴阶级无力胜任的任务。战争极容易导致统治阶级对外的失败，进而造成内部的崩溃。战争导致军队瓦解，那么以军队为主要支柱的政府自然会被推翻。虽然战争本身具有强大的毁灭性，但当其他的手段都失灵时，战争也会成为推动进步的有效手段。尽管如此，考茨基指出不能利用战争作为发动革命的手段，因为它是达到这个目的的最缺乏理性的手段，战争在很大程度上会引起精神上和道德上的衰退，战争本身也可能会使革命阶级进一步遭到削弱。在《取得政权的道路》中，考茨基指出必须设法防止战争，需要人民群众进行坚决的斗争。要想最终消灭资本家间的战争，必须用无产阶级的政策代替资产阶级的政策，用社会主义来代替资本主义，必须进行革命。无产阶级能否进行革命？考茨基对这个问题的回答是

① 〔德〕卡尔·考茨基：《社会革命》，何江、孙小青译，人民出版社，1980，第 3 页。

肯定的。与伯恩施坦及其他修正主义者的论断相反，考茨基指出，随着阶级斗争的尖锐化，整个发展形势都在走向伟大的战斗，这个战斗将"震撼"国家的基础，并且只能以推翻资本家阶级而告终。

在考茨基看来，无产阶级进行革命的时候，要想方设法让党的政策不至于变为冒险主义，无产阶级政党不能指望通过一次性的袭击就将政权掌握到自己手中，革命表现为一个持久的过程，这个过程也许会在艰苦的环境中持续几十年。所以，考茨基主张要等待时机，革命需要长期的、深刻的斗争。在这一点上他同革命左派是完全不同的。

二　关于合法斗争的探讨

考茨基承认合法斗争手段的重要性，他也认识到当时资本主义社会的进步使得暴力起义的机会大大减少，在资本主义社会中存在利用其他牺牲相对较小并且稳妥的手段进行斗争的可能性。在考茨基看来，工会、议会以及各种民主手段形式，"这一切对于无产阶级来说都有不可估量的价值，它们只有作为制止革命，也即制止无产阶级夺取政权的手段时，才是毫无意义的"。[1] 考茨基认为，合法斗争的手段具有极高的价值，合法斗争有催生更高级的革命斗争形式的可能。这种更高级的革命斗争不同于1789年甚至1848年的革命。因为在考茨基看来，这两次革命对群众缺乏政治教育，无产阶级对斗争的诸因素或力量对立认识不清楚，对斗争的任务没有深刻的理解，最终陷入思想混乱状态。考茨基认为，合法斗争可能催生的更高级的革命斗争将是一场有组织、有觉悟的群众斗争，而且群众的信念是坚定不移、参加斗争是经过深思熟虑的。

考茨基认为，竞选斗争可以使无产阶级估计到自己和敌人的力量，使无产阶级能够清楚地了解各阶级与各政党的力量对比，了解革命的进展和面临的挫折，从而避免过早开展行动导致失败。而且合法斗争也能够使无产阶级的敌人认识到某些阵地无法坚守，从而自动放弃那些不足以决定生死存亡的

---

① 〔德〕卡尔·考茨基：《社会革命》，何江、孙小青译，人民出版社，1980，第57页。

阵地。考茨基认为这种手段会使"斗争的规模就不至于那么残酷，那么需要重大牺牲，也不再盲目地受偶然事件的支配了"。① 但是，考茨基也认为，不能将合法斗争可能取得的实际成效估计过高，实际上它不足以限制资本主义的统治，即便如此，即使最微小的改革，也会对无产阶级在肉体和精神上的再生有极大意义。如果不要求改革或不采用合法组织手段，无产阶级甚至就会毫无保障地被断送给资本主义。考茨基认为，无产阶级之所以需要在议会和地方代议机构中从事活动，以及无产阶级之所以需要发挥组织作用，不仅出于无产阶级摆脱贫困的需要，而且顺应无产阶级精神方面趋于成熟的需要。在考茨基看来，无产阶级必须日益切实熟悉国家与地方的各种行政工作，以及经济部门中的各项任务和办法，因为无产阶级一旦代替资产阶级而成为统治阶级以后，是需要有这种精神上的成熟程度的。

尽管考茨基认为合法斗争作为无产阶级适应社会革命的手段是必不可缺的，但是考茨基也指出合法斗争的手段不能用来阻止革命。为此，他对合法斗争的几种形式进行分析。在考茨基看来，合法斗争的形式有成立消费合作社、组建工会、进入议会等。他认为尽管消费合作社在成长，但是资本的积累增长得更快；尽管工会在成长，但是资本的集中和转变成庞大垄断资本的速度也更快；虽然议会里社会民主党的议员人数在增加，但是议会多数派和政府越来越依赖金融巨头的势力。所以，无产阶级发展自己权力手段的同时，资本也在发展其权力手段，"其结局不可能是别的，只能是两者之间的一场大决战，而这场大决战在无产阶级取得胜利之前是不会告终的"。②

在考茨基看来，无产阶级绝对不可以放弃为将来夺取政权进行革命所做的准备，如果和资产阶级妥协，那么无产阶级就会陷入巨大的危险中。对于无产阶级来说最有害的莫过于使无产阶级解除武装而争取资产阶级让步。无产阶级解除武装，无异于将自身交由资产阶级任意摆布，使自身从思想与政治上完全依赖资产阶级，这样无产阶级就会蜕化变质，失去担当伟大历史任

---

① 〔德〕卡尔·考茨基：《社会革命》，何江、孙小青译，人民出版社，1980，第58页。
② 〔德〕卡尔·考茨基：《社会革命》，何江、孙小青译，人民出版社，1980，第59页。

务的能力。所以，考茨基的策略就是要等待革命条件成熟，当革命条件未成熟之时，可以利用议会等合法斗争手段。

考茨基认为，罢工对进行议会斗争有促进作用。在考茨基看来，在资本主义社会，罢工是无产阶级特有的进行斗争的有效手段。考茨基还肯定了法国、比利时、意大利以及俄国利用罢工所取得的成就，以此来说明罢工在未来革命中所起的积极作用。同时，考茨基也强调他所主张的罢工与无政府主义者主张的罢工是完全不同的。他指出："他们（无政府主义者）是用总罢工来代替无产阶级的政治活动，特别是议会活动；要使总罢工成为一举推翻现存社会制度的手段"。① 考茨基将此称为"无稽之谈"。因为考茨基认为这种意义上的总罢工在当时的资本主义社会是不可能的，而且罢工也无法代替其他政治斗争的手段，所以罢工只能发挥补充的作用。无产阶级进行罢工也要像使用新武器一样，首先要学习，它并非无政府主义者所说的"万应良药式"的方法，也不是在任何情况下都值得信赖的手段。

事实上，第二国际时期的卢森堡在 1899 年反对伯恩施坦修正主义时，在他的《社会改良还是社会革命?》一书中也提出："要想一下子通过无产阶级的一次胜利的打击来完成把社会从资本主义制度变成社会主义制度这样巨大的变革，这是完全不可想象的。如果设想这是可能实现的，那就意味着再次暴露出真正的布朗基的观点。"② 可见，考茨基早期对待革命的态度与卢森堡是接近的，不同的是，当大战爆发时卢森堡仍然坚持马克思主义这一立场，而考茨基却背弃了这一立场。

---

① 〔德〕卡尔·考茨基:《社会革命》，何江、孙小青译，人民出版社，1980，第63页。
② 中共中央马克思恩格斯列宁斯大林著作编译局国际共运史研究室编《卢森堡文选》（上），人民出版社，1984，第137页。

第五章 考茨基早期对未来社会的探索

马克思恩格斯在一系列的著作中对未来社会进行过科学的预测，他们或是在剖析资本主义的矛盾运动的规律中，指出了社会历史发展的必然结果，或是在对无产阶级的斗争经验进行总结时，提出了无产阶级要实现的总目标，或是在对空想社会主义以及其他的各种社会主义派别的错误进行剖析时，论证了新社会的一些特征及其性质。在这些情况下，他们对未来社会的基本特征从宏观方面提出了一些观点。而且马克思恩格斯在对未来社会进行预测时，只是做大体的方向性的阐述，并不是像莫尔等一些空想社会主义者那样对具体细节措施进行描绘。他们坚决反对对未来社会制定出具体的生活规则、强制性的劳动、对人口增长的限制以及一切的标准化思想。他们反复地强调，未来社会是怎样的情况，要采取的措施有哪些，这些完全应该由当事人依据将来具体的条件来说。1881年，就有人希望回答未来社会究竟采取哪些措施去解决人口发展过剩所造成的威胁问题，考茨基写信给恩格斯，恩格斯说："无论如何，共产主义社会中的人们自己会决定，是否应当为此采取某种措施，在什么时候，用什么办法，以及究竟是什么样的措施。我不认为自己有向他们提出这方面的建议和劝导的使命。那些人无论如何也会和我们一样聪明。"[1] 对未来社会的设想也是考茨基的论著中十分重要的一个方面。考茨基在《爱尔福特纲领解说》《社会革命》等一些著作中，对未来社会的经济制度以及精神生产等都提出了很多具有独创性的见解。

---

[1] 《马克思格斯选集》第4卷，人民出版社，2012，第539页。

第一节　对未来社会基本经济制度的研究

马克思恩格斯立足于对现实社会历史条件的科学分析而对未来社会作出逻辑判断。马克思在《资本论》等著作中，在分析资本主义基本特征及其发展趋势的基础上，进一步对未来社会生产、分配等作出了很多科学预测。考茨基早期也对未来社会的生产与分配原则提出了一系列符合马克思主义的见解。

一　未来社会生产资料所有制的形式

首先，考茨基认为，未来社会生产资料的私有制灭亡是必然的，只是时间问题而已。他指出在资本主义社会中人民群众日益无产阶级化，全部的资本被集中到统治资本主义国家整个经济生活的极少数人手中，不断涌现的经济危机、整个社会动荡不安、由资本主义生产方式所引起的令人愤慨的后果在加重，这些都不是建立于现存的所有制形式之上的任何的社会改良能够制止的。所有的努力都是徒劳的，社会资料的私有制已经越来越与生产资料的性质不相容，私有制的灭亡是自然的也是必然的。尽管任何人都不能够确定它将会在何时以及怎样灭亡，但是它终将灭亡却是一定的。

其次，关于什么形式的所有制将会替代私有制，考茨基认为，生产资料公有制代替生产资料私有制，这是经济发展的必然结果。关于公有制的确切定义的问题，考茨基针对无政府主义者以及自由主义者对公有制的解释的片面性进行了批判。因为按照他们的解释，公有制就是将所有的资本主义的企业变为合作社，这时的工人就成为企业的所有者。而其他一切仍旧与原来的一样，商品生产依旧要维持下去，每一个企业仍旧完全地独立，并且还是为市场进行生产，即为了出卖去生产。对此考茨基反驳说，按照这样的逻辑，工人将会成为企业家，而不再是资本家，工人确实是摆脱了资本主义剥削给他们所带来的苦难，但是所有独立企业者所面临的危险依旧会存在，竞争、生产的过剩、频发的经济危机以及经常性的破产也不会消失。处境好的企业照旧会将处境差的企业挤出竞争市场，最终导致它们破产。将像现实的资本主义企业逐渐走向灭亡一样，合作社企业到时候也会破产。而破产的企业主，将会失去所有的生产资料，重新做回无产者，不得不出卖自己的劳动力来生活。而处境好的合作社工人，也将会觉得与其自己进行劳动还不如雇佣其他工人，这样他们就会变成剥削者。那么全部的历史将会这样结束，社会又回到原点，即恢复以前的资本主义的生产方式。考茨基分析，商品生产与生产资料的私有制之间存在密切的依存关系。商品生产是以私有制为前提的，它会使废除私有制的一切尝试，都归于徒劳。当商品生产占据统治地位，大工业必然会采取资本主义的生产形式，在这样的生产方式之下，公有制绝不会成为占据统治地位的所有制形式。所以，要想以社会生产资料的公有制代替资本主义的私有制，必须努力废除商品生产。他的这个结论是符合马克思主义的观点的，科学社会主义的创始人针对商品生产曾说，未来共产主义社会中，一旦整个社会占有生产资料，"商品生产就将被消除，而产品对生产者的统治也将随之消除。社会生产内部的无政府状态将为有计划的自觉的组织所代替"①。

最后，考茨基认为，未来社会无产阶级在夺取政权以后，即进入过渡阶段后生产资料所有制形式是多种多样的。考茨基在对资本主义各个方面进行研究的基础上，指出未来社会必将是不断变动发展的社会、在各个方面呈现出多样化的社会。由于社会分工的发展，全世界的贸易更加发达，科学以及艺术在社会中得以普及，必然会使所有制制度富于变化，当然前提是生产资料的公有制占主导地位。他进一步指出："我们不要把社会主义社会看成是一种死板的、单调的制度，而应该把它看成是一个不断发展和富于变化形式的制度。"② 考茨基在此基础上更前进了一步，他不但指出社会主义社会存在多样性与变动性，而且无产阶级在夺取政权以后生产资料所有制的形式也是多样的，并且阐明之所以富有多样性以及变化的原因。他指出在未来社会

---

① 《马克思恩格斯选集》第 3 卷，人民出版社，2012，第 815 页。
② 〔德〕卡尔·考茨基：《爱尔福特纲领解说》，陈冬野译，生活·读书·新知三联书店，1963，第 124 页。

中，生产资料所有制的形式将会是多种多样的，有国家与地方的所有制，也存在合作社会的所有制，另外在一定的时期还会存在某些私人所有制。与此相适应的企业的形式也会多样化，一些企业可以通过设立民主的机构来管理，如由工人们选出的代表组成类似于议会的机构制定劳动规章制度并监督专职机构进行管理，另一些企业直接由工会进行管理，还有某些企业借助合作社的方式进行经营。所以，企业民主机构也是有各种各样的形式的，不可能让所有的企业的组织照着一个模式去进行。考茨基认为，未来社会可以存在最多样的形式与变动的可能性。最荒谬的就是将未来社会预想为一台简单并且呆板的机器，一旦开动，它的轮盘只能按照同一个方式不断运转。

关于无产阶级夺取政权以后生产资料所有制形式多样化的原因，考茨基进一步指出，在无产阶级夺取政权以后，生产资料私有制的残余不可能一下子全部消失，尤其是在农业方面更是不可能。因为一些农民和他的家人所经营的小企业很可能因为新政权的确立而增强实力，考茨基预测无产阶级在夺取政权以后会首先要求增加农产品的数量，解决人的吃饭问题。所以无产阶级的政权将会十分注重提高农民的生产率，新的政权要采取一系列的措施促进农产品增加，对军国主义进行取缔，减少税收，减少抵押贷款以及采用改良土壤、使用机器、增加肥料等办法，提高农民的生产。尽管如此，考茨基也提出新政权要逐渐消灭农民的私营企业。他预测了一些方法，新政权会更多地将机器以及牲畜和肥料提供给农民村镇与合作社，而不是提供给农民个人，而从这些村镇以及合作社收购产品也应该通过地方与国营性的企业。只有这样，私营的农民企业才会逐渐退居至社会的次要地位，社会企业最终代替农民企业。在考茨基看来，未来社会合作社的大企业比起农民的私营企业具有很大的优越性，当小企业发展为大企业时，私有制的堡垒也会消失。

此外，考茨基认为工业中的小企业也不会在无产阶级夺取政权以后立即消失。他预测无产阶级夺取政权以后，工业中一些从事手工业的小企业会有少许增加的可能。因为机器只能生产大量定型的产品，而考虑到社会成员的个人爱好，一些工艺美术类的手工业可能会获得更大的推动力。这些从事手工业生产的小企业可以采取各种各样的生产资料所有制形式，可以成为"国营大企业或地方大企业的附属单位"，①但是整个社会生产的基础仍旧是建立在机器生产上的大企业。

二 未来社会将极大地促进生产力的发展

其一，考茨基认为，未来社会的生产不是商品生产。在《爱尔福特纲领解说》中，考茨基在论证商品生产是以私有制为前提的基础上，明确提出未来社会要实行生产资料的公有制必须要废除商品生产，即让为自己消费而进行生产去替代为出卖而进行的生产。考茨基指出为满足自己消费进行的生产存在两种形式：第一种，单个人从事生产以满足个人的需要；第二种，集体或者是社会从事生产以满足整个社会成员的需要。考茨基认为由于人是一种社会性动物，人必然会与他人进行协同性的劳动，所以第一种形式在人类发展的历史上只处于从属的地位，没有成为也不可能成为一种普遍的生产方式。关于第二种生产形式，考茨基认为，在商品生产出现之前，集体为满足自己成员消费进行的生产就已经存在。尽管生产组织以不同的形式出现，但是其具有共同的本质特征，即生产资料是公社的财产，其成员是自由而平等的，公社福利的增长依靠自然条件以及人为条件，从来不会受到市场波动的影响。在考茨基看来，这种为自己消费进行的共同生产就是社会主义生产。但是考茨基指出旧式的集体生产的确在一定的历史时期与特定生产资料相适应，这种旧式的集体生产形式后来与高度发展的生产资料无法相容，将来也不可能与新社会相适应。考茨基指出："即将来临的社会主义生产方式，并不是原始共产主义的继续"，②而是应该基于资本主义的生产，资本主义生产为社会主义生产孕育了很多的因素。

考茨基在《社会革命》中专门阐述了无产阶级夺取政权以后所面临的问题，并提出资本主义生产方式过渡到社会主义生产方式的措施。考茨基认

① 〔德〕卡尔·考茨基：《社会革命》，何江、孙小青译，人民出版社，1980，第109页。
② 〔德〕卡尔·考茨基：《爱尔福特纲领解说》，陈冬野译，生活·读书·新知三联书店，1963，第93页。

为，未来社会是在生产发展方面给予极大的关注的社会。无产阶级所面临的
最大的困难就是如何发展生产力。在社会的重大变革当中，对生产资料进行
剥夺是相对简单的过程，因为获得胜利的无产阶级可以采用赎买、没收等方
式来建立起新的生产资料所有制，它需要的只是必要的权力。而对于无产阶
级来说最困难的其实不在于所有制的方面，而在于生产方面。考茨基指出：
"生产必须继续进行，不能停顿；哪怕只停顿几个星期，就会使整个社会毁
灭。因此，获胜的无产阶级面临的一个迫切任务，就是要不顾一切干扰，确
保生产继续进行"，① 而且还要增加生产，只有增加生产，才能够符合新政权
所提出的要求。

其二，至于未来社会将采取什么方法去增加生产，考茨基认为，饥饿鞭
策以及实行人身强制都是行不通的。他反对有些人所说的无产阶级取得胜利
以后将会实行监狱式或者兵营式的制度，每个人都是经由上级指派工作。他
认为这种说法证明他们对无产阶级根本不了解，获胜的无产阶级绝对不会采
用监狱式或者是兵营式的统治，而可以通过其他的办法促使工人继续从事劳
动。考茨基认为发展生产的方法有如下几种。首先，要重视习惯的力量在发
展生产中所发挥的作用。资本主义社会中，资本迫使现代的工人习惯于整天
的劳动，假如不进行工作，工人根本就受不了。有些人习惯于劳动以至于不
劳动的话他们就不知道如何去消磨闲暇，没有事情去做对他们来说反而是件
十分苦恼的事情，在他们中长期无所事事却又保持心情愉快的人是绝无仅有
的。在未来的社会，假如劳动不会使工人们过于劳累，而且劳动的时间能够
被压缩到一个合理的程度，那么，仅仅利用劳动习惯就足以使大量的工人于
工厂以及矿山里坚持劳动。但是也不能单靠这种动力，因为它有时也是十分
"软弱"的。其次，一个更加强大的动力是无产阶级的纪律性。考茨基指出，
在资本主义社会，无产阶级的工会组织只要宣布罢工，工人有组织的纪律性
就能够强大到使工人自愿去承担一切失业风险与恐慌，工人们宁可几个月忍
受饥饿，也要坚持使共同事业实现最后的胜利。所以既然纪律的约束力能够

---

① 〔德〕卡尔·考茨基：《社会革命》，何江、孙小青译，人民出版社，1980，第 86 页。

使工人们离开自己的工作岗位，那么同样可以依靠纪律的力量促使工人们在未来社会留在工厂里。考茨基认为在未来的社会中，工人们在整体利益的考量下将会很少出现离开岗位的情况。无产阶级在资本主义社会将纪律作为斗争手段去扰乱生产的威力，到了未来的社会纪律也将成为确保社会劳动正常进行的十分有效的手段。并且工会组织发展程度越是高，无产阶级在夺取了政权以后顺利开展生产的可能性也会越大。同时考茨基强调，"无产阶级养成的纪律性绝不是军事纪律性。它并不意味着盲目服从上级所树立的权威。它是民主的纪律"。① 在考茨基看来，这种民主的纪律表现为自愿地服从他们自己选出的代表，服从于大多数人作出的决议。为执行民主的纪律，需要运用民主的方式去组织生产，用民主的工厂去代替资本主义专制的工厂。即使未来社会中获胜的无产阶级一开始并没有想到如此去做，但是保证继续生产的必要性将会促使人们这样做。考茨基也强调，每个工厂都会有其自身的特点，还需要按照各自的特点去组织工人，所以民主管理的形式也是多样的。在此基础上，考茨基预测，尽管民主纪律与劳动习惯在未来社会生产中很重要，但是假如无产阶级取得政权以后，最初能够组织起来的只是工人阶级中的少数成员，那就必须得为劳动力找到其他的动力。

其三，考茨基认为要增强劳动的吸引力，劳动的吸引力是无产阶级可以利用的一个特殊的动力。必须促使在资本主义社会被视为负担的劳动变为一种乐趣，促使劳动变成一件愉快的事情，这样工人便会乐于进行生产劳动。所以，考茨基认为，无产阶级最开始进行统治的时候，需着手缩短劳动的时间，此外还需尽力确保劳动的场所更加清洁卫生，更加讨人喜欢，尽可能消除劳动过程中的一些陈规陋习。要取得更大的进展，还必须进行技术设备以及建筑方面的更新。这些需要逐步完成。

其四，考茨基认为，还可以用货币工资增强劳动对工人的吸引力。马克思对未来社会进行预测的时候，指出未来社会应该是不存在商品生产与货币的社会，马克思在这里阐述的前提显然是社会已经进入共产主义阶段。恩格

---

① 〔德〕卡尔·考茨基：《社会革命》，何江、孙小青译，人民出版社，1980，第87页。

斯也说过:"我们只能在我们时代的条件下去认识,而且这些条件达到什么程度,我们就认识到什么程度。"① 考茨基认为无产阶级夺取政权以后,还是不能够立即废除货币,劳动工资应该用货币进行偿付,而未来社会的工资与资本主义社会的工资是有质的区别的。

　　考茨基反对那种认为未来社会无产阶级在夺取政权以后不存在工资劳动的看法。他指出,社会革命要立即废除货币是不可能的,因为货币是人们所知道的相对简单的一种交换手段,它可以在有着千差万别劳动分工的社会集体中,促成产品进行周转并将它们分配于社会的每个成员,它也是每个人能够按照其爱好满足自身需要的手段。只要没有找出更好的办法,货币作为一种流通手段,就仍将是必不可缺少的。考茨基认为,在未来社会无产阶级夺取政权以后,劳动还会赋予商品以价值与价格,所以劳动还必须用货币进行偿付,因此需要保留工资的形式。但是并不是要像费边派主张的那样保留现存的工资制度,无产阶级夺取政权以后的工资和资本主义政权之下的工资是有本质上的区别的。在资本主义社会中,工资是工人劳动力商品的价格,工资是根据维持工人生活的费用来决定的,工资呈现的上下波动,主要取决于市场上劳动力的供求变化。在未来社会,这种情况将不会存在,工人将不会被迫地去出卖自己的劳动力,劳动力也不再是商品,它的价格也不会由劳动力再生产所必需的费用决定,并且也不会依赖劳动力供求关系,到那时,可以进行分配的商品的数量最终决定工资水平之高低,产品越多,工资的水平也会越高。所以,未来社会的劳动工资可以从根本上调动起工人的积极性。此外,考茨基还提出了提高工人生产能力的其他方法:取消寄生性的就业;将小企业集中至最完善的大企业中。他认为采取这两种方法,无产阶级政权将会立即将生产提高至可以大幅度地增加工资而同时又缩短劳动的时间这样一个水平。这样都会增加劳动的吸引力,而劳动者越是多,社会中的闲散人员就会越少,产品将会越丰富,工资将越高。

---

① 《马克思恩格斯文集》第 9 卷,人民出版社,2009,第 494 页。

三 未来社会分配制度的分析

关于未来社会的分配制度，考茨基在《爱尔福特纲领解说》中提出了很多具有独创性的见解。考茨基认为，未来社会的产品分配形式绝不是一种分摊的形式，"分摊：庸夫俗子在这一点上全部表现出来。他们对于社会主义的全部观念，从头至尾只至于分摊这回事"，[①] 考茨基进一步分析认为，分摊的概念实际上是与小资产阶级及农民联系在一起的，因为在古代商品生产发生以后，一旦少数的商人和地主积累了巨额的财富，农民与手工业者就日益贫困且依附于他们，且力图均分前者的财产，从而实现自救。考茨基指出，在法国革命时期，手工业者与农民就分过教会的财产。所以，"分摊是小生产的社会主义，是保守的、人民的'护国'阶层的社会主义，而不是大生产无产阶级的社会主义"。[②] 在考茨基看来，社会民主党的目标是力图将分散于许多所有者手里的生产资料集中到社会手里，并且由这些资料所创造出来的产品也应当由社会支配。

关于社会如何将产品分配给社会成员，考茨基认为，一个社会产品的分配绝不是决定于社会所流行的权力观念与法律制度，而是决定于当时占统治地位的生产方式，在未来社会，产品的分配将不会受到盲目发生作用且为参与分配的人所意识不到的规律所支配。产品的分配所遵循的规则或将由参与分配的人自己制定。考茨基也强调，制定哪些规则也不能取决于参与分配的人自己的意思，不能任意地去设想，而是要根据生产的情况来定。考茨基特别强调劳动生产率对劳动产品分配的影响，当劳动生产率很高的时候，人们将会创造出更多的产品，这时就可以实行按需分配。反之，当劳动生产率仍然很低的时候，由于产品有限，按需分配自然无法实行。

考茨基针对当时带有拉萨尔色彩的"按劳分配全部产品"的看法也提出

---

① 〔德〕卡尔·考茨基：《爱尔福特纲领解说》，陈冬野译，生活·读书·新知三联书店，1963，第120页。

② 〔德〕卡尔·考茨基：《爱尔福特纲领解说》，陈冬野译，生活·读书·新知三联书店，1963，第121页。

自己的意见。事实上，考茨基是在当时特定的背景下论述这个问题的。1890年，《柏林人民论坛》发表了关于未来社会产品分配问题的争论性文章，1890年6月14日至7月12日《柏林人民论坛》在总标题《每个人的全部劳动产品归自己》下面连续刊载了纽文胡斯、恩斯特、费舍以及署名"工人"的文章和这一辩论的结束语。① 在这次辩论中就有人提出按劳动量分配，所以，考茨基认为，"'按劳分配全部产品'这个公式，无论如何同生产的需要相抵触"。② 考茨基指出这是局限于资本主义私有制范围的思想，如果将所有的产品全部分配掉，那就等于重新恢复生产资料的私有制。考茨基进一步指出，未来社会的本质，必然会要求只分配当时生产的一部分产品，用来维持与扩大生产的那些产品是不能分配的。同样凡是用来进行社会消费的产品，供社会机关例如教育、医疗、修养等机关建立与维持的产品，是不能分配的。在产品的分配中，起决定作用的是生产的需要，所以，未来社会产品的分配方式要随着生产的变化而不断变化。

考茨基认为，未来社会产品的分配也和其他方面一样，不可能发生任何的飞跃。未来社会只能从它所面临的实际情况出发，未来社会的财富分配，在可预见的时期内，无产阶级夺取政权以后也许只能采取在工资形式基础上进一步发展的那种形式。因为历史传统以及习惯的差异、生产需要的发展，未来社会会同时出现多种产品的分配形式。

考茨基还针对当时在德国社会民主党内有些人对平等原则的误解进行阐述。考茨基指出，有些人认为在未来社会条件下，"勤劳的人所得到的收入将与懒汉的收入相等，繁重而辛苦的工作所拿到的报酬，也要同轻松而愉快的工作一样，单纯的机械劳动，与需要多年准备的精巧艺术品，将得到同等的待遇……每个人都将尽量少工作，谁也不肯做繁重而辛苦的劳动，谁都不

---

① 《马克思恩格斯文集》第10卷，人民出版社，2009，第586页。
② 〔德〕卡尔·考茨基：《爱尔福特纲领解说》，陈冬野译，生活·读书·新知三联书店，1963，第123页。

愿意学习一些东西。结果，社会将混乱不堪，回到野蛮状态"①。考茨基指出这种论断是十分荒谬的，未来社会要摒弃的是分摊的平均主义的方法，实行体现按劳分配的多样性的劳动报酬形式。对于未来社会经济生活的平等原则，考茨基指出，他并不是主张收入或者是物质生活的平等原则在未来社会不发生作用，而是认为它将会成为自然发展目标，作为一种必然的趋势出现，而不是违背生活的要求使用暴力强制实行平均主义。考茨基在这里主要是针对有些人将平等理解为从富裕的工人和小资产阶级的收入中拿出来一部分分配给最贫困的阶级来讲，在考茨基看来，在无产阶级夺取政权以后的未来社会，一切由生产资料的私有制所引起的不平等加重的趋势，将会不复存在。相反，收入差别缩小的趋势将会更有力地表现出来。伴随生产力的迅速发展，劳动生产率不断提高，不但能够增加劳动者的收入，还能缩短劳动时间，"经济的每进一步，都会促进一般福利增长"，②而不像资本主义社会下劳动者的收入在减少。而且考茨基认为，这样会使一些人先富起来，而总的趋势是低收入的人们也会逐步赶上去，实现共同富裕。可见考茨基对未来社会的有关设想，是带有马克思主义理论的光辉的。

第二节　对未来社会精神生产及人的发展的预测

马克思主义认为，人的全面发展是社会的物质和精神多方面条件协调发展的结果，考茨基十分重视未来社会精神生产以及未来社会新人培养的问题，并提出了很多带有独创性的思想，丰富了科学社会主义。

一　未来社会精神生产

首先，关于未来社会精神生产的必要性，考茨基认为，对于文明人类来

---

① 〔德〕卡尔·考茨基：《爱尔福特纲领解说》，陈冬野译，生活·读书·新知三联书店，1963，第125页。
② 〔德〕卡尔·考茨基：《爱尔福特纲领解说》，陈冬野译，生活·读书·新知三联书店，1963，第128页。

说，未来社会的精神生产是"与面包和肉类、煤和铁的继续生产同样必要的"。① 在未来社会，物质财富必然会超过资本主义社会并且还会继续增多，在物质生产的基础之上，会存在多种多样的艺术产品、文学创作以及科学研究的"生产"。

其次，关于未来社会无产阶级在精神生产方面发挥的作用，考茨基认为，资本主义社会中具有社会性的教育事业基本被国家或者有产阶级垄断，这很大程度上是由于社会性的教育事业受物质财富的限制，因为国家和有产阶级手中掌握着巨大的财富。因此，在考茨基看来，未来社会无产阶级夺取政权以后必须想方设法消除这种情况给科学事业带来的一切限制，在安排教育事业时，无产阶级要让所有有才能的人都可以获得社会教育机构传授的知识，而且那时将越来越需要大量的科学教育人才和科学研究人才。基于此，考茨基认为，无产阶级最终会通过消除阶级矛盾的方式，尽可能使在科学研究领域中为了国家利益而从事各类活动的科学家们在思想与行动上更加自由。他还强调，最大的虚伪莫过于大谈科学可以独立于阶级矛盾而存在，尽管科学存在于研究者的头脑中，但是科学思想是社会的产物，它是无法脱离或者超越社会本身的，即使在未来社会，科学仍旧会取决于社会条件，只是那时的社会条件不是矛盾的而是一致的。

考茨基进一步指出，资本主义社会中很多科学研究人员对国家在行动方面的依赖也是十分有害的，这种依赖促使科学研究人员为迎合统治阶级的主张，无法自由而独立地从事研究。而统治阶级总是企图借助科学寻找论据，为现存制度进行辩护，甚至驳难新兴阶级。从这一点看，统治阶级对科学起着直接的破坏作用。所以，只有解除资产家与大地主阶级对教育事业的直接或者间接的控制，科学才能兴旺起来，所以，无产阶级的胜利会给人们的精神生活带来最美好的前景。

再次，关于未来社会无产阶级如何促进精神生产，考茨基以个体生产为讨论对象，预测当资本主义的剥削废止时，艺术生产会继续进行，但是会存

---

① 〔德〕卡尔·考茨基：《社会革命》，何江、孙小青译，人民出版社，1980，第111页。

在质的变化。例如，绘画与雕像可以根据需要改变陈列的地点，也会有其他形式的艺术生产代替它。无产阶级将大量增加公共建筑的数量，并且努力将人们的活动场所加以美化，将它们装扮得更加吸引人。画家与雕刻家创作的作品将不会再被投入商品的周转中；以出售为目的将艺术品作为商品进行生产的必要性将不存在。因为到那个时候已经根本没必要为赚钱或挣工资，即为商品生产去进行精神劳动。

考茨基认为，在未来社会中无产阶级可以通过缩短工作时间与提高工资的方法，促进精神生产的发展。因为，在考茨基看来，通过这两种方式所取得的进展越大，越是有可能"使从事物质生产的人们同时从事精神生产，特别是从事那种并不直接带来物质收益，但其本身却是一种报偿的最高级的精神活动"，① 考茨基认为，闲暇的时间人们就可以部分或者绝大部分用来进行单纯的精神享受，有才能的人们将开展具有创造性的活动，物质的生产和艺术以及科学生产便很好地结合起来。在考茨基看来，这种结合不但有可能，而且在经济方面有着很强的必要性。考茨基认为，资本主义社会的分工已经使物质劳动和精神劳动处于分离的状态。只有少数条件十分优越的人能够在从事高级精神劳动的情况下还能进行物质的生产。事实上能够进行精神劳动的很多人不愿意从事体力劳动，如果所有的人都接受教育，在资本主义的生产条件下一切的物质生产都无法进行。所以，让更高级的教育变为公共福利但又不至于影响整个社会，不仅在教育方面，而且在经济方面也是必要的。这就要求在未来社会学校不但要让青年一代熟悉精神劳动，还要熟悉体力劳动，在青年一代的身上实现精神生产和物质生产相结合。为了实现两者的结合，考茨基还提出了一些具体的措施：一方面，可以不断缩短体力劳动者的劳动时间，这样进行物质生产的人们可以有更多的时间来进行精神劳动；另一方面，还要适当增加受教育的人们的体力劳动，尤其是在受教育的人数不断增加的情况下必须要这样做。

最后，考茨基指出，未来社会资本主义的剥削将会消失，凡是社会所必

---

① 〔德〕卡尔·考茨基：《社会革命》，何江、孙小青译，人民出版社，1980，第114页。

需的精神生产，国家可以给其提供资金，而且地方也可以给予资金支持，这样就不会出现千篇一律的现象。此外，一些其他的组织例如社团可以为科学、艺术以及公共生活服务，用各种不同方式从事或者促进这些领域的生产。当劳动时间缩短，工资水平提高，这些社团必然也会更加地繁荣兴旺，不仅在数量方面，而且社团的成员在技术以及热心程度上也必然会有所进步。考茨基预测，这种社团将会在未来社会的精神领域发挥越来越大的作用，它们将会取代资本去领导与组织精神生产，这种精神生产具有社会主义的性质。无产阶级在这个领域给予它们的不是束缚，而是更多的自由。从资本主义的束缚之下将教育事业与科学研究解放出来，促使个体摆脱繁重的体力劳动，让自由组合的社团代替社会中从事精神生产的资本主义企业，这是精神生产领域发展的趋势。

尽管考茨基十分重视未来社会的精神生产，但是他过分强调精神生产中的自由，认为在这个领域中，可以实行完全的自由生产，这样其就不会变为受价值所支配的商品生产或是大企业所支配的资本主义生产，甚至认为未来社会的生产制度模式就是"物质生产上的共产主义，精神生产上的无政府主义"，[①] 这是他的理论的一个缺点。

二　未来社会人的发展

考茨基从无产阶级统治的心理前提出发，探讨未来社会人的发展，即培养未来社会新人的问题。首先，考茨基指出，"某一特定生产制度需要什么样的心理前提，是由它本身所提出的经济任务的性质所决定的"。[②] 而未来社会人先要有才智、纪律与组织才能。对于这一点，考茨基认为，资本主义社会已经为未来社会创造了这些前提。因为，资本主义通过大工业的生产将工人组织起来，使其遵守纪律，促使其精神视野超越工厂的场地与教堂的塔尖。而立足于手工业或者是农民企业从事社会主义的生产是行不通的：不但

---

① 〔德〕卡尔·考茨基：《社会革命》，何江、孙小青译，人民出版社，1980，第120页。

② 〔德〕卡尔·考茨基：《社会革命》，何江、孙小青译，人民出版社，1980，第121页。

劳动生产率低使其在经济方面站不住脚，而且小资产阶级的无政府主义也使其在精神方面行不通；对于小资产阶级与农民来说，不但纪律性很难培养，而且很难发展组织才能，因为不会有大批人联合起来从事有计划的协作。

考茨基认为，与手工业和农民企业不同，资本主义生产通过组织大批人进入工业领域，"资本家成了当然的头目和统帅；他手下的杰出人物就成了各部门出色的组织者"，① 这样，资本家也会特别青睐于那些有组织才能的雇员，这样人就迅速地成长起来。在考茨基看来，在未来社会中，无产阶级政权可以使用这些有组织才能的人。

其次，考茨基认为资本家对工人剥削欲望的增长以及无产阶级的反剥削心理，是未来社会生产的精神前提。无产阶级在斗争中会形成一种与资本家所强加的完全不同的纪律，并且可以发展他们的组织才能。因为在斗争中无产阶级只有通力合作才能自保，这时组织工作就是他们最强有力的武器，所有无产阶级的伟大领袖都是伟大组织人才，同时无产阶级需要的文化素养也会在斗争中逐渐提高。考茨基认为，在无产阶级革命中，法律与道德也会发挥作用，但起决定作用的因素还是经济方面的诉求。在未来社会所需的精神以及经济前提还未充分具备以前，不可能有无产阶级统治，也不可能有社会革命。

最后，考茨基指出未来社会新人是社会发展的必然结果。在考茨基看来，现代的无产阶级已经不需要大的改变就能使自身成熟至足以适应未来社会，未来社会自然也能改变人的性格，造就比现代人更高级的人，这将是社会发展的必然结果。考茨基认为，未来社会会给人们带来安定与闲暇，能提高人们的思想觉悟，人们也不会为基本生活而发愁，未来社会还会使个人的个性不取决于他人，所以将不会有奴性以及对人的鄙视。同时城乡之间的差别也将会消灭，所有人都可以享受与利用社会的丰富文化资源，去恢复人的天性。每个人的能力都能够在生活中得以发展。未来社会会铲除悲观主义的社会根源以及心理根源，将一些人贫困潦倒而一些人养尊处优的社会不合理

---

① 〔德〕卡尔·考茨基：《社会革命》，何江、孙小青译，人民出版社，1980，第121页。

现象统统消除。它还将消除分配不均的现象，使所有人都能够享受幸福，保证每个人都能够充分地获得科学以及艺术创造的自由。这样的社会将会造就一代新人，这些新人是高尚的人，不会以出众而自满，会以共同幸福以及共同提高为己愿。所以，考茨基说："力和美的王国将会出现；我们将不辜负我们最优秀、最崇高的思想家们的这一伟大理想。"①

---

① 〔德〕卡尔·考茨基：《社会革命》，何江、孙小青译，人民出版社，1980，第123页。

第六章 对考茨基早期社会主义
思想的评价

从 19 世纪 80 年代起到 1910 年，是考茨基一生活动中的早期，考茨基早期的理论著述活动，使他在德国社会民主党和欧洲工人运动中赢得了很高的声誉。考茨基早期社会主义思想是逐渐形成的，在工人运动的斗争实践中进一步系统化发展。作为一名曾经的马克思主义者，考茨基早期为阐释、捍卫科学社会主义做出了重要的理论贡献，但是理论方面也存在严重的不足，这些不足之处也导致考茨基后期思想发生转变，背离了马克思主义原则。

第一节 考茨基早期社会主义思想的理论贡献

考茨基早期社会主义思想逐渐成熟的时候，正是伯恩施坦修正主义进一步泛滥之时，考茨基通过对伯恩施坦修正主义的批判，捍卫了马克思主义的基本原则；同时考茨基早期在很多方面也进一步丰富和发展了马克思主义。考茨基早期社会主义思想促进了马克思主义在工人运动中的进一步传播，从而促进欧洲工人运动的进一步发展。

一 考茨基早期社会主义思想对马克思主义基本原则的捍卫

（一）在批判伯恩施坦理论中捍卫了马克思唯物史观与辩证法

当伯恩施坦用庸俗进化论代替马克思唯物辩证法，歪曲马克思唯物史观，主张用新康德主义代替马克思主义时，考茨基很快投入批判伯恩施坦的战斗，捍卫了马克思的方法论。考茨基在这方面的态度是坚决的，他并没有因为与伯恩施坦的交情而放弃原则。他多次在党代表大会上的发言中以及著作中，驳斥伯恩施坦的观点，指出伯恩施坦在哲学方面就是要回到康德那里。考茨基批判伯恩施坦的方法也是正确的，当伯恩施坦在他的《社会主义的前提和社会民主党的任务》一书中全面"修正"马克思主义时，考茨基也选择从阐明马克思的"方法"入手，对伯恩施坦理论进行系统批判，这一点很重要，因为马克思的方法是整个马克思主义理论的基石。为了使批判更加准确科学，在很多地方考茨基引用了马克思恩格斯著作中的原话，这一点也是他批判伯恩施坦理论的一个重要特色。

（二）在批判伯恩施坦理论中捍卫了马克思主义经济理论

马克思关于资本积累的理论是通过对资本积累实质及必然性进行论证，分析资本财富的积累与工人贫困的积累之间的对立运动，进而揭示了资本主义的基本矛盾尖锐化必然会导致其灭亡的科学理论，它在马克思主义学说体系中占有重要的地位。马克思的经济危机理论深刻揭示了资本主义经济危机的根源、实质以及特点，对我们总体科学把握资本主义经济危机现象具有重要意义。伯恩施坦通过对马克思关于资本积累理论的"修正"，进一步否认发生经济危机的现实可能性，将马克思的经济危机理论歪曲成一种"过时"的理论，提出资本主义发展呈现出和马克思恩格斯所设想的完全不同的局面，伯恩施坦对资本主义经济的分析是他修正主义思想的基础。伯恩施坦的目的就是要将建立在这些理论基础上的马克思所作的科学论断推翻，宣扬他的改良思想。

总体上看，考茨基对伯恩施坦"修正"马克思的经济学说的认识是比较深刻的，站在马克思主义立场上驳斥伯恩施坦。在考茨基看来，马克思关于资本积累的理论以及经济危机理论完全经得起 19 世纪末经济发展的考验，仍然是对资本主义发展趋势进行考察分析的科学武器。而且考茨基没有停留于马克思已有理论的结论上，而是力图运用马克思的方法论，进一步联系资本主义发展的新情况和新形势，更加透彻地阐释马克思的相关理论。

（三）在批判伯恩施坦理论中捍卫了马克思关于社会主义代替资本主义必然性的原则

社会主义代替资本主义具有历史的必然性，这是马克思主义一个核心的问题，马克思恩格斯在《共产党宣言》中，对资产阶级的产生和发展以及灭亡趋势做出分析，并对无产阶级的性质与地位以及作用与历史使命做出过论述，首次作出了资产阶级的灭亡和无产阶级的胜利是同样不可避免的这一结论。从此，在资本主义的发展趋势问题上，马克思恩格斯以及他们的继承者都运用大量历史以及现实的材料做出论述以证实这个结论的正确性。可以说马克思恩格斯全部的理论，都涉及资本主义被社会主义代替的历史必然性。马克思的唯物史观认为任何社会形态都只是历史发展的其中一个阶段，终究会被更高的社会形态代替。所以资本主义社会也不例外，它也必定会被更高的社会形态所代替。马克思将辩证法与唯物史观运用到资本主义社会经济的研究中，创立剩余价值学说。根据剩余价值规律，决定资本主义生产实质的就是剩余价值的生产，这一规律贯穿资本主义发展的始终，同时也揭示出资本主义存在的基本矛盾，在经济方面必然会导致经济危机频发，在政治方面必然会导致无产阶级与资产阶级之间的矛盾以及斗争尖锐化，最终的结果就是资本主义被社会主义代替。

当伯恩施坦对马克思主义理论做出全面"修正"时，考茨基坚决捍卫马克思创立的唯物史观、辩证法，并且运用唯物史观的方法，捍卫马克思的经济理论；在捍卫科学社会主义理论基础的过程中，自然而然得出社会主义代替资本主义这一必然性结论，同时也彻底揭露了修正主义的谬论。

二 考茨基早期社会主义思想对马克思主义的丰富与发展

考茨基早期的一些思想丰富与发展了马克思主义。考茨基通过对社会主义前史的研究，深化了人们对社会主义先驱的理解，这在马克思主义发展史上是值得肯定的；考茨基对恩格斯晚年的革命策略做了进一步的阐发，体现了他在继承马克思主义的基础上灵活运用马克思主义的能力；考茨基通过对未来社会的预测，更加客观地阐述了无产阶级夺取胜利以后未来社会的经济制度、精神生产以及培养未来社会新人等思想，这对于社会主义建设实践具有重要参考意义。

（一）深化了对社会主义先驱的理解

研究社会主义思想的发展历史，为人们考察空想社会主义，以及其他非科学社会主义和科学社会主义提供了历史依据。考茨基是率先借助马克思主义理论与方法去研究社会主义学说史的学者。他运用唯物史观，廓清了在这个领域中长期存在的唯心主义观念，以生动形象的笔触阐述了社会主义理论与实践发展的历程，着重考察了科学社会主义以前的共产主义思想，丰富了马克思主义关于科学社会主义的理论。

考茨基为对社会主义从根源上进行探究，将研究的起点放在遥远的古代，考察古希腊柏拉图的共产主义思想以及原始基督教共产主义思想的根源及本质，进而研究中世纪带有空想共产主义特点的异端教派，还详尽评析了莫尔及其《乌托邦》中的共产主义思想，试图厘清社会主义发展的历史过程。在研究过程中，考茨基始终着力于考察特定时代的生产力与生产关系状况，以经济的变化考察政治运动与意识形态。他力图用马克思主义观点对史料进行综合分析，以便勾勒近代以前社会主义思想发展的轮廓。

考茨基深化了人们对社会主义先驱的理解，这一点从当时恩格斯对他的评价上也可以看到。考茨基对社会主义思想史的考察集中在《近代社会主义的先驱》以及《莫尔及其乌托邦》这两部著作中，恩格斯在此之前经常批评考茨基是"学理主义者"，认为考茨基经常"不是把复杂的问题简单化，而是把简单的问题复杂化"，[①] 但是当恩格斯收到考茨基考察社会主义思想的著作时，给予考茨基较高的评价，尤其是《近代社会主义的先驱》，恩格斯十分推崇，不仅因为它资料翔实，为恩格斯修改《德国农民战争》提供新的资料，而且因为考茨基的著作及时拓展了新的研究领域。考茨基的著作是对近代社会主义以前的运动进行考察与研究，而且对一些需要进一步说明的问题展开了初步的探讨，及时拓展了一个全新的研究领域，这不论对于丰富科

① 《马克思恩格斯全集》第 35 卷，人民出版社，1971，第 211 页。

学社会主义理论，而且对于推动现实斗争都具有不可忽视的作用。另外，考茨基对于社会主义前史的研究，对于人们认识社会主义学说在人类历史发展进程中的地位及前途具有重要的意义，同时这种研究也有利于我们进一步认识科学社会主义与空想社会主义的界限，摒弃那些打着科学社会主义名号实际上却是唯心主义空想模式的错误论断。

（二）对恩格斯晚年革命策略思想进行了新补充

无产阶级革命的策略问题，是马克思恩格斯十分关注的问题，马克思恩格斯根据革命形势和实践发展的要求，在指导无产阶级革命过程中，也不断丰富和发展革命策略理论。恩格斯晚年曾将很大一部分精力用于分析与研究无产阶级革命斗争的新形势与策略。恩格斯看到进行斗争的社会条件的变化，认为必须采取新的革命策略，以便适应新形势，迎接将要到来的革命。1892 年 11 月恩格斯给拉法格的信中提到："街垒和巷战的时代已经一去不复返了；如果军队作战，进行抵抗就是发疯。因此，必须制订新的革命策略。一个时期以来，我一直在考虑这个问题，但是还拿不出一个定见。"[1] 恩格斯作出这种判断是有特定环境作为前提的。因为 19 世纪 90 年代初，历史条件发生了很大的变化，在新的条件下，无产阶级再进行巷战对自己是十分不利的，对政府军反而十分有利。自巴黎公社失败以后，很多国家的无产阶级已经有数十年的时间没有掌握过武器，但随着经济与技术的发展，各国的政府军拥有的武器装备得到极大的改进。所以，恩格斯才提出旧式的起义很难再出现的论断。恩格斯提出，在无产阶级已经利用普选权取得重大胜利的形势下，无产阶级不要轻易地走上街头去充当炮灰，要保存力量；在论述新的形势下合法斗争具有的重要意义时，恩格斯始终强调绝不放弃革命，他指出："须知革命权总是唯一的真正'历史权利'，——是所有现代国家一无例外都以它为基础建立起来的唯一权利。"[2]

考茨基根据 19 世纪末的特定情况也否定过街垒战争，在 1902 年撰写的

① 《马克思恩格斯全集》第 38 卷，人民出版社，1972，第 505 页。
② 《马克思恩格斯选集》第 4 卷，人民出版社，1995，第 522 页。

《社会革命》中探讨即将到来的革命可能具有的性质时，考茨基宣称在未来的革命中武装起义和街垒战争已经不再起决定性的作用。但是后来基于俄国的经验，考茨基又承认这种斗争方式的适当性。在第一次俄国革命后问世的《社会革命》（第二版）中，考茨基指出："俄国的经验证明，街垒战能有效地使军心涣散的军队在瓦解时产生其本身的觉悟，从而使纪律完全涣散。"①另外，在合法斗争问题上，早期考茨基提出罢工可以为工人阶级争得普选权，但当形势发展至需要直接革命时，他便立即肯定起义的作用。考茨基早期能够在坚持革命的基础上很好地根据客观形势的变化调整斗争策略，体现了他灵活运用马克思主义的能力，这一点也是对恩格斯晚年革命策略思想的丰富与发展。

马克思主义反对一切的抽象公式与教条方法，在斗争形式的问题上，马克思主义者从来不会局限于某种固定的斗争形式，而是承认各种各样的斗争形式。所有的斗争形式都不是主观臆造的，而是基于形势明确斗争的目的，使斗争带有自觉性。同时，马克思主义者从来都是历史地考察斗争形式，因为在不同的时期与不同的条件下可能存在很多种斗争形式，这便需要详细地考察某一个发展阶段的具体情况，找出主要的符合客观条件的斗争形式，而不能随意肯定或者是否定某一种斗争手段。从以上可以看出，早期考茨基在斗争手段方面丰富与发展了恩格斯的革命策略思想。

（三）更加客观地探索了无产阶级夺取政权以后未来社会的经济制度

在未来社会所有制方面，马克思明确指出，未来社会不是废除一般的所有制，而是废除资产阶级所有制。为消灭私有制，未来社会要通过无产阶级专政，一步一步夺取资产阶级全部的资本，将生产资料集中到无产阶级的手中，进而当消灭生产资料私有制以后，逐步地使生产资料归整个社会所有。马克思将这种所有制称为社会所有制。但是在无产阶级夺取政权以后，未来社会所有制具体采取什么形式以及如何发展，马克思恩格斯并没有专门设计具体的方案来束缚后来人的手脚。

---

① 〔德〕卡尔·考茨基：《社会革命》，何江、孙小青译，人民出版社，1980，第62页。

马克思恩格斯在分析资本主义被社会主义所代替的历史必然性时，一直是基于社会生产力的发展状况进行立论的。生产力的高速发展是共产主义的前提，而且无产阶级在夺取政权以后，也应该尽一切可能增加生产力的总量。他们认为如果没有生产力的高度发展，贫穷就变得普遍化，一旦极端的贫穷出现，人们必然会进行斗争重新争取必需品，所有陈腐的东西就将会死灰复燃。这一精辟的见解具有重大的理论以及现实意义，它告诉人们未来社会必须具有高度发达的生产力。

马克思恩格斯对未来社会进行预测的时候，在社会产品分配方面提出了由"各尽所能、按劳分配"发展至"各尽所能、按需分配"。共产主义的第一个阶段所实行的是按劳分配，商品生产与货币都将不存在，为了便于实行按劳分配，社会将采用纸质凭证，它们是不参与流通的，劳动者可以用它到社会消费品的储备中领取与他们劳动量相当的消费品。在共产主义的高级阶段，迫使人们奴隶般服从于分工的情形将会消失，劳动已经不仅仅是一种谋生的手段，它也成为生活的第一需要，生产力高度发达，财富充足，社会将实行按需分配。但是在马克思看来，向共产主义过渡是一个漫长的过程，其间存在多种分配制度。

考茨基不但坚持了马克思关于科学预测未来社会的原则，而且对无产阶级夺取政权以后，未来社会生产资料如何由私有制逐渐转变为公有制，如何极大地提高生产力，如何进行分配，都提出了一些更加客观具体的见解。考茨基坚持马克思主义原则，在遵循马克思预测未来社会大的框架基础上，没有将马克思主义教条化，认为无产阶级夺取政权以后在所有制形式方面具有多样性；从民主纪律与劳动习惯方面去提高生产效率，尤其是用货币工资去增加劳动对工人的吸引力，这些具体的措施对于无产阶级夺取政权以后如何成功地去建设社会主义具有很大的参考意义。考茨基早期结合他所处的时代特点对无产阶级夺取政权以后各方面的情况所作出的理论探索，丰富了马克思主义理论。

（四）丰富和发展了马克思关于社会精神生产及培养未来社会新人的思想

马克思将人类社会生产分为物质生产与精神生产，在马克思那里，人类发展所处阶段不同，两种生产形式发展程度也不同。共产主义的第一个阶段，由于刚从资本主义社会产生出来，在经济、道德或精神方面还带有"旧社会的痕迹"，到共产主义的高级阶段，社会成员的体力与智力得到充分自由的发展。物质生产已经由满足人们的基本生活需要转向服务于精神生产、实现人的全面发展的需要。马克思提出过渡阶段要完成消灭私有制、消灭阶级等一系列的历史任务，从而为进入更高形态的社会做准备，那么其中自然也包括发展精神生产这一任务。

关于未来社会人的发展，马克思恩格斯在《德意志意识形态》《共产党宣言》等著作中都作出过诠释，概括起来包含两个方面：一是在未来社会，无论谁都没有特定的活动范围或固定的职业，所有人都可以按照自己的心愿在任何的部门内发展，并能通晓整个生产系统；二是在未来社会，要实现人的全面发展，即"社会全体成员的才能得到全面发展"。马克思考察了人类历史发展过程，认为在前资本主义社会，人的发展是"对人的依赖关系"，它带有"原始的丰富性"，而资本主义社会，是以对物的依赖为基础，它是"畸形的"；而共产主义社会，人的价值与尊严第一次在政治与经济制度方面获得保障，人成为全面自由发展的个体。

考茨基不但继承了马克思关于未来社会精神生产的观点，而且进一步发展了这一观点。考茨基不但认识到未来社会精神生产的必要性，而且结合资本主义社会中科学教育事业所存在的问题，提出了无产阶级夺取政权以后未来社会无产阶级为发展精神生产必须采用的具体方法，进一步丰富了马克思关于精神生产的思想。

考茨基具体提出了在无产阶级夺取政权以后，根据当时的历史条件如何为未来社会培养新人的问题。尤其是考茨基从无产阶级统治的心理前提出发，探讨未来社会人的发展，即探讨如何培养未来社会新人。这无疑是从一个新的视角研究未来社会人的发展问题，即从心理学方面研究培养一代新人的问题，这一点丰富了马克思的相关思想。

三 考茨基早期社会主义思想对国际工人运动的贡献

考茨基作为第二国际的理论权威和一度产生较大影响的德国社会民主党的思想领袖，在历史上扮演过重要的角色，对欧洲工人运动的发展起了不容忽视的作用。考茨基早期通过宣传、捍卫和发展马克思主义，促进了马克思主义在工人运动中的进一步传播，对工人运动的进一步发展起了重要推动作用。

（一）促进了马克思主义在工人运动中的进一步传播

马克思恩格斯是科学社会主义的创始人，而且在马克思恩格斯的探索下马克思主义形成了它博大精深的理论体系。但是在19世纪末20世纪初出现了很多的新情况，这就要求马克思主义者承担起既有继承性又有开拓性的历史任务，既要继承马克思恩格斯经过近半个世纪的科学研究积累下来的丰富成果，又需要根据时代的特征对马克思主义做出新的开拓。考茨基早期作为第二国际时期相当重要的一位马克思主义理论家，在工人运动中在宣传以及普及马克思主义方面做出了重要的贡献。考茨基一方面翻译、整理出版了马克思的部分理论著作，同时写作并出版了大量带有马克思主义理论光辉的著作。他的著作涉及马克思主义伦理学、唯物史观以及土地问题等。很多著作具有很大的影响力，例如《马克思的经济学说》在德国是畅销书，它的俄文译本印数近20万册。另一方面他还通过同欧洲很多国家社会主义政党领导人密切合作以及参加德国社会民主党与第二国际的大会，表明自己坚持捍卫马克思主义的立场。

19世纪80年代末90年代初，在恩格斯的指导下考茨基起草德国社会民主党的纲领文件。他同倍倍尔、李卜克内西等人密切合作，针对重要事件交换意见，同党内的改良主义进行论战。在第二国际代表性的大会中他积极揭露资本主义制度的弊端，对德国社会民主党的有关主张进行宣传。考茨基早期在德国社会民主党内坚决捍卫马克思的理论，在工人运动中对社会主义进行宣传，并积极地同修正主义展开斗争。考茨基早期的历史功绩是值得肯定的。马克思主义伴随着历史与时代的发展在不断地发展，考茨基早期坚持对马克思恩格斯的学说做出尽可能符合原意的诠释，并且努力结合时代的变化来发展马克思主义。他运用马克思主义的观点与方法观察与分析问题，对很多问题做出了符合时代特征的阐释，促进了马克思主义在工人运动中的进一步传播。

（二）促进了工人运动的进一步发展

考茨基早期面临的国际工人运动形势较为复杂。在整个社会经济关系体系的矛盾中，占有的私有性与生产的社会性、劳动与资本、无产阶级与资产阶级之间的内在矛盾进一步激化。垄断组织将绝大部分的资本集中到自己手中，从而操纵社会的政治生活包括国家机构，无产阶级的人数在不断地增长，而他们的生活状况却在恶化，生活无保障给工人带来很大的痛苦，阶段性的失业经常出现，失业人数不断增长，这一切都影响着革命的开展。这使马克思主义对于无产阶级的革命斗争以及所有被压迫的民族解放运动来说意义越来越大。在这种情况下，非常有必要向各国的工人阶级及社会主义工人政党阐明马克思主义的理论。

考茨基早期对整个国际工人运动做出了很大的理论贡献。考茨基在他的很多优秀的著作中将马克思主义与社会民主党的重要任务紧密联系起来，如参与起草1891年的《爱尔福特纲领》，赢得了很高的威望。这个纲领的理论部分由考茨基执笔完成，这个纲领虽然存在缺点，恩格斯就针对草稿提出过很多深刻的具有批评性的建议，但是总体上达到了马克思主义的水平。这个纲领证明了科学社会主义在整个德国工人运动中获得了理论方面的胜利，包含着在无产阶级的阶级斗争中必须要推翻资本主义制度这样的马克思主义基本原理，强调了无产阶级与资产阶级矛盾的不可调和性并分析了根本原因，指出了阶级矛盾不可避免地趋于尖锐的事实。整个纲领阐明了无产阶级的国际主义原则。考茨基早期的很多理论著作对国际上的马克思主义者产生了深刻的影响。例如俄国的托洛茨基就曾说："对我们俄国人来说，德国社会民主党是母亲、导师和活的榜样。我们在远处把它理想化了。我们怀着景仰的心情提到倍倍尔和考茨基的名字。"①

---

① 〔苏〕列夫·托洛茨基：《托洛茨基自传：我的生平》，赵泓、田娟玉译，上海人民出版社，2014，第183页。

此外，以伯恩施坦为代表的修正主义在国际工人运动中影响很大，法国出现的米勒兰主义、英国的费边主义等都是修正主义的变种，它们竭力剔除马克思主义中革命的精髓，从而达到腐蚀社会主义运动的目的。而当时作为马克思主义者的考茨基，其主要的任务就是进一步加强科学社会主义与工人运动之间的联系，坚决与资产阶级的意识形态做斗争，并且与小资产阶级的各种思潮划清界限，进一步发展马克思主义。面对历史转折性的理论分歧，考茨基与伯恩施坦修正主义进行了激烈的斗争，捍卫了马克思主义理论。他积极地站出来强调马克思学说整个体系的正确性是决不可动摇的，驳斥伯恩施坦的谬论，系统地论证了马克思主义理论的科学性，这对促进工人运动进一步发展具有非常重要的意义。

第二节　考茨基早期社会主义思想的局限性

考茨基早期为宣传、捍卫和发展科学社会主义理论做出了卓越的贡献，但是在理论方面也暴露出很多的局限性。由于对时代新变化认识不清楚、对修正主义批判不彻底以及在理论活动中时常回避无产阶级专政问题，考茨基早期对一些问题的看法是存在严重不足的。

一　在对资本主义新变化认识上存在严重的局限性

考茨基的思想存在局限性，不是偶然现象，与其所处时代密切相关。对时代的判断很大程度上影响了作为第二国际理论权威的考茨基对无产阶级历史任务的有关看法。按照列宁的观点，《共产党宣言》问世后，国际工人运动就先后进入如下三个时期。自1848年欧洲革命开始到1871年的巴黎公社是第一个时期，列宁称它是"风暴和革命"的时期；从巴黎公社再到1905年俄国革命是第二个时期，列宁认为其带有"和平"的性质；而自1905年俄国革命起便进入第三个时期，它意味着几十年的"和平"的结束，在俄国革命推动下，欧洲的工人运动与亚洲民族解放运动迎来新的革命高潮。考茨基所处的第二国际时期，正由"和平"时期转向新的革命"风暴"时期。

在列宁看来，第二国际正处于无产阶级为战斗进行准备的时期，欧洲的工人运动在这一时期利用合法的斗争，在组织和积蓄革命的力量，为未来社会主义革命做准备。同时列宁也指出，资本主义几十年的"和平"在一切的国家中不可避免地造成机会主义的出现，并且"使机会主义在议会、工会、新闻界等等的'领袖'中占了优势"。①

考茨基所处的时代是一个形势变化较大的时代，资本主义经济随着卡特尔垄断组织的出现呈现短暂的繁荣；资产阶级适时调整统治策略，让工人运动中一些领袖与理论家蜕变为工人贵族；议会斗争取得了一定的成就。如何认识与评价资本主义出现的新变化，需要考茨基作出判断。显然他没有对时代发展所带来的新变化做出全局性的判断，早期他的确看到一些新现象，也根据新形势提出一些符合马克思立场的见解，但是随着资本主义进入帝国主义阶段，他对许多问题估计不足甚至做出错误判断。

考茨基没有认识到资本主义发展到垄断阶段的实质，一方面正确地强调资本主义危机是不可避免的，要消灭私有制，另一方面却错误地认为："只有所有的卡特尔联合成一个单一的卡特尔……才能消除危机"，② 在考茨基看来，成立这种超卡特尔就可以消除生产资料的私有制。同时这种观点也被考茨基后期发展成"超帝国主义理论"，这种观点完全是与马克思主义关于垄断资本主义的论断背道而驰的。他没有认识到资本主义进入垄断阶段的实质只是资本家为了利润的最大化而在生产社会化方面进行政策的调整，所以更认识不到资本主义的垄断不但无法消灭危机，更不会消灭私有制，相反，只能加剧危机，加快资本主义走向灭亡的速度。所以，当考茨基后来提出"超帝国主义理论"时，列宁曾说："用卡特尔消除危机是拼命为资本主义涂脂抹粉的资产阶级经济学家的无稽之谈"。③

对于这个时期修正主义的进一步泛滥，考茨基低估了它对党产生的影

---

① 《列宁全集》第 21 卷，人民出版社，1959，第 79 页。
② 〔德〕卡尔·考茨基：《爱尔福特纲领解说》，陈冬野译，生活·读书·新知三联书店，1963，第 78 页。
③ 《列宁选集》第 2 卷，人民出版社，2012，第 595 页。

响，没有认识到无产阶级政党的本质问题以及纯洁性问题。在同修正主义者进行论战的过程中，考茨基低估了修正主义的影响，1909 年 9 月他曾说："理论上的修正主义已经死亡……修正主义不能完成它所大喊大叫宣称的要在我们的理论上实行的改革。现在谁也不关心它了。"[①] 考茨基承认实践的修正主义，在考茨基看来，实践的修正主义是由议会主义心理需要产生的。仅仅从心理方面解释修正主义倾向，显然是没有道理的。由于对修正主义影响的错误判断，在考茨基看来，似乎无产阶级革命会使无产阶级政党中"所有的派别"相互接近。他错误地理解革命无产阶级政党应该是怎样的党、应该怎样保障党在新的条件下的统一和战斗力问题。他认识到了无产阶级革命形势的到来，预感到世界大战的到来，但是却没有认识到如何革命地利用这种新形势，依然注重用阶级斗争的和平形式。后来出现中派立场就是考茨基早期理论局限性所造成的必然结果。

二 对修正主义批判不彻底

马克思的唯物史观和辩证法是科学的世界观与方法论，考茨基早期尽管运用唯物史观对社会主义思想进行过深刻研究，在与修正主义的斗争中捍卫马克思的方法论、马克思的经济学理论，也承认无产阶级革命的必然性，但是在早期的最后阶段，在一些问题上对修正主义的批判呈现出不彻底性，逐渐显露出机会主义的苗头。

在批判以伯恩施坦为代表的修正主义歪曲马克思经济危机理论时，考茨基在阐释资本主义危机发生的原因时，非常充分地论证了资本主义再生产过程中生产和消费之间存在的矛盾造成经济危机，但是却忽视从危机的根源即资本主义的基本矛盾出发论证马克思的危机理论，这显然是没有彻底全面地说明马克思经济危机理论。这方面的不彻底性，也是理论上不成熟造成的，也导致他在之后的很多问题上一步一步滑向机会主义，后来在卡特尔问题上

---

① 转引自〔苏〕切尔涅佐夫斯基《革命马克思主义者反对中派主义的斗争》，李宗禹、李兴耕译，中国人民大学出版社，1988，第 29 页。

的转变便是如此。尽管在批判伯恩施坦时，考茨基认为单个卡特尔不能消除危机，但是在他早期的最后阶段，按照考茨基的逻辑，既然生产的无限扩大和消费市场不足之间的矛盾促使经济危机产生，那么危机似乎就可以克服，所以考茨基后来提出很多方法，通过贸易协定、建立国家联盟等一些措施来解决。显然资本主义经济危机的根源本身就决定了它不是资产阶级只改变一下政策就能够解决的。

1899 年法国的米勒兰入阁事件是修正主义策略在实践当中最大的"尝试"。米勒兰参加反动的资产阶级政府，这样的事件在社会主义运动史上是没有先例的，那么社会民主党是否能够参加资产阶级的政府以及在什么样的条件下可以参加，这一问题不管是在理论上还是在实践方面对一战之前很多的社会民主党均有重大的影响。针对米勒兰入阁事件，考茨基一开始采取调和的立场，没有谴责米勒兰的具体行为，对社会民主党人参加资产阶级内阁不明确表态。对此，列宁曾指出：考茨基的这个决议草案"对机会主义者的态度是暧昧的，躲躲闪闪的，调和的"。① 尽管如此，考茨基此后又发文指出米勒兰已经威胁到党的统一问题。后来在 1903 年德累斯顿大会上他明确反对修正主义所主张的不通过革命就可以一步一步夺取政权的思想。事实表明早期的考茨基在反对米勒兰修正主义的问题上是不彻底的，但是他毕竟还是站在革命派的一边，所以不能因此否定早期考茨基的马克思主义立场。

三　回避无产阶级专政问题

根据马克思主义理论，革命要解决的根本问题就是国家政权的问题，因此，无产阶级革命要解决的根本问题就是通过暴力革命夺取政权，推翻资产阶级统治，进而使无产阶级国家代替资产阶级的国家。

在反对伯恩施坦的斗争中，考茨基对这一问题是回避的。考茨基在他的著作《伯恩施坦与社会民主党的纲领》中，针对伯恩施坦将推翻旧的国家歪曲成过激的手段，考茨基丝毫没有进行驳斥。对于马克思主义所认为的无产

---

① 《列宁选集》第 3 卷，人民出版社，2012，第 206 页。

阶级革命必然要打碎旧的国家机器，考茨基也只字未提。考茨基不去论述要不要打碎国家机器的问题，而是将无产阶级专政问题说成是"留待将来去解决"的问题。所以，考茨基早期尽管与修正主义进行了斗争，但是在最重要的无产阶级专政问题上却是对伯恩施坦做出了让步。

考茨基在关于无产阶级革命以及未来社会的著述中，尽管承认无产阶级革命以及夺取政权的必然性，甚至预测未来社会的经济制度、人的精神生产以及人的发展问题，但仍然避而不谈国家问题尤其是无产阶级专政问题。在《爱尔福特纲领解说》中，考茨基也丝毫没有涉及无产阶级专政的问题。在《社会革命》中，考茨基集中论述无产阶级革命的策略问题，并且对此发表了很多的宝贵意见；在这本小册子中，考茨基使用很多篇幅去论证夺取政权，但是仅限于此。因为在考茨基看来，似乎不需要破坏资产阶级的国家也能够夺取政权。考茨基用大量篇幅论述社会革命的形式与武器，但是对于1871年巴黎公社的经验，他只字未提。考茨基大谈民主与革命的问题，但是却没有看到资产阶级民主和无产阶级民主的本质区别。

在《取得政权的道路》中，考茨基提出无产阶级夺取政权的方式，甚至提出革命的时代已到来，却没有提到通过革命用无产阶级的国家代替资产阶级的军事官僚机器以及资产阶级的议会制。列宁认为，考茨基在他的这本"自称为专门分析'政治革命'问题的小册子里，却又完全回避了国家问题"。并且考茨基提出要革命也要注重民主，但是没有提出民主的阶级性、民主与专政的相互制约性，回避这些带有原则性的问题，必然会造成考茨基早期理论的局限性这表明当时考茨基一定程度上依然没有摆脱小资产阶级民主派的一些观念。这成为他后期与布尔什维克产生分歧的根源之一。列宁在共产国际第二次代表大会上批评德国独立社会民主党领导人克里斯平时，就曾指出，承认夺取政权，但是不承认专政，这是在回避问题的实质，这一点是"所有考茨基的信徒所犯的基本错误"。[①]

考茨基在19世纪80年代到1910年，为宣传和捍卫科学社会主义理论、

---

① 《列宁全集》第39卷，人民出版社，1986，第236页。

阐释马克思的政治经济学以及唯物史观，为马克思主义在世界范围内的广泛传播做出了突出的贡献。这样一位第二国际的理论权威、德国社会民主党的思想领袖却在第一次世界大战爆发以后在政治上滑向了机会主义阵营，背叛了无产阶级的革命事业。其中除了一定的社会阶级原因以及历史根源以外，很大程度上也和考茨基一开始对马克思主义哲学和政治经济学的局限性与片面性理解有关。

首先，在哲学方面考茨基用毕生的精力试图实践马克思的唯物主义历史观，认为自己已经对这种历史观有了非常系统全面的认识，并且自认为在方法与观点上和马克思恩格斯达成了一致性。考茨基阐释并捍卫了唯物主义历史观的一些经典表述，对唯物主义历史观的方法论进行了详尽的研究。然而对于马克思的唯物史观，考茨基的理解存在不可忽视的缺陷。

考茨基对人与自然的认识存在局限性。这种局限性主要在于他没有对人的活动的本质特点做出充分的认识。马克思在阐释人与自然的关系时是从人改造世界的实践出发的，这是马克思主义哲学区别于其他一切旧唯物主义的最根本特征。马克思认为，实践是人的能动的、感性活动。人靠自然界生活，人为了活着就必须与自然界持续不断地相互作用。恩格斯认为，人类社会与动物社会有着根本的差别，动物能做的是搜集，而人是从事生产的，不能将动物社会的生活规律直接搬到人类社会中。而考茨基深受达尔文学说的影响，在活动的初期考茨基力图将马克思主义和达尔文主义综合在一起，将人口规律当作研究社会问题的出发点。后来在马克思恩格斯的影响下，考茨基很大程度上改变了对达尔文主义的态度。在考茨基活动的后期，尽管他表面上对达尔文主义采取了否定的态度，反对马尔萨斯主义与种族主义，但是实际上他从来没有摆脱达尔文主义对其思想的影响。他在后期的一些著作中认为，人类的道德和动物本能是完全相同的，不同的是人类具有道德理想，然而这种道德理想在动物界不存在丝毫的迹象。考茨基不是把人的周围的世界看作人性化的自然加以解释，也没有将其视为人实际征服自然界的过程以及人类历史的一部分去解释。他将历史解释成人性。这种人性来源于周围的环境，是从祖先那里遗传而来的。

考茨基对自由与必然关系问题的解释，也反映了他不懂得马克思的辩证法，没有理解马克思主义哲学谈到的人对周围世界具有积极的影响、人的能动性在社会发展中的重要作用。对于自由和必然的辩证关系，恩格斯在《反杜林论》中给出明确的阐释，必然与自由是揭示客观规律和人的活动相互关系的范畴。恩格斯指出："自由不在于幻想中摆脱自然规律而独立，而在于认识这些规律，从而能够有计划地使自然规律为一定的目的服务，"① 即自由是对必然的认识与在实践中的运用。这是一个非常完整而精辟的论断。它包含的意思有：自然界与社会的必然性都是客观的，既不能被创造也不能被消灭，人们可以认识与利用它，自由也不是脱离必然的主观任意活动；必然与自由也不是绝对对立的关系，必然可以转化为自由。客观必然性还未被认识理解的时候是盲目的，是作为一种外在的异己的力量起作用。人们受盲目必然性的支配，人的自由只能处于幻想中。但是人们通过实践认识与掌握了自然界与社会发展的客观规律时，就可以使盲目的必然性转化成为自身的必然性，进而获得自由；自由不仅仅是对必然的认识，而且体现为对客观规律的运用与对世界的支配。

但是，考茨基认为人生活在两个不同的世界，其中一个世界从属于必然性，另一个世界则为自由所主宰。人生存的两个世界即过去与将来，整个经验是过去的东西，已经不可能有任何改变了，它是由必然性主宰着。人只有以必然性为前提才能够认识世界，而人只有以一定程度的自由为前提才能在世界上活动。过去的东西被解释为必然性的原因是人们无法改变它，这一说法实际上是一种简单认识，因为仅仅局限于确认过去的东西就是已经发生的事实。将来的事情，由于人们可能参与而以自由的形式出现。考茨基未搞清自由和必然的辩证关系，把它们看作相互孤立的东西，即过去就像经历过的世界，将来是人们无法言说的世界。现在是过去与将来的分界线，它是过去的产物，它的继续是将来。就此而言，考茨基没有了解到实践的作用。实践将过去、现在与将来联为一体。社会的目的也不是由人任意决定的，目的决

---

① 《马克思恩格斯选集》第3卷，人民出版社，2012，第491页。

定着活动方式，人应该使意志服从于目的。因此，将来决定现在，考茨基没有弄清这一点，他将目的同自由混在一起，认为只有过去才是必须受制约的。考茨基还将作为社会现象的自由与人实现自己目的的某些心理机制混为一谈。在《伦理学和唯物主义历史观》中，考茨基把自由解释成任何活动不可缺少的心理前提，解释成一种任何意识都不会消除掉的情感。考茨基认为，必然王国与自由王国不仅仅存在过去与将来的区别，它们之间的区别是与自然界和社会之间的差别相吻合的。因为考茨基将社会看作自然界的特殊的而且具有自身特点的部分。

考茨基的哲学思想的重大缺陷是将世界观与方法论割裂开来，由此可以看出他不了解哲学在马克思主义体系中的地位，也不了解世界观对无产阶级的革命事业的重大意义。他对辩证法的理解缺乏系统性，也缺乏一贯性。考茨基把各种不同的理解混在一起，在根本问题上都暴露出其有违唯物辩证法的原则。他将达尔文主义、自然主义、康德主义的哲学观念与马克思主义混在一起，所以无法从历史的发展过程中揭示社会现象与历史发展的矛盾的关系。

尽管考茨基解释并且宣传了马克思的经济学说，但是他在许多的地方也进行了"修正"。关于经济危机发生的原因，考茨基认为资本主义的经济危机的发生是偶然的，是可以消除的。按照考茨基的说法，危机主要是由于人民群众购买力不足，也即消费不足引起的。由此可见，考茨基没有理解资本主义经济危机产生的根源。根据马克思主义理论，资本主义基本矛盾即生产的社会化与资本主义私人占有制之间的矛盾的发展，必然会引起个别企业的有组织性与全社会中生产的无政府状态的矛盾，以及生产的无限扩大与人民群众购买力相对缩小的矛盾。这些矛盾进一步发展，必然会使生产与消费的矛盾尖锐化，于是经济危机就不可避免地发生。考茨基背离了马克思主义基本原理，他所说的消费不足不是因农民的贫困化而引起，而是指农民小生产者的购买力不足。按照考茨基的说法，随着小生产者消费能力的增强，特别是资本家消费能力的增强，经济危机就可以缓和或者消除。考茨基的这种观点，不仅不符合马克思主义，而且也完全是为资产阶级的寄生性消费作辩护的。考茨基对马克思的经济学说的解释也存在原则性的缺点。没有完全掌握辩证法，使考茨基不可能懂得马克思主义同其他理论源泉的关系，其中首先就是同黑格尔辩证法的关系。考茨基对马克思恩格斯关于阶级斗争、个人与人民群众在历史中的作用的学说进行了通俗的解释。但是，他片面阐述了马克思主义关于社会发展中的主观和客观因素的辩证关系的论断，轻视了主观因素的作用，将人仅仅描述为自然历史的必然性的工具。

第三节　考茨基后期思想的转变

考茨基早期社会主义思想中一些潜在的致命弱点，使得他后来一步步陷入机会主义的泥沼。1910 年以后，在工人运动革命主张与机会主义斗争加剧的形势下，考茨基在政治立场上摇摆不定，形成他的中派立场。第一次世界大战爆发以后，考茨基实质上已经完全背叛了马克思主义，他掩盖战争的帝国主义性质，背叛无产阶级革命事业，反对俄国十月社会主义革命，反对无产阶级专政，极力美化资产阶级民主，鼓吹"超帝国主义理论"，被列宁称为"无产阶级的叛徒"。

一　考茨基中派主义的形成

19 世纪末，由于德、法等国的资产阶级统治者普遍转向采取"自由主义"的策略，软硬兼施地对付工人运动，第二国际各党中的机会主义和修正主义思潮开始泛滥。考茨基的机会主义开始展露。他后来在自传中回忆说："自从法国在 1880 年大赦巴黎公社逃亡者以来，自从德国在 1890 年废除反社会党人法以来，虽然不经暴力而赢得政权的民主条件尚未具备，但宣传和组织民主条件毕竟已经具备了。这终于不能不对我们的言语和策略有所影响。"① 考茨基不但在《新时代》上发表伯恩施坦的修正主义文章，不加任何评论，而且私下写信给他表示支持。

---

① 〔德〕卡尔·考茨基：《一个马克思主义者的成长》，叶至译，生活·读书·新知三联书店，1973，第 20 页。

20 世纪初，由于德国统治阶层对内对外实行反动政策，德国阶级矛盾日益尖锐，世界大战一触即发。德国的社会主义运动中已经出现了左右分化，一边是德国社会民主党内以罗莎·卢森堡、卡尔·李卜克内西为代表的革命左派，在俄国革命的影响下，他们在反对修正主义的同时，主张必须激起群众的革命斗志，积极动员工人阶级发动革命行动；另一边是改良主义思潮不断蔓延，很多工会及社会民主党内的领导满足于议会斗争带来的成就，主张使工人阶级政党赢得议会多数，从而发挥更大影响。

1910 年，德国工人运动空前高涨，普鲁士劳动群众开展了反对反动的三级选举制的运动，这个运动获得了德国其他地区居民的支持，在这种情况下党内在争取民主斗争的策略问题上出现了尖锐的分歧。这些分歧加快了马克思主义派别分化的进程。以罗莎·卢森堡和卡尔·李卜克内西等为代表的左派指明了德国政治发展的基本趋向，制定了一旦实施就能够获得重大民主成果的路线。在工人运动高涨的情况下，卢森堡提议在普鲁士争取改革选举制的斗争中讨论利用群众政治罢工的可能性。她还建议在争取民主的斗争中不能只限于提出改革普鲁士选举制度的要求，还应该继续前进，提出变德国为共和国的口号。1910 年 3 月卢森堡打算在《前进报》上发表一篇文章《下一步怎么办？》，阐明左派的要求。卢森堡的文章实际上彰显了在新形势下革命左派要求抓住时机采取革命行动的立场与决心。当《前进报》拒绝刊登这篇文章后，卢森堡要求考茨基在《新时代》上发表，而考茨基不仅拒绝在《新时代》上发表该文章，还写了《今后怎么办？》来反对卢森堡关于举行政治性群众罢工及建立民主共和国的主张。考茨基认为，巴黎公社以前无产阶级对抗资产阶级遵循的是"击破战略"，而随着无产阶级取得政权的斗争条件发生变化，应当采取合法形式；当前这种政策已经取得了巨大的胜利，以后也将通过这条道路来破坏统治阶级的阵地，使敌人"疲劳"。当然，考茨基在原则上也不否认今后社会民主党在选举中取得胜利以后，如果反动势力慑于事变的这种逆转而侵犯普选权，无产阶级也将被迫采取政治总罢工的形式，实行"击破战略"。考茨基企图引证恩格斯的话来凸显自己的"疲劳战略"。围绕着群众罢工问题，考茨基同德国左派进行了激烈的论战，这也对他之后的观点的演变产生了重大影响。

卢森堡准确地抓住了考茨基思想的改良主义性质，勇敢地起来和考茨基进行论战。在《疲劳还是斗争?》一文中，她坚决反对考茨基所主张的党内不再讨论群众政治罢工问题，事实上对这个问题德国工人表现出了极大的兴趣。卢森堡公正地谴责自己的论敌忘记了俄国革命的教训：考茨基在理论上支持党和工会领导人阻挠德国无产阶级采取政治行动。卢森堡在批评"疲劳战略"的同时指出，考茨基和同样反对群众政治罢工的伯恩施坦的思想是一致的，仅仅把胜利寄托于国会选举的结果上，这是一种幻想，考茨基的全部政治图式是缺乏根据的。考茨基在《新策略》一文中企图否定这一谴责，但是他的论据整个说来是不能令人信服的。

德国社会民主党最初在参加帝国议会活动的时候，曾经表示不会给这个制度贡献一分钱，也不会利用这个制度谋取私利，即尽管参与议会活动，但是要做坚决的政府反对派。而到实际斗争中，这种提法很难真正被执行。1910 年 7 月，巴登地区社会民主党邦议会党团多数在邦议会上为地方政府的预算投了赞成票，巴登的改良主义在社会民主党内引发强烈反对，倍倍尔要求考茨基向巴登的改良主义宣战，并且当时党的绝大多数报刊谴责了修正主义分子的行动。

1910 年 8 月 5 日，考茨基在《新时代》上发表了《在巴登与卢森堡之间》一文，这是他结束和卢森堡辩论的文章，也是他既反对左派又反对右派的代表作之一。在文章中，考茨基用"巴登"暗指机会主义者，用"卢森堡"来指代以罗莎·卢森堡为首的德国革命左派社会民主党人。他说："如果我们看一看地图上的巴登和卢森堡大公国，那么我们就会发现，它们之间是特利尔——卡尔·马克思的故乡。从那里向左越过国境线，可以到达卢森堡。向右越过莱茵河，可以到达巴登。地图上的位置今天是德国社会民主党内状况的象征。"[1] 考茨基通过使用双关语来代表他的政治倾向，这意味着德

---

[1] 参见 Gary P. Steenson, *Karl Kautsky 1854~1938: Marxism in the Classical Years*, Pittsburgh: University of Pittsburgh Press, 1991, p. 172.

国社会民主党内第一次出现左、中、右三个派别，也可以看作考茨基中派主义出现的标志事件。

考茨基之后在和德国社会民主党内左派与右派进行的论战中，机会主义思想进一步发展。1912 年，荷兰社会党左派领袖潘涅库克写了一篇名为《群众行动与革命》的文章，发表于《新时代》第 32 卷第 2 册上，批评了考茨基中派主义，主张必须打碎资产阶级的国家机器，实行无产阶级专政。考茨基随后便写了《新策略》一文反驳潘涅库克，回避争论的实质即无产阶级是否要推翻资产阶级的国家机器。潘涅库克针对考茨基的《新策略》又写了很多文章进行批判，考茨基为同潘涅库克继续论战，写了《最近的激进主义》，开始歪曲马克思主义国家学说，将打碎资产阶级的国家机器歪曲成无政府主义。列宁曾在《无产阶级在我国革命中的任务》中指出："'中派'的主要领袖和代表卡尔·考茨基……是彻底毁坏马克思主义、毫无气节、从 1914 年 8 月起就非常可鄙地动摇和叛变的典型"。[1] 列宁还深刻地揭露了中派主义的最突出特点——言行不一，口头上的革命性和实践中的机会主义，以及它在思想政治方面同公开的机会主义的血缘关系。列宁在给中派主义下定义时强调，中派主义是"第二国际各种矛盾的社会产物，是既要在口头上忠实于马克思主义又要在实际上屈服于机会主义的社会产物"。[2] 列宁在《论同"泥潭派"的斗争一文的草稿（简评考茨基主义）》中写道："区别普列汉诺夫、海德门、海涅和卡·考茨基、王德威尔得等人的意义。两种'色彩'。用折中主义代替辩证法。"[3] 因此，在列宁看来，公开的机会主义和中派主义之间的区别并不是原则性的。所以列宁指出，中派主义、考茨基主义是"用马克思主义的词句来美化他的机会主义"[4] "隐蔽的、胆小的、虚伪的、甜蜜的机会主义"[5]。

---

① 《列宁全集》第 29 卷，人民出版社，2017，第 170 页。
② 《列宁选集》第 2 卷，人民出版社，2012，第 523 页。
③ 《列宁全集》第 54 卷，人民出版社，1990，第 5 页。
④ 《列宁全集》第 22 卷，人民出版社，1990，第 138 页。
⑤ 《列宁全集》第 21 卷，人民出版社，1959，第 428 页。

　　大战前，考茨基对俄国革命的前途以及欧洲革命的看法发生急剧的变化。1914 年 2 月 11 日考茨基在给梁赞诺夫的信中指出，如果说从前他期待俄国的革命会比西欧的革命发生得早，那么他现在认为，第一次俄国革命大大地把俄国从亚洲推向欧洲。正因如此，在考茨基看来，新的独立的俄国革命从今以后发生的可能性很小。他认为同欧洲革命不联系在一起而单独进行俄国革命曾经是可能的，只要农民在那里还是革命的因素。但是农民现在不再是这样的了，俄国农民欧洲化了。这意味着，其从革命因素变为反动因素了。考茨基指出，由于这个原因，俄国无产阶级现在处于孤立状态，他指出："我觉得现在俄国革命只有在假如它是由西方引起的情况下才是可能的。"① 考茨基对俄国革命前途的态度的变化中包含了他后来对伟大的十月革命不理解且持敌视态度的"萌芽"。考茨基在估计俄国农民革命的可能性方面犯了错误。1912 年至 1914 年，考茨基参与了将布尔什维克和孟什维克联合起来的努力，这实际上意味着消灭俄国布尔什维克党。1912 年 12 月 28 日德国社会民主党执行委员会建议布尔什维克参加俄国社会民主党的五个派别的会议，目的就是制定纲领和章程。

　　俄国社会民主工党中央委员会代表和俄国各地方工作者会议在 1913 年 3 月 15 日通过的给德国社会民主党执行委员会的复信中坚决拒绝了这一建议。列宁列出的拒绝理由是对德国中派主义的直接回击。列宁首先强调，俄国社会民主工党早就有了 1903 年通过的纲领，对它进行修改是完全多余的。"俄国社会民主工党存在着，而且俄国的工人阶级一如既往地在它的旗帜下进行着斗争。"布尔什维克和取消派之间的意见分歧具有原则的性质。对党的分裂应负责任的是反对地下党存在的取消派。列宁指责执行委员会对布尔什维克和取消派的态度并不是不偏不倚的，而是千方百计帮助取消派。列宁认为，德国社会民主党执行委员会根据不可靠的情报对俄国党内事务加以干涉是极不公道的。

---

① 〔苏〕切尔涅佐夫斯基：《革命马克思主义者反对中派主义的斗争》，李宗禹、李兴耕译，中国人民大学出版社，1988，第 63 页。

但是即使在这以后，德国社会民主党领导人仍然继续进行调和主义的尝试。1913 年 12 月举行的社会党国际局会议专门讨论了布尔什维克和孟什维克的联合问题。考茨基在会上提出一项决议案，建议在社会党国际局的协助下组织俄国工人运动的所有派别全面交换一次意见。考茨基在阐述自己的决议案的依据时说："我们正在庆祝俄国社会民主党分裂 10 周年。世界上任何地方都不象那里各个不同派别之间进行着如此激烈的斗争……俄国各政党比第二国际所有政党争论得还要多……老的俄国社会民主党死了。"① 列宁认为，考茨基这一说法是完全错误的。列宁在 1914 年 1 月 12 日给戴·怀恩科普的信中写道："能有什么比考茨基所持的立场更愚蠢的呢？对于其他各国，他都考察运动的历史，评论各种文件，力求了解分歧的真正内容，分裂的政治意义。唯独俄国，对考茨基来说却无历史可言。"②

二　考茨基晚期机会主义的形成

19 世纪末 20 世纪初是资本主义世界发生大转折的时期，资本主义的信用制度与股份公司得到广泛发展，资本与生产日益集中；政治上，随着资本主义相对和平发展，资产阶级对无产阶级的统治方式由以前的公开镇压变为公开镇压与表面让步交替使用，主张阶级合作，机会主义思想在各国工人政党内部开始泛滥。资本主义在经济和政治上的这些变化，没有消除社会固有的矛盾，反而加剧了矛盾，无产阶级与资产阶级之间矛盾的对抗性充分地暴露出来。欧洲资本主义国家对其殖民地、半殖民地、附属国进行极其野蛮而残酷的剥削和掠夺，各资本主义国家之间矛盾进一步激化，加快了战争的爆发。列宁曾指出，第一次世界大战也同任何危机一样，"使潜伏于深处的矛盾尖锐化和表面化，它扯掉一切虚伪的外衣，抛弃一切俗套，破坏一切腐朽的或者说已经完全腐败了的权威"。③ 第一次世界大战以后考茨基已经完全形

---

① 〔苏〕切尔涅佐夫斯基：《革命马克思主义者反对中派主义的斗争》，李宗禹、李兴耕译，中国人民大学出版社，1988，第 64 页。

② 《列宁全集》第 46 卷，人民出版社，1990，第 403 页。

③ 《列宁全集》第 26 卷，人民出版社，1988，第 105 页。

成了他关于无产阶级专政、战争与和平以及帝国主义等问题的一整套机会主义理论。

（一）"超帝国主义理论"的提出

1914 年第一次世界大战爆发后，考茨基于同年 9 月在《新时代》杂志上发表了他的研究成果《帝国主义》。在这篇文章中，考茨基给帝国主义下了个定义："帝国主义是高度发展的工业资本主义的产物。帝国主义就是每个工业资本主义民族力图征服和吞并愈来愈多的农业区域，而不管那里居住的是什么民族。"① 在文章中他分析了帝国主义产生的根源，鼓吹帝国主义发展为"超帝国主义"的可能性。文中涉及考茨基此后进一步发挥的"超帝国主义理论"的主要观点，这也是考茨基公开背叛马克思主义的一个重要的标志。

考茨基在给出帝国主义的定义时，不赞成将卡特尔、金融垄断以及殖民政策归为帝国主义的形式，反对将帝国主义与现代资本主义等同起来。考茨基认为，资本主义工业国家在进行扩张的时候，可以采取很多的形式。就像英国在保持作为世界工厂的独特身份的时候，所采用的是自由贸易的形式。然而随着其他西欧国家与美国资本主义工业的不断发展，这些国家开始使用保护关税的方式来抵制英国的自由贸易，要求共同瓜分世界的农业地区。英国被迫放弃自由贸易，这时自由贸易就被帝国主义政策所代替。在考茨基看来，帝国主义只是资本主义国家所采取的一种特殊的政策，而不是资本主义发展的一个必然的和特殊的阶段，即垄断阶段。他说："帝国主义只是一个力量问题，而不是经济必然性问题。"②

考茨基从生产的比例性出发来揭示帝国主义产生的根源。考茨基认为马克思在考察资本的周转过程时，对生产资料与消费资料做了区分，为了使整个生产过程能够顺利进行，生产资料的生产与消费资料的生产之间要保持一定的比例，而且在既定的条件下这个比例是确定的，当技术条件与社会条件

---

① 〔德〕卡尔·考茨基：《帝国主义》，史集译，生活·读书·新知三联书店，1964，第 2 页。
② 〔德〕卡尔·考茨基：《民族国家、帝国主义国家和国家联盟》，何疆、王禺译，生活·读书·新知三联书店，1963，第 18 页。

发生变化，这个比例也会发生变化。但是考茨基认为要对资本主义有新的认识，还要根据生产出来的物质的特征将其做工业产品与农业产品的区分。考茨基认为在工业和农业分离以前，"工业活动是农业活动的一部分"①。单个的经济机体既是工业性又是农业性的。此时在经济机体的各成员之间可能已经进行分工。一些人照顾牲畜，一些人耕作，另一些人纺织，还有一些人把木材与金属加工成工具。这种分工局限于一定的范围之内。但是如果经营扩大，分工就会更好地发挥其在经济上的优越性，于是就引起了工业与农业的分离。但是要保证再生产过程不断进行下去，就要依靠农业对工业不断供应。这里考茨基认为农业是整个再生产过程的出发点。在工业活动进行之前，农业必须给工业活动提供原料。农业对工业的供应有两种途径：一种是商品交换，但是前提是工业和农业之间保持一定的比例；另一种是不付报酬从农民手里拿走所需商品。两个部类之间的比例也存在被打破的危险，但是在简单商品生产中出现危险的概率很低。资本主义的商品生产代替简单商品生产，才推动工业生产迅速扩大。工业要得到大的发展，农业也必须以同样的规模来增加自己的从业人员和产品，还要和工业需求的增长相适应增加原料的数量，同时消费更多的工业产品，各个生产部门按照恰当的比例生产，生产过程才能顺利进行。但是资本主义的生产方式内部随着资本积累存在突破这种比例的趋势。资本主义的生产方式使一定地区内的工业生产发展比农业生产发展迅速得多。考茨基认为，这一方面成为周期性危机的重要原因发生，另一方面资本主义农业发展得越强，为工业提供原料的欲望也越强。工业和农业之间的比例失调可以通过两种方式表现出来，要么是生产过剩，要么是物价高涨。因此一个国家的资本主义工业倘若局限于在它萌芽时的那个地区活动，资本积累是不可能实现的。只有为工业服务的那个农业区域不断扩大的时候，工业中的资本积累才能够顺利地进行下去，资本主义才能够自由发展。由于工业的高度发展，帝国主义试图不断地扩大为自己服务的农业区域。为了证明帝国主义的这种意图，考茨基以自由贸易如何在英国资本主

---

① 〔德〕卡尔·考茨基：《帝国主义》，史集译，生活·读书·新知三联书店，1964，第4页。

义工业中取得统治来说明帝国主义也是一种经济手段。他指出半个世纪以前，英国是世界的工厂，而世界是购买英国的工业产品并且向英国输送原料的农业地区。所有参与者均有利可图的自由贸易是使农业地区按照英国工业所需要的规模发展的"至高无上"的手段。一个高度依赖农业的国家，会在政治上而且多半在经济上逐渐衰退，逐渐在两方面都丧失独立。所以，为了保持或者实现民族独立，在国际资本主义领域内到处存在建立自己的资本主义大工业的企图。随着其他西欧国家和美国资本主义工业的发展，这些国家开始用保护关税来抵制英国的自由贸易，要求共同来瓜分世界上的农业国家。这样英国被迫放弃自由贸易，自由贸易就被帝国主义政策代替了。同时，资本主义工业国为扩大市场与原料的来源，在农业地区进行资本的输出，结果刺激了农业国本身的工业发展，引起竞争。为了确保资本输出有利可图，资本主义工业国尽力使农业国只从事农业生产，这样农业国便成为其殖民地或势力范围。考茨基认为这就是帝国主义产生最重要的根源。

考茨基的"超帝国主义理论"是建立在他对帝国主义的理解上的。在分析帝国主义特征以及帝国主义产生的根源时，考茨基并未将帝国主义和金融垄断联系在一起，他认为资本主义工业国家进行扩张可以采取各种形式，而帝国主义仅仅是这些形式中的一种特殊形式，或者说是一种政策。考茨基说："自由贸易在半个世纪以前，正像帝国主义在今天一样，被看成资本主义的顶峰。"[1] 所以，既然自由贸易作为一种政策能被帝国主义代替，那么帝国主义也能够被另一种政策所代替。考茨基认为，帝国主义的殖民政策并不是应对发达资本主义国家工业和农业比例失调的最后的办法。"超帝国主义"代替帝国主义是"完全可以设想的"。这实际上是更隐蔽地也更危险地同帝国主义妥协。考茨基承认，帝国主义发展的结果是，占领与奴役农业国家的要求会引起资本主义工业国家间对立，这些对立促使资本主义工业国在陆军还有海军方面展开军备竞赛，最终引发世界大战，殖民地民族解放运动兴起。他说东亚以及印度的觉醒还有西亚以及北非的泛伊斯兰教运动都是这样

---

① 〔德〕卡尔·考茨基：《帝国主义》，史集译，生活·读书·新知三联书店，1964，第12页。

的，工业国无产阶级也有可能起而反抗。但是考茨基认为，资本主义并不会因此就到了穷途末路。从纯粹的经济观点看，只要老的资本主义国家日益发达的工业还有促使农业生产发生相应的扩展的可能性，尽管这种扩展随着世界工业的日益发展以及未开发的农业地区逐渐缩小变得越发困难，但是无论如何资本主义还是能够继续发展的，帝国主义并不是资本主义的垂死阶段。"任何一个有远见的资本家今天都要向他的伙伴们大声疾呼：全世界资本家联合起来！"① 从纯粹的经济观点出发，资本主义不是没有可能再经历一个新的阶段，那就是把卡特尔政策运用到对外政策方面的超帝国主义阶段。考茨基进一步认为，第一次世界大战可能导致的后果就是用帝国主义者的神圣同盟代替帝国主义，也就是可能会导致"超帝国主义"的产生。战争持续得越久，所有参战国越是精疲力竭而且对武装交锋的迅速重演越是感到不安，世界也就越接近超帝国主义。

针对考茨基的"超帝国主义理论"，列宁在许多著作中进行了批判，认为其是"一种最精致的、用科学观点和国际观点精心伪装起来的社会沙文主义理论"②。列宁认为"超帝国主义"在理论上是站不住脚的，实质上是改良主义；批判了考茨基关于建立国际垄断联盟削弱帝国主义国家之间的对抗、消除社会生活中危机与战争的论点。"超帝国主义理论"从实质上掩盖了垄断资本主义必然导致阶级矛盾尖锐化，从而引发社会主义革命这一事实，否定无产阶级反对资本主义的斗争的必然性。列宁指出："用卡特尔消除危机是拼命为资本主义涂脂抹粉的资产阶级经济学家的无稽之谈。"③ 他认为，这个观点在理论上是荒谬的，在实践上则是一种诡辩，通过使用欺骗的方法替最恶劣的机会主义作辩护。资本主义社会中的"国际帝国主义"或者"超帝国主义"的联盟——无论是一个帝国主义联盟去反对另一个帝国主义联盟，还是一切帝国主义强国结成一个总的同盟，都不可避免表现为前后两次战争中间的"暂时休战"。列宁没有局限在仅仅对其进行批判这一点上，他

① 〔德〕卡尔·考茨基：《帝国主义》，史集译，生活·读书·新知三联书店，1964，第16页。
② 《列宁选集》第2卷，人民出版社，2012，第470页。
③ 《列宁选集》第2卷，人民出版社，2012，第595页。

提出社会主义可能首先在一个国家或者几个国家获得胜利的理论，这是创造性发展马克思主义的典范，而且是直接针对考茨基的"超帝国主义理论"的。

（二）反对和攻击十月革命

1917 年俄国爆发了十月革命，十月革命向世界宣告一个新的时代的开始，在世界范围内建立了第一个无产阶级领导的社会主义国家，它开辟了人类历史的新纪元。社会主义从此实现了由理论到现实的巨大飞跃。面对十月革命，考茨基担心自己失去在党内的威望，所以一直采取观望的态度，避谈十月革命的胜利，他以掌握的信息还存在缺点为由暂时不发表激烈的意见。1917 年 11 月 11 日考茨基发表了《布尔什维克的起义》一文，这是他对十月革命首次作出反应。他对俄国无产阶级革命能够取得胜利表示怀疑。之后没多久考茨基对"俄国事变"的态度急剧转变。他将布尔什维克在消除反革命势力时所采取的坚决行动视为破坏民主的行为，迅速地站在了孟什维克的一边。1918 年 1 月初，考茨基发表公开反对苏俄的文章《民主和专政》，他在这篇文章中建议布尔什维克将政权让出来，让给"其他拥有人民群众的民主分子"，即孟什维克等。他认为，倘若民主革命发生在尚没有条件实行大多数人民专政的经济落后的国家，那么无产阶级专政的思想就要让位于民主的思想。《民主和专政》这篇文章立即受到了俄国孟什维克的称赞。1918 年 5 月，考茨基还要求德国独立社会民主党加强反对布尔什维克的宣传工作。但是他的号召未得到独立社会民主党的大多数党员的支持。他向党的领导提出加紧开展反布尔什维克的运动的建议。这一建议也没有得到党的执委会的支持。而且独立社会民主党的一些领导人考虑到党内左翼的立场，试图阻止这场反布尔什维克的运动。当时担任党主席的哈阿兹 1918 年 8 月 6 日在写给考茨基的信中说："目前布尔什维克正在受到所有资本主义国家的压力，我认为进行反对布尔什维克的论战是严重的错误。"[①] 但是很快考茨基还是对俄国十月革命发起猛烈的攻击。考茨基不断地发表文章，大肆攻击十月革命与

---

① 转引自〔苏〕切尔涅佐夫斯基《革命马克思主义者反对中派主义的斗争》，李宗禹、李兴耕译，中国人民大学出版社，1988，第 129 页。

无产阶级专政。1918 年 8 月底，考茨基在维也纳出版《无产阶级专政》一书，书中完整呈现了考茨基在无产阶级革命与国家问题上的修正主义理论，目的是对俄国十月革命和列宁主义进行全面的诋毁与攻击。考茨基将十月革命定义为最后一次资产阶级革命，而不是第一次社会主义革命。他将十月革命比喻成一个怀孕的妇女，在疯狂蹦跳，为的是将她无法忍受的怀孕期缩短并引起早产。而"这样生下来的孩子，通常是活不成的"①。考茨基攻击列宁主义，篡改马克思主义最重要的革命原理，篡改马克思主义关于国家和无产阶级专政的学说。他在自己的小册子中一开始就把十月革命和巴黎公社做了对比，声称巴黎公社的优越性表现为所有的社会主义政党都参加了。考茨基把孟什维克也算作真正的社会主义者，他断言孟什维克和布尔什维克之间的矛盾仅仅在于斗争方法有差别。孟什维克拥护民主的方法，布尔什维克则拥护专政的方法。考茨基在指出这个问题对西方也有巨大的实际意义后开始分析专政和民主这两个概念的关系。但是他不是辩证地考察它们，而是把它们割裂开来。考茨基抛弃了马克思主义的阶级立场，谈论一般民主和一般专政。他力图把无产阶级推上议会主义的、细小工作的道路，在他看来，通过这条道路取得的胜利比一次新的革命要重要得多。

在《无产阶级专政》这本小册子中，考茨基在社会主义革命的先决问题上修改了马克思主义。他论证说在俄国实行社会主义条件"不成熟"，十月革命是"资产阶级"性质的，断言社会主义需要特别的历史条件。首先是工人阶级广大阶层的社会主义意向。这种意向是在提供社会主义物质前提的大工业占统治地位的地方产生的。其次，无产阶级应当有力量来取得政权。尤其需要注意的是考茨基对社会主义前提问题的分析离开了对帝国主义的各种具体条件的分析，把引起资本主义深刻危机的那种现象抽象化了，闭口不谈社会主义革命是资本主义社会经济和政治矛盾日益尖锐所带来的结果。考茨基把社会主义革命的客观条件或前提归结为生产力发展到一定水平。这与马

① 〔德〕卡尔·考茨基：《无产阶级专政》，叶至译，生活·读书·新知三联书店，1963，第54 页。

克思主义特别是与其关于革命主观前提的论断是相抵触的。考茨基在谈论社会主义意向时，抽象地、学究式地提出这一问题，把一切主观因素降低为工人阶级的"成熟性"，把问题的重心转向无产阶级"成熟还是不成熟"。考茨基不承认革命形势是无产阶级革命取得胜利的决定性前提，否认一般社会经济和政治危机的规律性，换句话说，他抛弃了马克思主义关于革命是资本主义矛盾的最高表现和解决办法的论断。

考茨基在考察无产阶级专政问题时特别明显地表现出他已经背离马克思主义立场。他歪曲马克思关于无产阶级专政的观点。考茨基论证说，马克思所说的无产阶级专政指的不是政体，而是在无产阶级夺取政权的任何地方都必然出现的状态。因此，考茨基歪曲了马克思关于无产阶级专政是过渡时期的国家的思想之后就来猛烈攻击布尔什维克和苏维埃政权。考茨基承认苏维埃作为阶级斗争的组织具有巨大的历史意义，但同时坚决否认它有履行国家职能的权力。考茨基把俄国的无产阶级专政称作跳过自然发展阶段和脱离这一阶段借助行政命令进行的一种大规模尝试。在考茨基看来，十月革命实际上带有资产阶级性质，他把俄国视作农民国家。按照考茨基的看法，农民在革命后必定会取得政权。考茨基从各个方面批评了布尔什维克的政策，指责其在革命开始时指望依靠西方国家无产阶级的援助，随后又同德皇单独媾和，从而损害了世界革命的发展。这本小册子的最后一节是专门诋毁列宁主义的。考茨基把列宁主义称为同马克思主义相抵触的"新理论"。最后，考茨基直截了当地建议，为了挽救俄国革命的最主要成就，应当以"民主"代替无产阶级专政，简单说来，这就是这本修正主义著作的基本思想。①

考茨基的言论证明他已经变成布尔什维主义最凶恶的敌人，考茨基主义成了国际修正主义中主要的和最危险的思潮。它的危险性在于对苏维埃俄国、列宁和国外的革命运动采取根本的否定态度；善于用似乎是正统的马克思主义词句来掩盖机会主义。这种危险性也在于考茨基及其追随者的言论正

---

① 〔德〕卡尔·考茨基：《无产阶级专政》，叶至译，生活·读书·新知三联书店，1963，第74—78页。

好是在德国及其他国家革命危机"成熟"的时刻出现。考茨基的思想从这时起已经不再仅仅是中派主义思想了。面对当时的形势，列宁认为有必要尽快用德语出版他的著作《国家与革命》，因为这本书中包含了考茨基所歪曲了的马克思主义对问题的看法。列宁要求把考茨基的《无产阶级专政》一书寄给他。列宁在收到这本小册子并了解它的内容之后，指出这本书比起伯恩施坦的《社会主义的前提和社会民主党的任务》要无耻百倍、可憎百倍，更加没有气节。1918 年，列宁在《真理报》上发表了《无产阶级革命和叛徒考茨基》一文，后又完成了一部对从思想上粉碎考茨基主义起决定性作用的著作。列宁的《无产阶级革命和叛徒考茨基》向我们示范了应当如何与马克思主义伪造者进行斗争。列宁首先揭穿了考茨基在资产阶级民主和无产阶级专政问题上的理论混乱和诡辩，特别强调维护苏维埃无产阶级专政的形式。考茨基否定伟大十月革命的社会主义性质和国际意义，把布尔什维主义说成是同马克思主义相抵触的理论。列宁在深刻反驳考茨基的同时也分析了俄国革命中的一些一般的和特殊的、民族的和国际的科学原理，证明布尔什维克经验、理论和实践中的基本的东西对西方也是适用的。

1919 年考茨基撰写的《恐怖主义和共产主义》是继《无产阶级专政》之后另一部攻击布尔什维主义的著作。他在书中批判说："布尔什维克为了取得政权，抛弃了自己的民主原则；为了保持自己的政权，接着又抛弃了自己的社会主义原则"[①]。他将布尔什维克说成是真正的机会主义者。这本书实际上也是《无产阶级专政》一书的续篇。考茨基在这里"用对内战的喧嚷、喊叫、哭号和歇斯底里来掩盖他的破产"，[②] 声称苏维埃政权实行恐怖主义和取消民主，"是俄国迄今有过的一切暴政中最暴虐的一个"。同时他更加嚣张地宣扬和平过渡，断言世界革命"不会通过专政的道路，不会依靠大炮和机关枪，不会通过消灭自己的政治的和社会的敌人来实现，而是通过民主和人道来实现"。列宁在《资产阶级如何利用叛徒》一文中，无情地痛斥了考茨

---

① 中共中央马克思恩格斯列宁斯大林著作编译局资料室编译《考茨基言论》，生活·读书·新知三联书店，1966，第 335 页。

② 《列宁全集》第 37 卷，人民出版社，1986，第 179 页。

基"直接替资产阶级帮腔"的反动言论。

考茨基还同俄国的孟什维克和自由派勾结起来反对苏维埃政权。1920年8月到1921年1月，他应格鲁吉亚孟什维克政府的邀请到格鲁吉亚访问并参加关于"宪法草案"的讨论。孟什维克把他当作"导师"，吹捧他是"格鲁吉亚社会民主党之父"。在访问期间，他写了《格鲁吉亚——一个社会民主主义的农民共和国》一书，竭力吹捧孟什维克的资产阶级政府是一个"纯粹的社会民主主义政府"，"用民主的方法在得到多数居民同意的情况下进行治理，而丝毫没有放弃自己的社会主义原则"。① 考茨基回到德国后，继续进行促使独立社会民主党右派和社会民主党合作的活动，并且为修改党纲写了《无产阶级革命及其纲领》一书。这本书可以视为完整的社会改良主义纲领。他在书中篡改了马克思关于过渡时期无产阶级革命与专政的著名原理。他说："在民主国家的纯粹资产阶级统治时代和纯粹无产阶级统治时代之间，有一个从前者变为后者的转变时期。同这个时期相适应的也有一个政治上的过渡时期，这个时期的政府通常将采取联合政府的形式。"② 1925年在德国社会民主党海德堡代表大会上通过的党纲，就是以考茨基的这一著作为基础的。

1924年以后，考茨基迁居维也纳，参加奥地利社会民主党领导机构的活动，对德国社会民主党和国际工人运动仍旧保持着影响。在考茨基一生的最后十几年中，他把主要精力放在写作上，力图将自己的修正主义理论拼凑成完整的体系。1927年，考茨基出版《唯物主义历史观》，论述了自己关于阶级和阶级斗争、国家、资本主义社会的发展、帝国主义、无产阶级革命和无产阶级专政等一系列的修正主义观点。卡·科尔希曾指出，这部书是考茨基从隐蔽修正主义到公开修正主义的过渡的概括说明。考茨基吹嘘这一著作是他"毕生著作的精华"，狂妄地宣称要为历史唯物主义"建立一个我们至今

---

① 〔德〕卡尔·考茨基：《一个马克思主义者的成长》，叶至译，生活·读书·新知三联书店，1973，第35页。

② 中共中央马克思恩格斯列宁斯大林著作编译局资料室编译《考茨基言论》，生活·读书·新知三联书店，1966，第377页。

缺乏的、非常迫切需要的深入的基础"。① 实际上这本书无论就哲学观点还是就内容来说都是一种折中主义的杂烩。例如，他"贩卖"社会达尔文主义，要把唯物主义历史观的论域"扩大"到生物学范围，妄想发现什么人类发展和动植物发展必须共同遵循的普遍规律。

此后，考茨基开始系统地研究战争问题。1928 年 10 月，德国社会民主党领导为了应付人民群众反对制造装甲巡洋舰的斗争，设立一个专门研究国防问题的委员会来筹划对策，考茨基应邀给这个委员会提意见，写成《国防问题和社会民主党》一书。1932 年，他出版《战争和民主》，1937 年出版《社会主义者和战争》。考茨基在这几部著作中，大肆渲染战争恐怖，散布和平主义幻想，吹捧国际联盟和美帝国主义，污蔑和反对被压迫民族的反帝解放战争，甚至明目张胆地为德国军国主义辩护。

考茨基同帝国主义的宣传机器一唱一和，煽动反对苏维埃政权。1925 年，他发表《国际和苏俄》一书，向帝国主义国家献策，要它们通过借款对苏联施加压力，迫使苏联向资本主义让步。他还宣称要支持苏联国内的反革命暴动和帝国主义的武装干涉。1930 年，当苏联的工业化在斯大林和布尔什维克党的领导下取得重大胜利，农业全盘集体化也大规模展开的时候，考茨基进一步加大反苏力度。1930 年考茨基出版《陷于绝境的布尔什维主义》，充分表达了他对苏维埃国家的极端仇恨，进一步攻击无产阶级专政。考茨基的出发点就是苏联进行社会主义革命违反了马克思主义的"铁的规律"，只有资本主义高度发展，才有可能建立社会主义国家，而俄国不具备这样的条件。② 考茨基在这本书中公然主张推翻苏维埃政权，复辟资产阶级民主制度。

考茨基一直到 1938 年去世为止都坚持反马克思主义立场，被资产阶级的一些文人视为"论述社会主义和共产主义问题"的"权威"，被修正主义者尊为"马克思学说的保卫者和发展者"，但是革命的无产阶级经过列宁所

---

① 〔德〕卡尔·考茨基：《唯物主义历史观》第一分册，《哲学研究》编辑部编，上海人民出版社，1964，第 1 页。

② 〔德〕卡尔·考茨基：《陷于绝境的布尔什维主义》，卜君、杨德译，生活·读书·新知三联书店，1965，第 7 页。

领导的反对考茨基主义的论战，经过帝国主义战争和国内战争的洗礼，已经认清考茨基是用诡辩阉割马克思主义革命灵魂的典型，是无产阶级革命的叛徒和凶险的敌人。考茨基主义已经被世界人民革命的历史彻底驳倒和抛弃了，但是无产阶级形形色色的敌人特别是现代修正主义者仍旧捡起考茨基留下的破烂不堪的武器来向马克思主义进攻，来迷惑群众。因此在反对现代修正主义的斗争中重温这批反面教材是有现实意义的。同时，考茨基由早期的马克思主义者最终堕落成机会主义者，出现这种结果绝不是偶然的。考茨基后期的思想也折射出第二国际的修正主义者一些共同的致命弱点，那就是将理论与实际割裂开来，主张以折中主义代替马克思主义的辩证法，否定马克思关于革命的理论，在口头上宣称反对机会主义而实际上与其保持着暧昧的关系。他们运用诡辩术阉割马克思主义活的灵魂，宣称承认马克思主义的一切，但是拒绝承认革命的手段。所以列宁曾经说："考茨基主义不是偶然现象，而是第二国际各种矛盾的社会产物，是既要在口头上忠实于马克思主义又要在实际上屈服于机会主义的社会产物"。[①]

第四节　关于考茨基早期社会主义思想研究的几个问题

考茨基一生经历了复杂的思想转变过程，他的思想也引起很多的争论，本书通过对考茨基早期社会主义思想进行研究，力求对其早期思想做出客观公正的评价，在肯定考茨基早期贡献的同时，剖析其早期思想的局限性，进而厘清以下几个问题。

一　关于考茨基早期思想立场的评价问题

考茨基在 1923 年写的自传中，对他近 70 年的思想演变过程和著述活动进行了阐释，他最后谈道："我将作为坚定不移的马克思主义者而死，正如

---

① 《列宁选集》第 2 卷，人民出版社，2012，第 523 页。

我作为坚定不移的马克思主义者而活着一样。"① 从这里可以看到考茨基本人从始至终都是以马克思主义者自居。结合一些研究材料，总体来看，关于考茨基早期的思想立场，学术界呈现出三种观点。第一种观点认为考茨基自始至终都是马克思主义者，甚至称晚年的考茨基用他的"自然科学的唯物主义"丰富了马克思主义。第二种观点认为，考茨基从来都不是马克思主义者。第三种观点，以列宁对考茨基的评价为代表。列宁没有全盘否定考茨基，多次肯定考茨基曾经是一个马克思主义者，考茨基早期的很多著作是阐述马克思主义的光辉典范。列宁说："卡尔·考茨基在1914—1916年间的战争以前是马克思主义者，他的一系列极为重要的著作和言论将永远是马克思主义的典范。"② 列宁一度肯定考茨基的《土地问题》《反对伯恩施坦》《社会革命》《取得政权的道路》等著作中的马克思主义观点的意义。在列宁看来，考茨基在第一次世界大战开始后彻底沦为机会主义者。列宁曾经这样描述这种演变，"德国社会民主党，以考茨基为代表，好像是在声明说：我仍然坚持革命观点（1899年）；我特别承认无产阶级的社会革命是不可避免的（1902年）；我承认革命的新纪元已经到来（1909年）；但是，一涉及无产阶级革命在对待国家方面的任务问题，我还是要从马克思在1852年所说的话向后倒退（1912年）"③。列宁在他早期的著作中也指出了考茨基在社会民主党战略和策略等政治和组织问题上的动摇性和不彻底性。列宁反对"合法马克思主义"、"经济派"和孟什维克的斗争，在很大程度上是反对考茨基对马克思主义的解释的斗争。列宁在研究考茨基背叛马克思主义的历史时，指出了他的不彻底性、立场不鲜明和在紧急形势下面对各种选择的关键时刻踌躇不定这样一些特点。甚至连考茨基本人都承认，他不是一个实干家，列宁严厉地批判了考茨基的这些特点，认为这些特点与考茨基自封为社会民主党的主要理论家和马克思恩格斯学说的继承人的做法是不相称的。当

---

① 〔德〕卡尔·考茨基：《一个马克思主义者的成长》，叶至译，生活·读书·新知三联书店，1973，第37页。
② 《列宁选集》第2卷，人民出版社，2012，第740页。
③ 《列宁选集》第3卷，人民出版社，2012，第212页。

指出考茨基在与伯恩施坦论战中立场不坚定时，列宁写道："这不是反驳伯恩施坦，同他进行论战，实际上是向他让步，是把阵地让给机会主义……"①在1914年《社会党国际的状况和任务》中，列宁指出："以考茨基为首的'中派'已经滚到机会主义方面"，②为机会主义进行辩护，列宁认为考茨基到后期放弃了马克思主义的革命本质，将考茨基称为"无产阶级革命的叛徒"。

列宁的评价是公正的，也是实事求是且符合历史唯物主义的。考茨基早期的观点是在制定与确立社会民主党的总原则，而各种历史事件又将直接准备与发动社会主义革命的问题提到议事日程上来，需要传播与捍卫马克思主义理论的基本原则的历史条件下形成的。在这种历史条件下，要回答的是怎样在坚持社会主义原则的基础上对世界进行改造的问题。考茨基早期是不是马克思主义者，是不是坚持了社会主义的原则，主要看他是不是站在马克思主义立场上，运用马克思主义的观点、方法分析社会现象。考茨基在早期即1910年以前对资本主义基本矛盾的揭露，对社会主义革命原则的坚持、对社会主义代替资本主义必然性的论证、对未来社会的预测，都说明了当时他对改造世界这一问题的认识坚持了科学社会主义的原则。

另外，要全面准确地评价考茨基早期的思想，也不能否认他早期的思想存在一定的局限性，要一分为二地对待考茨基早期的思想。考茨基早期对资本主义新变化认识不清楚，没有认识到帝国主义的本质问题，低估了修正主义在德国社会民主党内的影响。对修正主义批判得不彻底，回避无产阶级专政，没有认清民主的阶级性、民主与专政的相互制约性。正因为早期这些局限性，在面对资本主义发展的新形势时，一边是改良主义，另一边是以卢森堡为代表的革命左派，考茨基站到了既反对右派的改良主义又反对左派革命行动的中派主义立场上。在第一次世界大战爆发以后，考茨基提出"超帝国主义理论"，公开背叛了马克思主义，攻击无产阶级专政，成为彻底的机会主义者。

① 《列宁选集》第3卷，人民出版社，2012，第208页。
② 《列宁全集》第26卷，人民出版社，1988，第41页。

二　关于考茨基早期对伯恩施坦修正主义的批判问题

当伯恩施坦修正主义思潮出现时，考茨基作为当时第二国际赫赫有名的马克思主义理论权威，参与了马克思主义发展史上这次重要的关于马克思主义命运的大争论。在对伯恩施坦的批判中，考茨基的表现也是颇受关注的一个问题。对于这个问题，我国学者有两种不同的看法：一些学者持否定的态度，认为考茨基对伯恩施坦的批判采取的是敷衍应付的态度，只是做个姿态而已，是站在中派的调和立场上的；另一些学者是持完全肯定的态度，认为考茨基在同伯恩施坦的论战中，正确处理了友谊与原则的关系，捍卫了科学社会主义理论。列宁也曾肯定在伯恩施坦问题上考茨基的表现，但是列宁同时指出，考茨基的一些信件表明"他在攻击伯恩施坦之前有过很大的动摇"。①　列宁也没有明确地说过考茨基在批判伯恩施坦修正主义中已经变为中派主义或者是机会主义者，只是认为考茨基在国家问题上，将阵地让给了机会主义并且列宁还为考茨基为批判伯恩施坦而写的著作《伯恩施坦与社会民主党的纲领》一书写了书评，肯定了考茨基在批判修正主义中的贡献。

总体而言，列宁在这个问题上的评价是中肯的。判断考茨基当时究竟是不是态度坚决地站在马克思主义立场上，主要看他当时提出的理论是不是代表无产阶级的利益以及是否坚定追求共产主义的政治立场。显然考茨基在批判伯恩施坦歪曲马克思的资本积累学说时，明确提出了资本积累加速无产阶级的贫困化，揭示了资本主义生产社会化与生产资料私人占有之间的矛盾，其使无产阶级贫困加剧、阶级矛盾更加尖锐，并不是伯恩施坦所说的阶级矛盾趋于缓和。考茨基还通过列举德国工人具体的情况驳斥了伯恩施坦"有产者的人数在增加"的谬论。考茨基在对资本主义基本矛盾进行分析的基础上，预言革命即将到来，而且反对那些认为革命"已成过去"的人，考茨基令人信服地驳斥了资本主义和平长入社会主义的理论，重新强调革命理论及无产阶级坚定的阶级意识对推动无产阶级获得胜利所发挥的重要意义，这都

---

①　《列宁专题文集 论马克思主义》，人民出版社，2009，第276页。

说明了考茨基当时是站在马克思主义立场上对伯恩施坦进行批判的。并且在1898年的斯图加特代表大会和1899年的汉诺威代表大会，以及1901年的卢卑克代表大会与1902年的慕尼黑代表大会、1903年的德累斯顿代表大会上，针对伯恩施坦的问题，考茨基都作了发言，态度十分坚决地批评了伯恩施坦的修正主义思想。当然，不可否认的是，在一些问题上，考茨基对伯恩施坦修正主义批判得不彻底，例如关于国家学说，没有提出无产阶级专政的问题，说将这个问题留待将来去解决。他一直在阐释马克思的革命原则，也认为革命的时代已经到来，甚至对一些影响革命的因素、革命手段进行分析，但就是不提无产阶级要摧毁资产阶级的国家机器的问题，只承认夺取政权，不提专政的问题。这是他在批判伯恩施坦时理论上的局限性，也是他后期将民主与专政对立起来的一个原因。

列宁曾经指出，考茨基在俄国特别出名，是因为他除了对马克思主义作了通俗的解释，还同机会主义者及其首领伯恩施坦进行了论战。但是有一个事实几乎是没有人知道的，而如果要考察考茨基在1914—1915年危机最尖锐时期怎样堕落到最可耻地表现出张皇失措和替社会沙文主义辩护的地步，那又不能放过这个事实。这个事实就是：考茨基在起来反对法国最著名的机会主义代表（米勒兰和饶勒斯）和德国最著名的机会主义代表（伯恩施坦）之前，出现过很大的动摇。① 1901—1902年在斯图加特出版的、捍卫革命无产阶级观点的、马克思主义的《曙光》，曾不得不同考茨基进行论战，把他在1900年第二国际巴黎代表大会上提出的决议叫作"橡皮性"决议（考茨基决议），因为这个决议对机会主义者的态度是暧昧的、躲躲闪闪的、调和的。德国的书刊中还刊载过一些考茨基的信件，这些信件也表明他在攻击伯恩施坦之前有过很大的动摇。

三　关于考茨基早期与晚期思想的关系

考茨基社会主义思想发生了从早期到晚期的演变，全面把握考茨基的社

----

① 《列宁全集》第31卷，人民出版社，1985，第100—101页。

会主义思想，正确评价其早期和晚期思想的实质，总结经验教训，对辨析涉及考茨基社会主义思想的一些问题所制造的种种思想混乱，正确理解马克思主义具有重要意义。有些学者认为，考茨基晚期的一些思想是非常有价值的，以考茨基的社会主义"早产论"为代表，该理论质疑十月革命是俄国历史发展的必然，甚至认为它过早的夭折也是不可避免的。美国学者罗伯特·文森特·丹尼尔斯说："人们回过头来看，就可以证明了：俄国革命不是马克思主义所期望的革命；它窃据了马克思主义的合法继承性"，在他看来，俄国革命"并不是像马克思设想的那种形势的产物；它不是工业成熟的果实，而恰恰是产生于模仿欧洲快速工业化时的困难局面。因此，人们可以说，这是一场违反一般规律的、在一个缺乏理想条件的国家里取得政权的社会主义运动"。① 在苏联演变这一历史背景下，一些学者将苏联演变的根源甚至俄罗斯社会出现的一系列的政治、经济危机归咎于十月革命，认为苏东社会主义颠覆的根本原因在于这些国家不具备生产力高度发展所需的物质条件，越过了资本主义这一阶段，现代的社会主义国家应当补上资本主义的课，于是认为考茨基晚期准确地预言了苏联的命运从而对考茨基提出的社会主义"早产论"进行肯定。而我国在改革开放之后一段时间，社会主义"早产论"也粉墨登场，一些人通过攻击苏联的社会主义否定中国的社会主义制度，认为中国的社会主义是搞早了，违背客观发展规律，是"早产儿"，鼓吹中国应该走民主社会主义的道路。这些谬论对我们建设中国特色社会主义产生了很大的破坏性。

对于这样的观点，要先明确其产生的原因，第二次世界大战之后，资本主义经济恢复了生机，资本主义经历了一个黄金发展年代，主要资本主义国家的人均 GDP 增幅都达到了 10% 左右，在这样的情况下，资本主义国家仍然主导着信息技术革命，在新一轮产业革命中西方国家仍然处于主导地位，资本主义呈现出"垂而不死""腐而不朽"的特征。相反，在第二次世界大

---

① 〔美〕罗伯特·文森特·丹尼尔斯：《革命的良心——苏联党内反对派》，高德平译，北京出版社，1985，第 622、624 页。

战后至 20 世纪 90 年代前，社会主义事业却出现了严重的失误。在探索改革的过程中，一些社会主义国家又遭受了严重的挫折甚至出现倒退。自 1917年"震撼世界的十天"发生七十多年后，苏联又迎来了"震撼世界的六年"（1985—1991）——那场最终导致苏联解体的戈尔巴乔夫改革。东欧社会主义国家也相继发生剧变，社会主义事业一时处于低谷时期。在这种复杂的情况下，许多西方学者对马克思主义产生了质疑，质疑马克思主义的价值，质疑马克思主义指导现实的作用。以戈尔巴乔夫、麦德维杰夫为代表的"改革派"继续着这样的讨论：十月革命到底是不是"早产的社会主义革命"？换言之，十月革命道路中的列宁主义是否正确？它是否违背了马克思主义的唯物史观？马克思早在 19 世纪 50—70 年代，在他的《〈政治经济学批判〉序言》《资本论》《哥达纲领批判》等著作中，就谈到了人类社会历史发展的一般趋势，认为亚细亚的、古代的、封建的、资本主义的生产方式可以看作社会经济形态演进的自然历史过程。资本主义的灭亡和社会主义的胜利是同样不可避免的。社会主义革命将首先在西欧比较先进的资本主义国家取得胜利。而事实上，俄国的十月革命是在一个小农占多数的、经济文化比较落后的、资本主义还没有充分发展的国家取得胜利的；是布尔什维克党在列宁的"一国胜利论"的武装下，努力奋斗取得胜利的。

整体而言，对俄国革命的争议无非是集中在一个焦点上，即始终围绕着"俄国社会主义革命是否违背了唯物史观"这一"旋转的陀螺"展开。无论是反思俄国现实的学者们，还是包括考茨基在内的反对十月革命的人，他们的一个共同的特点就是把马克思的唯物史观看成是单纯的经济决定论，而将列宁领导的十月革命看成是不顾经济条件的唯意志论的表现。他们固守于马克思所提出的西欧社会主义革命模式，把马克思的社会经济形态学说看作简单划一的机械图式。考茨基更是如此，考茨基晚期攻击俄国的十月革命，主要的依据是俄国的经济还没有达到成熟的程度，不具备马克思所说的必要的物质条件。从这一点看，考茨基晚期无疑是犯了第二国际修正主义者普遍存在的庸俗"机械决定论"的错误。他将生产力看作制约社会历史进程的唯一因素，而忽视了上层建筑对经济基础的反作用，忽视了革命政党、革命阶级和人民群众在历史上的能动作用。他们不懂辩证法，把马克思的唯物史观与辩证法割裂开来。

事实上，根据马克思的唯物辩证法，社会存在决定社会意识，但是社会意识也会反作用于社会存在，马克思强调人的主观能动性，历史的必然性必须经过人的作用才能成为事实，社会主义代替资本主义是历史的必然，但是无产阶级要通过阶级斗争夺取政权，进而实现共产主义的目标。而且恩格斯晚年也明确指出经济因素并不是社会发展的唯一因素，强调社会意识对社会存在、上层建筑对经济基础的反作用。"根据唯物史观，历史过程中的决定性因素归根到底是现实生活的生产和再生产……经济状况是基础，但是对历史斗争的进程发生影响并且在许多情况下主要是决定着这一斗争的形式的，还有上层建筑的各种因素"。[1] 所以，考茨基的社会主义"早产论"的症结就在于他完全放弃了马克思主义的唯物辩证法，只看到经济因素起决定作用，没有看到社会意识对社会存在、上层建筑对经济基础的反作用。

此外，俄国当时已经具备了发生社会主义革命的客观和主观条件，特殊的历史背景促成了十月革命。1914年爆发的世界大战对俄国十月革命条件的成熟起了很大的推动作用。在经济方面，俄国当时尽管是一个落后的国家，但它只是帝国主义中的落后国家，俄国的资本主义是不发达，然而在国际垄断资本主义的影响下，相对来说它还是积累了一定的物质条件。列宁指出："战争异乎寻常地加快了事态的发展"，而战争"令人难以置信地加深了资本主义的危机"，要求人民作出选择，"是死亡，还是马上采取走向社会主义的坚决步骤"。[2] 在政治方面，世界大战对俄国人民来说是一场空前的灾难，无论沙皇还是二月革命之后的资产阶级临时政府都在参战，小资产阶级死守民主革命不能排除资产阶级的信条，如此这些政治力量都站在了人民的对立面，进而改变了俄国国内的阶级力量对比，阶级矛盾尖锐。关于主观条件，当时俄国的无产阶级已经拥有一个反对现存政权而且得到群众支持的革命政

---

① 《马克思恩格斯文集》第10卷，人民出版社，2009，第591页。
② 《列宁全集》第32卷，人民出版社，1985，第108页。

党即布尔什维克党，这个党代表着人民的利益，革命因素在不断增加，这些无不预示着十月革命是历史的必然。所以，我们应该看到判断无产阶级发动革命的条件是否成熟，不但要看客观经济发展的水平，还要看当时国际国内新的政治形势特别是国内的阶级力量对比情况。

列宁站在时代的前列，对俄国的现实国情进行了正确的、清醒的认识，并敢于突破西欧的革命模式，敢于突破第二国际的流行思潮，提出"一国胜利论"。他根据国际共产主义运动的现实状况，提出和论证了社会主义革命可以首先在资本主义工业不发达的、无产阶级占少数的国家取得胜利的理论。在一定的物质生产前提下，在阶级力量对比有利于无产阶级、革命时机相当成熟时，列宁和布尔什维克党因势利导，胜利地发动俄国的十月社会主义革命，是符合历史规律的。十月革命的胜利也证明了"一国胜利论"的正确性和俄国社会主义革命的必然性。此外，列宁从来没有把发动社会主义革命的物质前提和建立完全的社会主义的物质前提等同起来。十月革命取得胜利后，列宁就反复强调要把国家的工作重心转移到经济文化建设上来。因为他清醒地知道，革命的成功只是取得社会主义胜利的前提和条件，社会主义的最终胜利还是要取决于坚实的物质基础。

一些学者利用考茨基晚期对十月革命的攻击，否定列宁。事实上所谓"早产论"，即说俄国革命是"早产的社会主义革命"，考茨基的主要目的就是诋毁伟大的十月革命，诋毁列宁主义，同时也想在德国工人中间宣传修正主义的思想。所以他将十月革命定义为最后一次资产阶级革命，而不是第一次社会主义革命。因此，考茨基早期和晚期的思想不存在统一性，早期思想的局限性导致了晚期思想的转变，考茨基晚期已经不是马克思主义者，其社会主义"早产论"也不符合马克思主义理论。

从世界范围看，虽然 20 世纪资本主义有一些成绩，但是它也有系统的危机，20 世纪以来资本主义经历了多次系统的危机，从 1929 年到 1933 年的大萧条，资本主义希望通过凯恩斯主义引领自身走出危机，但是到 70 年代，凯恩斯主义失效了，资本主义也经历了动荡的 70 年代——爆发了系列的石油危机，在石油危机的刺激下新自由主义登场，资本主义通过新自由主义的机制来调节自身遇到的这些矛盾，可是也失败了。2008 年经济危机以前所未有的破坏力冲击着世界经济，而后伴随着欧洲债务危机等系列危机，这些危机深刻影响着当前的世界格局和形势。马克思说经济危机恰恰是资本主义基本矛盾的一种反应。资本主义经济危机也说明资本主义的制度没有办法驾驭它的生产力。就此而言，资本主义的限制本身就是资本本身。我们可以看到系列的危机频繁发生并且以各种各样的形式影响经济运行过程，因此，资本主义的发展是一个长期的过程，而资本主义的灭亡也将是一个长期过程，但是只要资本主义的基本矛盾存在，它的危机就一直会存在，那么马克思对资本主义必然灭亡的基本判断就没有过时。马克思恩格斯关于资本主义社会基本矛盾的分析没有过时，关于资本主义必然消亡、社会主义必然胜利的历史唯物主义观点也没有过时。

结　语

　　考茨基的政治立场的变化大致经历了三个阶段：第一阶段，1880—1910年，马克思主义时期；第二阶段，1910—1914年，中派主义时期；第三阶段，1914年以后，成为一个彻底的机会主义者。如果仅仅根据其中某一个阶段的政治立场来概括考茨基的一生，那便是过于简单化，也不符合实际情况。对于在国际共运史上存在重大立场转变的人物，我们要以实事求是、客观公正的态度去研究他。

　　考茨基早期对科学社会主义做出了重要的理论贡献，他运用唯物史观，以生动形象的笔触阐述了社会主义理论与实践发展的历程，考察了科学社会主义以前的"共产主义"思想，深化了人们对社会主义先驱的认识。在与伯恩施坦修正主义的斗争中，针对伯恩施坦对马克思唯物史观及辩证法、马克思关于资本积累及其历史趋势理论、马克思关于经济危机理论的否定以及杜撰的马克思"资本主义崩溃论"，考茨基进行了有力批判，捍卫了马克思主义的基本原则。考茨基结合19世纪末20世纪初国际形势，分析无产阶级革命的必要性以及革命的手段，一方面指出无产阶级通过革命夺取政权的必然性，另一方面指出了资本主义新形势下利用合法斗争手段的必要性，丰富和发展了恩格斯晚年策略思想；考茨基早期对未来社会进行了探索，对未来社会基本经济制度进行分析，提出无产阶级夺取政权以后未来社会生产资料所有制形式的多样性，未来社会将会通过各种方式极大地促进生产力的发展，通过习惯、纪律、增加对劳动力的吸引力等方法提高生产力；无产阶级夺取政权以后在分配制度方面遵循灵活分配的原则，逐渐实现按劳分配，最终实现按需分配；无产阶级要采取措施促进精神生产。考茨基还对未来社会人的发展进行了探索，指出无产阶级夺取政权以后培养未来新人的重要性。考茨基在做出贡献的同时也存在理论局限性：对资本主义新变化的认识存在严重不足；一开始对修正主义批判不彻底；回避无产阶级专政问题。这些都导致他最后走向机会主义。

研究考茨基早期社会主义思想，对我们学习马克思主义理论以及实践社会主义有几点启示。

第一，考茨基早期对科学社会主义做出了重要的理论贡献，他结合当时历史情况阐释了自身对科学社会主义的认识，尤其是考茨基早期在对未来社会的探索中，针对无产阶级取得胜利以后的情况对建立社会主义提出了很多的具体措施，这对于我们进一步建设社会主义来说具有重要的借鉴意义。我国社会主义是在生产力比较落后的社会基础上建立的，尽管经过了几十年的发展，取得了巨大成就，但尚未从根本上摆脱不发达的状态，我国目前处于不成熟、不完善的社会主义阶段。西方国家尤其是第二国际一些著名理论家对科学社会主义的认识与理解以及争论，对于我们今天建设中国特色社会主义具有重要的理论意义与现实意义。

第二，在马克思主义发展过程中，势必会出现各种各样的社会思潮，需要正确对待，同各种企图颠覆马克思主义的思潮做坚决斗争。马克思恩格斯曾在第一国际时期以及第一国际解散以后的若干年中，坚持不懈地与工人运动中形形色色的资产阶级以及小资产阶级思想体系做斗争，使马克思主义在工人运动中取得主导地位。后来各国工人政党又在恩格斯的指导之下，与法国可能派等机会主义做斗争，成功建立了第二国际，考茨基早期在与修正主义斗争中尽管在某些问题上有不彻底的表现，但是在斗争中对科学社会主义做出了重要理论贡献。这些都使我们认识到马克思主义在与各国实践相结合的过程中，势必会受到各种各样的社会思潮影响，马克思主义者所面临的任务仍是坚决同资产阶级性质的各种思潮划清界限。我们要正确对待各种社会思潮，用马克思唯物史观及辩证法，正视其存在，认识其本质，坚持学习马克思主义理论，发展马克思主义，发展其各个组成部分，做坚定的马克思主义者。

第三，无产阶级政党始终要坚持马克思主义革命原则，努力分清哪些是必须要澄清的附加在马克思主义名下的错误观点。在马克思主义发展史上的第二国际时期，各种机会主义一个明显的特点就是都打着马克思主义旗号同马克思主义做斗争。就拿考茨基来说，他后期已经成为机会主义者，但是在自传中考茨基多次强调自己自始至终都是一名马克思主义者，从选定马克思主义之后，就一直没有迷失过方向，任何新的认识都是服务于同一个目标，进而坚定自己对所选方向与所采用的方法的正确性的信念。最后他强调："我将作为坚定不移的马克思主义者而死，正如我作为坚定不移的马克思主义者而活一样。"① 之所以这么做，原因如列宁所说："马克思主义在理论上的胜利，逼得它的敌人装扮成马克思主义者，历史的辩证法就是如此"②。研究考茨基早期社会主义思想给我们提供的重要方法之一就是，如何判断谁才是真正的马克思主义者，而哪些是附加在马克思主义名下的错误观点。这对全面正确地认识马克思主义意义重大。马克思主义是科学的世界观和方法论，需要我们全面地、科学地、历史地研究与学习。只有如此，才能真正地坚持马克思主义并发展马克思主义。

第四，考茨基早期社会主义思想的局限性应该引起重视。考茨基转向机会主义的立场一方面和他前期理论方面的局限性有很大的关系，另一方面也受当时的客观环境影响。考茨基对马克思主义理解的局限性也代表了他那一代人对此理解的局限性。事实上列宁也曾认为，资本主义几十年的"和平"时期并不是没有留下痕迹，它在一切国家中不可避免造成机会主义，并且使机会主义在一些议会、工会以及新闻界等的领袖中占据了优势。所以，直到今天仍有学者认为考茨基转变为机会主义者是特定历史阶段的产物，也是对当时德国半民主半专制的特殊国情的一种反映，只要德国完成了社会转型，

---

① 〔德〕卡尔·考茨基：《一个马克思主义者的成长》，叶至译，生活·读书·新知三联书店，1973，第37页。
② 《列宁选集》第2卷，人民出版社，2012，第307页。

机会主义就没有生存的空间。20世纪上半叶一系列社会主义革命取得胜利，雄辩地证明机会主义已成为一种被抛弃的理论，同时这也是考茨基去世以后，不管是在欧洲的发达资本主义国家还是苏联东欧一些社会主义国家，考茨基的政治思想很少有人提及的一个重要原因。但是今天我们还是要引以为戒，结合新的实际情况，在丰富和发展马克思主义的过程中，竭力摒除一切错误的观点。

参考文献

一　经典著作

《马克思恩格斯选集》第 1 卷，人民出版社，2012。

《马克思恩格斯选集》第 2 卷，人民出版社，2012。

《马克思恩格斯选集》第 3 卷，人民出版社，2012。

《马克思恩格斯选集》第 4 卷，人民出版社，2012。

《马克思恩格斯文集》第 1 卷，人民出版社，2009。

《马克思恩格斯文集》第 2 卷，人民出版社，2009。

《马克思恩格斯文集》第 3 卷，人民出版社，2009。

《马克思恩格斯文集》第 5 卷，人民出版社，2009。

《马克思恩格斯文集》第 9 卷，人民出版社，2009。

《马克思恩格斯文集》第 10 卷，人民出版社，2009。

《马克思恩格斯全集》第 35 卷，人民出版社，1971。

《马克思恩格斯全集》第 38 卷，人民出版社，1972。

《马克思恩格斯全集》第 36 卷，人民出版社，1974。

《列宁全集》第 32 卷，人民出版社，1985。

《列宁全集》第 39 卷，人民出版社，1986。

《列宁全集》第 26 卷，人民出版社，1988。

《列宁全集》第 54 卷，人民出版社，1990。

《列宁专题文集》，人民出版社，2009。

《列宁选集》第2卷，人民出版社，2012。

《列宁选集》第3卷，人民出版社，2012。

列宁：《无产阶级革命和叛徒考茨基》，人民出版社，1964。

二　中文专著

顾海良、张雷声：《20世纪国外马克思经济思想史》，经济科学出版社，2006。

黄达强、高放：《社会主义思想史》，中国人民大学出版社，1986。

黄继锋、金蕴达：《斯大林传》，当代世界出版社，1998。

《机会主义、修正主义资料选编》编译组：《第二国际修正主义者关于帝国
　　主义的谬论》，生活·读书·新知三联书店，1976。

季丰、韩文臣、闻文：《国际共运史上的一大论战——关于恩格斯的〈《马
　　克思法兰西阶级斗争》导言〉的争辩和评论》，社会科学文献出版社，
　　1995。

贾淑品：《列宁、卢森堡、考茨基与伯恩施坦主义》，人民出版社，2013。

刘佩弦、马健行主编《第二国际若干人物的思想研究》，中国人民大学出版
　　社，1994。

彭树智：《叛徒考茨基》，陕西人民出版社，1974。

沈展云：《灰皮书，黄皮书》，花城出版社，2007。

苏颖：《卡尔·考茨基的生平与思想研究》，山东大学出版社，2013。

王学东编《考茨基文选》，人民出版社，2008。

邢来顺：《迈向强权国家：1830年—1914年德国工业化与政治发展研究》，
　　华中师范大学出版社，2002。

徐琳、高齐云：《马克思主义哲学史》第3卷（修订本），北京出版社，2005。

殷叙彝：《社会民主主义概论》，中央编译出版社，2011。

殷叙彝等：《第二国际研究》，中央编译出版社，1998。

张新：《恩格斯传》，当代世界出版社，1998。

张玉宝：《卡尔·考茨基及其中派主义》，中国社会科学出版社，2014。

张志军：《20世纪国外社会主义理论、思潮及流派》，当代世界出版社，2008。

中共中央党校国际工人运动史教研室编《列宁·第二国际·社会民主主义》，中共中央党校出版社，1990。

中共中央马克思恩格斯列宁斯大林著作编译局国际共运史研究室编《德国社会民主党关于伯恩施坦问题的争论》，生活·读书·新知三联书店，1981。

中共中央马克思恩格斯列宁斯大林著作编译局国际共运史研究室编《卢森堡文选》（上），人民出版社，1984。

中共中央马克思恩格斯列宁斯大林著作编译局国际共运史研究室编《米勒兰事件》，生活·读书·新知三联书店，1980。

中共中央马克思恩格斯列宁斯大林著作编译局资料室编《伯恩施坦言论》，生活·读书·新知三联书店，1966。

中共中央马克思恩格斯列宁斯大林著作编译局资料室编译《考茨基言论》，生活·读书·新知三联书店，1966。

中国人民大学国际政治系编《马克思恩格斯列宁斯大林论科学社会主义》（第3卷），中国人民大学出版社，1988。

中国人民大学科学社会主义系主编《国际共产主义运动史文献史料选编》，中国人民大学出版社，1983。

中央编译局世界社会主义研究所编《当代国外社会主义：理论与模式》，中央编译出版社，1998。

三　中文译著

〔苏〕苏联科学院国际工人运动研究所编《国际工人运动历史和理论问题》第2卷，王自杭等译，工人出版社，1984。

〔德〕卡尔·考茨基：《马克思的经济学说》，区维译，生活·读书·新知三联书店，1958。

〔德〕卡尔·考茨基：《莫尔及其乌托邦》，关其侗译，生活·读书·新知三联书店，1963。

〔德〕卡尔·考茨基：《爱尔福特纲领解说》，陈冬野译，生活·读书·新知三联书店，1963。

〔德〕卡尔·考茨基：《近代社会主义的先驱》（第一卷），韦建桦译，商务
　　印书馆，1989。

〔德〕卡尔·考茨基：《土地问题》，梁琳译，生活·读书·新知三联书店，1955。

〔德〕卡尔·考茨基：《社会革命》，何江、孙小青译，人民出版社，1980。

〔德〕卡尔·考茨基：《伦理与唯物史观》，董亦湘译，新文化书社，1926。

〔德〕卡尔·考茨基：《取得政权的道路》，刘磊译，生活·读书·新知三联
　　书店，1961。

〔德〕卡尔·考茨基：《基督教之基础》，叶启芳等译，生活·读书·新知三
　　联书店，1955。

〔德〕卡尔·考茨基：《一个马克思主义者的成长》，叶至译，生活·读书·
　　新知三联书店，1973。

〔德〕卡尔·考茨基：《无产阶级专政》，叶至译，生活·读书·新知三联书
　　店，1963。

〔德〕卡尔·考茨基：《陷于绝境的布尔什维主义》，卜君、杨德译，生活·读
　　书·新知三联书店，1965。

〔德〕卡尔·考茨基：《恐怖主义和共产主义》，马清槐译，生活·读书·新
　　知三联书店，1963。

〔德〕卡尔·考茨基：《民族国家、帝国主义国家和国家联盟》，何疆、王禺
　　译，生活·读书·新知三联书店，1963。

〔德〕卡尔·考茨基：《帝国主义》，史集译，生活·读书·新知三联书店，
　　1964。

〔德〕卡尔·考茨基：《国际主义和战争》，许长卿译，生活·读书·新知三
　　联书店，1963。

〔德〕卡尔·考茨基：《国防问题和社会民主党》，何疆、王禺译，生活·读
　　书·新知三联书店，1964。

〔德〕卡尔·考茨基：《社会民主主义对抗共产主义》，李石秦译，生活·读
　　书·新知三联书店，1963。

〔德〕弗·梅林:《德国社会民主党史》(第四卷),青载繁译,生活·读书·新知三联书店,1966。

〔德〕爱德华·伯恩斯坦:《社会主义的前提和社会民主党的任务》,宋家修等译,生活·读书·新知三联书店,1958。

〔德〕爱德华·伯恩施坦:《一个社会主义者的发展过程》,史集译,生活·读书·新知三联书店,1962。

〔德〕爱德华·伯恩施坦:《社会主义的历史和理论》,马元德等译,东方出版社,1989。

〔苏〕列夫·托洛茨基:《托洛茨基自传:我的生平》,赵泓、田娟玉译,上海人民出版社,2014。

〔苏〕普拉托诺夫:《马克思主义和达尔文主义》,张绅译,上海人民出版社,1959。

〔苏〕布赖奥维奇:《卡尔·考茨基及其观点的演变》,李兴汉等译,东方出版社,1986。

〔苏〕切尔涅佐夫斯基:《革命马克思主义者反对中派主义的斗争》,李宗禹、李兴耕译,中国人民大学出版社,1988。

〔英〕戴维·麦克莱伦:《马克思以后的马克思主义》,李智译,中国人民大学出版社,2008。

四 期刊论文

陈学明:《罗莎·卢森堡对伯恩斯坦、考茨基修正主义的批判》,《学海》2009年第2期。

陈学明:《评卡尔·考茨基的主要理论观点》,《马克思主义与现实》2008年第4期。

范绪柱:《考茨基早期思想研究述评》,《湖北理工学院学报》(人文社会科学版)2013年第6期。

谷亚红:《论考茨基和卢森堡关于俄国十月革命性质的理论差别——纪念十月革命胜利90周年》,《湖北社会科学》2007年第8期。

侯文文、徐方平：《论考茨基唯物主义历史观的理论贡献和历史局限》，《理论探讨》2019 年第 2 期。

贾淑品：《论考茨基和伯恩施坦关于资本主义及其发展趋势的论争》，《科学社会主义》2012 年第 6 期。

金隆德：《考茨基〈唯物主义历史观〉的理论贡献》，《中国社会科学》1989 年第 6 期。

李士珍：《考茨基的"超帝国主义"论析评》，《理论与改革》2011 年第 3 期。

李兴耕：《关于考茨基中派主义形成的时间问题》，《世界历史》1982 年第 2 期。

李兴耕：《近三十年来西德和民主德国的考茨基研究》，《国际共运史研究资料》1983 年第 1 期。

李兴耕：《两种截然不同的立场——关于卢森堡和考茨基对俄国革命的评论》，《国际共运史研究资料》1982 年第 1 期。

李宗禹：《关于考茨基主义研究中的一些问题》，《世界历史》1982 年第 3 期。

启迪：《卡尔·考茨基的回忆录——〈回忆与探讨〉》，《国际共运史研究资料》1982 年第 2 期。

沈德良：《对考茨基决议案的重新评价》，《世界历史》1989 年第 1 期。

宋希仁：《列宁：〈考茨基《取得政权的道路》〉》，《教学与研究》1963 年第 1 期。

苏颖：《考茨基的"超帝国主义论"及其当代启示》，《历史教学》（高校版）2009 年第 4 期。

孙关宏、王向民、梁莉：《民主与社会主义：历史与逻辑的考察—对考茨基民主理论的再认识》，《当代世界与社会主义》2008 年第 1 期。

孙国华：《怎样阅读列宁的"无产阶级革命与叛徒考茨基"》，《读书月报》1957 年第 11 期。

孙来斌、李玉姣：《妙论抑或谬论？——从苏联演变看考茨基的"早产论"》，《高校理论战线》2008 年第 7 期。

王长江：《考茨基和德国社会民主党的土地问题争论》，《国际共运史研究资料》1986 年第 3 期。

卫兴华：《评介考茨基的〈马克思的经济学说〉》，《读书》1959 年第 16 期。

谢淀波：《试论考茨基的思想演变及其教训》，《中国人民大学学报》1987 年
　　第 6 期。

辛庚：《考茨基关于列宁的一封信》，《国际共运史研究资料》1983 年第
　　2 期。

徐耀新：《考茨基与〈哥批〉的发表》，《南京师大学报》（社会科学版）1981
　　年第 3 期。

杨瑞森：《列宁：考茨基与潘涅库克的论战》，《教学与研究》1963 年第 2 期。

姚鹏：《原始基督教是被压迫阶级的革命运动——浅评卡尔·考茨基的〈基
　　督教之基础〉》，《复旦学报》（社会科学版）1981 年第 4 期。

姚顺良、夏凡：《重新审视考茨基理解资本主义现代形态的"另类"模式》，
　　《南京社会科学》2008 年第 10 期。

余汉熙：《论考茨基对伯恩施坦修正主义的批判》，《思想战线》1983 年第
　　3 期。

俞良早：《评列宁、考茨基关于十月革命问题的思想分歧》（下），《南京政
　　治学院学报》2017 年第 4 期。

张扬：《考茨基〈社会主义伦理学〉》，《道德与文明》1985 年第 5 期。

张颖：《试谈卡尔·考茨基的思想演变历程》，《中南大学学报》（社会科学
　　版）2014 年第 1 期。

张忠军：《重评考茨基在米勒兰事件中的立场》，《山东大学学报》（哲学社
　　会科学版）1989 年第 1 期。

赵延民：《列宁对考茨基的批判及其现实意义》，《社会主义研究》1992 年第
　　2 期。

郑邦兴：《考茨基的社会主义观评述》，《社会主义研究》1988 年第 2 期。

周懋庸：《1910 年卢森堡和考茨基关于群众罢工和建立共和国的争论》，《国
　　际共运史研究资料》1986 年第 3 期。

〔德〕埃里希·马蒂亚斯：《考茨基和考茨基主义（摘录）——第一次世界

大战前思想体系在德国社会民主党内的作用》，李兴耕译，《国际共运史研究资料》1983 年第 1 期。

〔德〕路易莎·考茨基：《卡尔·考茨基》，唐春华译，《国际共运史研究资料》1985 年第 3 期。

〔德〕汉·尤·门德：《考茨基的中派主义观点》，溪人译，《国际共运史研究》1988 年第 3 期。

〔德〕U. 拉茨：《近年来关于考茨基的研究和著作评介》，殷叙彝译，《国外社会科学》1989 年第 11 期。

〔德〕安奈利斯·拉希察：《卡尔·考茨基》，葛斯译，《国际共运史研究》1990 年第 3 期。

〔德〕梯尔·舍尔特：《卡尔·考茨基对于国际社会主义工人运动的重要意义——考茨基国际学术会议纪要》，商鼎译，《国际共运史研究》1990 年第 3 期。

〔美〕约翰·考茨基：《卡尔·考茨基和欧洲共产主义（摘录）》，刘庸安译，《国际共运史研究资料》1986 年第 2 期。

〔苏〕尤·切尔涅佐夫斯基：《第一次世界大战以前列宁为首的布尔什维克党反对考茨基中派主义的斗争》，张世鹏译，《政治研究》1986 年第 3 期。

五　学位论文

林颐：《考茨基垄断资本主义时期的民主及其变革方式理论研究》，博士学位论文，南开大学，2014。

张颖：《考茨基的唯物主义历史观研究》，博士学位论文，复旦大学，2014。

附录　卡尔·考茨基生平大事记

1854 年　10 月 16 日，出生于奥地利帝国所辖的布拉格。

1863 年　全家迁居维也纳。

1874 年　中学毕业，同年秋季进入维也纳大学哲学系学习。

1875 年　1 月，加入奥地利社会民主党，开始为党的机关报《平等报》和德国社会民主党的机关报《前进报》等撰稿。

1876 年　在莱比锡旅行时，同威廉·李卜克内西和倍倍尔有过个人接触。

1878 年　创作的一个剧本在维也纳演出。

1880 年　1 月，迁居苏黎世，为德国社会民主党党员卡尔·赫希柏格编辑《社会科学和社会政策年鉴》，并为《政治经济论丛》撰稿。在那里结识爱德华·伯恩施坦，并成为朋友。同年，出版《人口增殖对社会进步的影响》《爱尔兰》《大洋彼岸的食物竞争》《国际劳工保护立法》等著作。

1881 年　开始与马克思和恩格斯通信。3 月，前往伦敦会见马克思和恩格斯，并与恩格斯建立密切的交往。

1882 年　由于赫希柏格经济破产，考茨基返回维也纳。同年，完成《婚姻和家庭的起源》一文，准备申请博士学位，未果。

1883 年　1 月，在恩格斯、倍倍尔和威廉·李卜克内西的支持下，创办了德国社会民主党的理论刊物——《新时代》，并担任主编。

1884 年　在《新时代》上同施拉姆就洛贝尔图斯的问题展开论战。

1885 年 11 月，迁居伦敦。在伦敦继续编辑《新时代》，并在恩格斯指导下从事经济学和历史学研究。

1887 年 出版《马克思的经济学说》。

1888 年 出版《莫尔及其乌托邦》。同年，参与奥地利社会民主党《海因菲尔德纲领》的起草工作。

1889 年 为纪念法国大革命一百周年，出版《1789 年的阶级矛盾》。

1890 年 德国"反社会党人法"废除，考茨基返回斯图加特。同年，出版了小册子《劳工保护，特别是国际劳工保护立法和八小时工作制》。

1891 年 1 月，在《新时代》杂志上发表被搁置已久的马克思的《哥达纲领批判》。同年，与爱德华·伯恩施坦合作起草德国社会民主党的纲领，考茨基起草的纲领的理论部分，后来获得通过，即《爱尔福特纲领》。

1892 年 出版《爱尔福特纲领解说》。

1893 年 7 月，出版《议会制度、人民立法和社会民主党》。12 月，发表《社会民主党的教义问答》。

1894 年 出版《近代社会主义的先驱》一书，并为《社会主义运动史》写作"从柏拉图到再洗礼派"一章。

1895 年 写作出版《恩格斯的生平与著作》。

1896—1898 年 在《新时代》上发表伯恩施坦阐述其修正主义的系列文章。

1897 年 移居柏林，出版《消费合作社和工人运动》。

1898 年 10 月，在德国社会民主党斯图加特代表大会上就伯恩施坦问题发言。

1899 年 年初，出版《土地问题》。9 月，出版《伯恩施坦与社会民主党的纲领》一书批判伯恩施坦修正主义。

1900 年 9 月，在第二国际巴黎代表大会上讨论米勒兰加入资产阶级内阁事件时，起草决议，即"考茨基决议"，并获得通过。10 月，发表《社会党代表大会和社会党党员部长》一文，阐述自己对米勒兰入阁事件的看法。

1901 年 出版《商业政策和社会民主党》。

1902 年　整理出版马克思的《〈政治经济学批判〉导言》，撰写《奥地利社会民主党纲领的修改》《斯拉夫人与革命》《社会民主党和天主教会》等文章。

同年，在荷兰阿姆斯特丹社会主义读书会发表题为《社会革命》的演讲，后来整理成小册子出版，即《社会革命》。

1903 年　发表《阶级利益、特殊利益、整体利益》，为纪念马克思逝世 20 周年发表《马克思主义的三次危机》。

1905—1910 年　整理出版马克思的遗作《剩余价值学说史》。

1906 年　发表《知识分子与社会民主党》《俄国革命的动力和前途》《伦理学和唯物主义历史观》等文章。

1907 年　出版《社会民主党和殖民政策》。

1908 年　撰写《马克思及其历史意义》等文章。同年，出版《基督教之基础》。

1909 年　出版《取得政权的道路》。

1910 年　出版《自然界和社会中的增殖和发展》。同年，与卢森堡等人围绕群众罢工问题展开辩论，马克思主义中派出现。

1911 年　4 月，发表《战争与和平——关于五一节的感想》。

1912 年　4 月，发表《五一节和反对军国主义的斗争》。8 月，与荷兰社会民主党左派潘涅库克在《新时代》上围绕国家与革命问题展开论战，发表《新策略》。9 月，发表《再论裁军》。12 月，发表《最近的激进主义》。

1913 年　编辑出版了《资本论》的普及版。7 月，发表《对于深思熟虑的深思》，反对将俄国 1905 年革命的方式应用于德国。

1914 年　2 月，发表《政治性的群众罢工》。8 月，第一次世界大战爆发，考茨基投票支持本国政府的战争预算。8 月 8 日，发表《战争》，呼吁党的团结。

9 月，发表《帝国主义》，提出"超帝国主义理论"。10 月 2 日，发表《战争时期的社会民主党》，阐述党在战争时期的政策。11 月，发表《国际主义和战争》，1915 年以小册子形式出版。同年，出版了《种族和犹太人》。

1915年　2月，出版《民族国家、帝国主义国家和国家联盟》，系统讲述"超帝国主义理论"。4—5月，发表《两本论述重新学习的书》和《再论我们的幻想》，反对社会民主党内的沙文主义，进一步阐述超帝国主义。6月18日，与哈阿兹和伯恩施坦联名在《莱比锡人民报》上发表《当务之急》，反对德国政府的侵略性战争。

1916年　出版《中欧合众国》《信念和政党》等论著。

1917年　4月，脱离社会民主党，组织成立德国独立社会民主党。写作《塞尔维亚和比利时》《阿尔萨斯—洛林》等文章。10月，被调离《新时代》编辑部。

1918年　8月，出版《无产阶级专政》，反对苏俄的布尔什维克专政。11月，德国革命爆发，在德国社会民主党与独立社会民主党联合政府中担任外交部副部长和社会化委员会主席的职务。年底，发表《国民议会和苏维埃会议》《继续推进革命》等文章，阐述独立社会民主党的政策。

1919年　2月，参加在伯尔尼召开的西欧社会民主党战后第一次代表会议，6月，出版《恐怖主义和共产主义》。同年发表《农业的社会化》《威尔逊政策的根源》《世界大战是如何爆发的》。

1920年　8月至1921年1月　接受格鲁吉亚孟什维克政府的邀请，考察格鲁吉亚的社会建设。出版《格鲁吉亚——一个社会主义的农民共和国》。

1920年　出版《德尔布吕克和威廉第二》《国际的过去和未来》等著作。

1921年　2月，参与筹备维也纳国际。同年，出版《从民主制到国家奴隶制》，反对苏俄社会主义实践。

1922年　出版《无产阶级革命及其纲领》，为德国社会民主党与独立社会民主党的统一提供理论基础。9月，随部分独立社会民主党成员回归德国社会民主党。

1923年　伯尔尼国际与维也纳国际合并为社会主义工人国际，同年，出版自传《一个马克思主义者的成长》。

1924年　迁居维也纳。

1927年　出版《唯物主义历史观》，考茨基称该书是他"毕生著作的精华"。此后，考茨基开始研究战争问题。

1928年　出版《国防问题和社会民主党》一书，研究了战争与和平问题，实际上是谈无产阶级解放道路问题、反对暴力革命斗争，且集中阐释了他在战争与和平问题上的修正主义观点。

1930年　9月，出版《陷于绝境的布尔什维主义》，反对苏联社会主义，反对苏联的农业集体化政策，对苏联的体制作出批判。

1932年　2月，出版《战争和民主》一书，认为战争恐怖会给人类带来贫困和灾难，而且会彻底摧毁一切文明，而留下来的（至少在欧洲）仅仅是冒烟的废墟和腐烂的尸体。

1935年　出版《马克思主义的早期历史》，公开了恩格斯自1880年至1895年间写给考茨基的信件，并给每一封信件都加了注释。

1937年　出版《社会主义者和战争》。

1938年　为躲避法西斯迫害，从维也纳迁居布拉格。不久，又逃亡至荷兰。

10月17日，在阿姆斯特丹逝世。

后　记

　　本书是在我博士学位论文的基础上修改完成的。它作为我在中国人民大学马克思主义学院读书学习的成果，记载了自己曾经充实又难忘的青春岁月。我对这个选题的关注和研究，始于 2014 年做博士研究生之时，在导师张新教授的指导下，我选取马克思主义发展史和国际共产主义运动史上的重要人物考茨基的相关思想进行研究。诚如本书前言所写，卡尔·考茨基作为第二国际的著名理论家和德国社会民主党的思想领袖，在历史上扮演过重要的角色，对欧洲工人运动的发展起了不容忽视的作用。他在理论方面的卓著成就，曾经受到恩格斯以及列宁的极高评价。恩格斯逝世之后，考茨基曾被看作"正统"马克思主义者的代表，被欧洲各个国家的社会主义者视为马克思主义的理论权威。当 19 世纪末 20 世纪初国际共产主义运动中开始出现修正主义思潮时，考茨基也曾站在马克思主义的立场上对其进行斗争和批判，捍卫科学社会主义理论。但这样一位"正统"马克思主义者，后来却逐步转向机会主义，直到背叛马克思主义。因此，卡尔·考茨基是一个值得研究的人物，而选择研究考茨基的思想无疑也是一个具有挑战性的课题。

　　承蒙导师张新教授指导，我最终确定了本书的题目。整个博士学位论文的完成，凝聚了恩师大量的心血。从选题的确定、文献资料的搜集、具体的研究方法以及研究思路的形成，每一个关键步骤都得到了恩师的谆谆教诲和精心指导。恩师渊博的知识、严谨的治学态度、睿智的思维深深地影响和教育着我。

2018年9月，我申请河南省教育厅人文社会科学研究项目"考茨基早期社会主义思想再研究"顺利得到批准，这使我深受鼓舞。承蒙河南省教育厅和诸多评审专家的厚爱，2020年8月，我的研究成果《论卡尔·考茨基早期社会主义思想的历史贡献》获得河南省高等学校人文社会科学研究成果奖二等奖，这对我是巨大的科研鞭策和学术鼓励。需要说明的是，从2017年6月至2020年12月，我有幸参与了由中国人民大学组织编写、以推进马克思主义中国化时代化为主旨的《马克思主义发展史》（十卷本）之第四卷——第二国际后半期马克思主义的发展与演变（1895—1917）第四章"卡尔·考茨基的思想演变"的撰写。这一经历使我接触到更广阔的学术平台，感受到浓厚的学术气氛。在查阅资料和思考的过程中，我愈发感受到进一步研究考茨基其人及其思想，是一件非常有意义的事情，同时也深感自己理论素养的不足。在此期间，恩师张新教授以其渊博的学识和深厚的理论功底，对我在相关部分写作中提出了详尽而中肯的建议和指导，使我在学术道路上勇敢地向前探索。2020年12月《马克思主义发展史》（第四卷）第1版出版后，我开始重新审视自己的博士学位论文，在前期成果的基础上，我对部分内容做了修改。基于对考茨基思想演变的进一步研究，我在本书各个部分增补了一些阐释说明的内容，现在呈现给读者。

在本书的写作过程中，还参考和引用了学界前辈以及同仁的珍贵文献，在此谨向各位作者致以崇高的敬意。由于学识有限，对考茨基有关思想的梳理很可能是挂一漏万，敬请学界同仁批评指正。

谢向波

2024年春于河南科技大学

图书在版编目（CIP）数据

卡尔·考茨基早期社会主义思想研究／谢向波著.
北京：社会科学文献出版社，2024. 6. -- ISBN 978-7
-5228-3797-0

Ⅰ. D095.16

中国国家版本馆 CIP 数据核字第 2024GN0531 号

卡尔·考茨基早期社会主义思想研究

著　　者／谢向波

出 版 人／冀祥德
责任编辑／王小艳
责任印制／王京美

出　　版／社会科学文献出版社·马克思主义分社（010）59367126
　　　　　　地址：北京市北三环中路甲 29 号院华龙大厦　邮编：100029
　　　　　　网址：www.ssap.com.cn
发　　行／社会科学文献出版社（010）59367028
印　　装／三河市东方印刷有限公司

规　　格／开　本：787mm×1092mm　1/16
　　　　　　印　张：13　字　数：200 千字
版　　次／2024 年 6 月第 1 版　2024 年 6 月第 1 次印刷
书　　号／ISBN 978-7-5228-3797-0
定　　价／89.00 元

读者服务电话：4008918866